完璧な人間になる方法？

How to Be Perfect

The Correct Answer to Every Moral Question

マイケル・シュア 著
清水由貴子 訳

かんき出版

これは皆の関心事だ。

アルベルト・カミュ
『ペスト』より

よりよい方法がわかるまで
全力を尽くしなさい。
そして、それがわかれば実践しなさい。

マヤ・アンジェロウ
（アメリカの歌手・女優・活動家）

何千年もの昔、原始人が進化を終え、火をおこしてトラなどの野獣を撃退するようになって生活が安定すると、道徳について話す人々が現れた。

貴重な時間や労力を費やして、人間がさまざまなことをする理由を考え、もっと公正かつ公平に行動するための方法を見つけようとしたのだ。

その考えは次の世代に引き継がれて議論され、それが現代に至るまで幾度となく繰り返されてきた。

つまり何千年ものあいだ、世界中の人々が道徳について議論を続けてきた。

そうした議論に人生を捧げた人のほとんどは、お金や名声、称賛が目当てではなかった。そういうものを求めているのなら、学問の世界（とりわけ哲学）は最短ルートとは言い難いからだ。

彼らが議論を重ねたのは、ひとえに道徳が**重要**だと信じていたからだ。

世の中でどう振る舞うべきなのかという基本的な問題は、全人類にとってよりよい道を見つけるために話し合うだけの価値があると、私たちは信じて疑わなかった。

本書は、この有意義かつ根本的な議論に参加したすべての人物に心からの感謝をこめて捧げる。それから、私にとって最も大切なJ・Jとウィリアム、アイヴィにも捧げたい。

はじめに——完璧な人間になるには？

今日、あなたは、いい人になろうと決意した。

なぜかは、自分でもわからない。

何かと落ちこむことが多い世の中にもかかわらず、今朝、やる気と期待をみなぎらせて目を覚まし、昨日の自分よりも少しだけよくなろうと決めて、ベッドから飛び出した。そんなに難しくはないはずだ。生き方をほんの少し変えるだけでいいのだから。道にプラスチックのカップが落ちていたら、拾ってゴミ箱に捨てる。いい気分だ。昨日だったら、見て見ぬふりをして、そのまま歩き去っていたかもしれない。でも今日は違う。今日のあなたは、**よりよい**自分になっているのだ。

食料品店では、ちょっと奮発して有機卵や放牧牛乳を買う。劣悪な環境の牛舎に閉じこめられているのではなく、無農薬の牧草をおいしそうに食べている牛を思い浮かべて、自然と笑みが浮かぶ。

畜産業が気候変動に与える影響についての記事を思い出し、ハンバーガーはやめてベジバーガーにする。おかげで牛はますます幸せになる。殺されずにすむのだから。

いまのところ順調だ。自分はみごとに生まれ変わった。近所を軽くジョギングして（健康維持）、通りを渡るおばあさんに手を貸し（人助け）、ドキュメンタリー動画を見て（知識の習得）、ニュースをチェックしてから（社会参加）床に就く。なんてすばらしい1日だろう。

ところが、ベッドに入ってじっと天井を見つめると、どこかすっきりしない。具体的に、どれだけの「善」を獲得したのか。それなりにいいことをしたとは思う。とはいうものの、昨年、職場の休日パーティに意気揚々とゼブラ柄の中折れ帽をかぶって参加したのは誰だったか。その結果、どうなったのかは言うまでもない。

では、想像してみよう。あなたは「宇宙『善』計算局」を訪ね、自分がどの程度よい行いをしたのか、正確かつ客観的に報告してもらうとする。

1日の善行の数値を処理し、最終「善」計算機からデータが出力される。

だが、結果は期待どおりではなかった。

ゴミ箱に捨てたプラスチックのカップは最終的に海に流され、テキサス州ほどの大きさのゴミの島に流れ着き、太平洋の海洋生物を脅かすことになるだろう（寝る前にこの記事を読んだが、まさか自分が関係しているとは夢にも思わなかった）。

ベジバーガーは、はるばる遠くから近所の店まで輸送されてきたせいで、カーボンフットプリント（訳注：商品やサービスの原材料調達から廃棄・リサイクルに至るまでのプロセスで排出される温室効果ガスをCO_2に換算し、わかりやすく表示する仕組み）の数値は恐ろしく高い。

おまけに思い浮かべた牛は、実際には牛舎に閉じこめられている。というのも、「有機飼育」と「放牧牛」の法律上の定義は、あきれたことにアグリビジネス業界のロビイストの働きかけによるずさんな法律のせいで曖昧だからだ。

牛はちっとも幸せではない。むしろ不幸だ。不幸な牛たちなのだ。

それだけではない。ジョギングで履いていたスニーカーは、作業員が時給4セントで働く工場でつくられていたものだった。ドキュメンタリー動画の制作者の正体は、地下鉄の車内で他人の髪のにおいを嗅ぐのが好きな変態で（あろうことか彼の小遣い稼ぎに協力していたのだ）、利用したストリーミングサービスは、北朝鮮空軍向けのキラードローンも製造する多国籍コングロマリットが提供していた。

ちなみに、通りで手を貸したおばあさんはナチスの記念品を集めている。「あんなにやさしそうだったのに」と思うかもしれない。とんでもない。彼女は隠れナチで、まさにナチスの遺品を買いに行く途中だった……。

自分は結果的にそれらに加担したのだ。なんということだ。あなたは泣きたくなるだろう。自分なりに、いい人になろうとした結果がこれだ。

腹も立つ。自分は少なくとも善意を形にしようとした。それは褒められてしかるべきことではないのか？　それからがっかりする。自分にはこの程度のことしかできない。

大きな慈善団体を設立できるほどの大金持ちではないし、何かと忙しい毎日を考えれば、道徳について考えるための時間やお金や労力がどこにあるというのだろう。

要するに、どうあがいても善人にはなれないのだ。努力しても無駄だ。だったら、ホルモン剤まみれのチーズバーガーを食べて、ゴミはそのまま太平洋にポイ捨てすればいい。よーくわかった。でも、だとしたら、どうする？

ほとんどの人間は、自分を「いい人」だと思い、周囲から「いい人」だと思われたいと願っている。だから多くの人が、（選べるのであれば）「悪い」ことではなく、「よい」ことをするだろう。

だが、この複雑でプレッツェルみたいに曲りくねった世界において、善と悪を区別するのは、かならずしも簡単ではない。何しろ、やっかいな選択、落とし穴、ブービートラップ、見たところ信頼できそうな友人からの間違ったアドバイスに満ちている。たとえば、あのゼブラ柄の中折れ帽を「キモかわいい」と言って無理やり買わせた、いまいましいウェンディみたいな友人とか。

それに、たとえあちこちに地雷の埋まった現代社会で器用に振る舞い、うまくいい人になったとしても、自分はたったひとりでしかない。

この地球には80億もの人間がいて、おそらく大部分はいい人になることなど考えていない。堕落した政治家、ずる賢いＣＥＯ、飼い犬が歩道でウンチをしても拾わない人、邪悪な独裁者、それにいまいましいウェンディ（どういうつもりか。誰かにみじめな思いをさせて**楽しんでいる**のか？）……。

だから、たったひとりの人間が「いい人」かどうかなど、どうでもよくなる。

あるいは、私がはじめて道徳哲学の本を読み、ものすごく複雑で込み入ったこの問題について考えたときに感じたことを言葉にすると、こうなる。

「いったいどうすればいいのか？」

人類は、「どうすればもっと道徳的に生きることができるのか？」という問題に何千年も悩まされてきたが[*1]、現代ほどその答えを見つけるのが難しい時代はない。

それというのも、私たちの日常生活に山積し、解決が不可能に思え、予期せぬ結果をもたらす大小さまざまな難問があるからだ。

そのうえ、少しでも「道徳的な人間」に近づこうとするには、日々の考察や反省、努力といったものが求められる。どうしたら善人になれるのかということに、1カ月に一度どころか、**文字どおり四六時中**頭を悩ませなければならない。

ほんのわずかでもハードルを下げるために、本書では、この泥沼的な状況を4つの簡単な質問形式で説明する。

それを利用すれば、問題の大小に関係なく、道徳上のジレンマに陥ったときに、いつでも自分自身に問いかけることができる。

自分は何をしているのか？
なぜそうしているのか？
もっとよい方法はないか？
それはなぜよいのか？

この４つの質問に答えようとすることこそが道徳哲学であり、簡単に言えば倫理学[*2]である。

「宇宙『善』計算局」ではさんざん悪いことを聞かされたが、朗報もある。

まさにこの問題については、並みいる哲学者が長きにわたって思索し、私たちのために答えを見つけたのだ……。少なくとも、私たちが自身の答えを考えるのに役立つ**アイデア**は、すでに出してくれている。

そうした哲学者たちの手による、読むとたちまち頭が痛くなるような腹立たしいほど難解な文章をクリアすれば、彼らの理論で武装し、それを利用して状況を判断し、それまでの自分よりも少しは成長できるかもしれない。

私が道徳哲学に興味を持ったのは、ドラマ『**グッド・プレイス**』の制作を始めたときだった。このドラマを観たことがある人なら、本書のアイデアが随所に盛りこまれていることに気づくだろう。

観ていないという人は、**失礼**にもほどがある。

というのは冗談で、心配いらない。

本書の目的は、皆さんを生まれ変わらせることだからだ。私自身が、このテーマについて何も知らない男から本を執筆できるほどの人物に生まれ変わったように（少なくとも、「本が書ける」と出版社のサイモン&シュスターを説得できるほどの人物にはなった）。

私が倫理学に夢中になったのは、単純な理由からだった。私たちの日ごろの行為には、気づいているかどうかは別として、ほとんどの場合、倫理的な側面がある。

だから、何もかもが台無しにならないように、倫理学とはなんなのか、どういう仕組みなのかを学ぶべきだ。私たちは、この地球にひとりで暮らしているわけではない。

自分の行為は、周りに影響を与える。少しでも他人に対して思いやりがあるのなら、最良の判断を下す方法を考えるのが当然だろう。

倫理学には、もう1つすばらしい点がある。

すべて無料なのだ。[*3] 道徳的な人間になるために許可証を申請する必要もなければ、よい判断をするために年会費を払う必要もない。

世の中を美術館と考えてみると、道徳のルールを教えてくれるのは、緑のパーカを着て後ろで手を組んで黙って立っているボランティアのスタッフだ。

私たちは作品（ここでは道義的に迷うような状況）を見てまわる。理解できるものもあれば、抽象的すぎてわけのわからない作品もある。

どう解釈すべきかわからないものに出合ったら、緑のパーカを着た感じのよい女性に「これってなんですか？」「どんな意味があるんですか？」と尋ねれば、教えてくれるだろう。それも、**無料**で。

ひとりで考え深げにうなずいて理解した**ふり**をすることもできるが（それこそが、美術館と人生に共通の昔ながらの知恵だろう）、次の展示室に行くと、さらに理解不能なものに出くわすだけ。だから、目の前のものがなんであれ、理解するのに手を借りたほうがよい。

本題に入る前に、もう1つ朗報がある。

こうしたことを考えて疑問を呈する行為そのものが、すでに重要な一歩を踏み出している。あなたは、自分の行動がよいか悪いかを**意識する**と決めたことになる。

つまり、もっといい人になるよう**努力する**と決意したのだ。

それだけでもすごいことだ。周囲を見まわしても、明らかに道徳のことなど考えておらず、したがって努力もしていない人間が大勢いる。

だが、そういう人たちを責めるつもりはない。

世の中で品行方正な道徳的行為者になろうとする（「正しい行いをするよう努める」のしゃれた言い方）ことは、失敗する運命にあるからだ。

どれだけ懸命に努力しようと、しくじってしまう。何度やってもだ。自分では正しいと思って判断を下したのに、あとから間違っていたと気づく。誰にも迷惑をかけないと考えた行為が、結果的に大迷惑となって困った事態に追いこまれる。友人の気持ちを傷つけ、環境を汚染し、あくどい企業を支援し、知らないうちに年配のナチス支持者が通りを渡るのに手を貸してしまう。

失敗し、ふたたび失敗し、またしても失敗し、その繰り返しだ。

好むと好まざるとにかかわらず、私たちが毎日受けているこのテストでは、落第が保証されているのだ。実際、Cプラスの評価を得ることさえ絶望的に感じることも多い。

したがって、自分の行動を意識する（現代風に言えば「意識を高く持つ」）ことは、意味がないように思える。

けれども、**精いっぱい**意識すれば、失敗は意味を持ち、その後の人生に役立つ可能性もある。正しい行動を心がけていれば、自分が**なぜ**失敗したのかも理解したいと思い、将来的に成功するチャンスにつながるからだ。

失敗すると傷つき、恥をかく。だが、私たちはそうやって物ごとを学んでいく。

それは「試行錯誤」と呼ばれ、けっして「1回試して成功したら終わり」ではない。

それに、倫理的生活を心がけることの代替案は、実際にはちっとも代替にならない。自身の行動に関する疑問を、すべて無視しろというのだろうか。道義に反していても知らん顔しろと？　それが正しいとはとても思えない。

人生で何かを心がけるとすれば、何はさておき、自分の行為がよいか悪いかということだ（本書では、この世に神はいない、我々は宇宙で無駄に大きな岩の上を漂う塵《ちり》にすぎないと信じる暗いフランス人グループを紹介しているが、そんな彼らでも、倫理のリングでタオルを投げることには否定的だった）。

本書は、個人的な道徳哲学の旅の記録であるが、それと同時に失敗を受け入れ、試行、学習、向上の努力において、必要かつ有益な副産物として**利用する**ことについても記している。

そういうわけで、ここでは一定の状況でどうすべきかを問いかけ、それに対して2400年前の考えから、つい最近提唱されたアイデアまでを駆使して答える。

手始めに、そうしたアイデアがどんなものなのか、私たちに何を求めているのか、それに従えば、なぜよりよい人間になれるのかを見ていこう。

次に、学んだことをさらに複雑な問題に当てはめ、その過程で新たなアイデアも取り入れながらレベルアップする。

本書を読み終えるころには、どんな状況に直面しても検証可能な道徳的利益をできるだけ手に入れるために、どう振る舞えばよいかがわかるはずだ。

そうすれば完璧になれる。
畏敬と感嘆のまなざしが注がれる。
友人たちは誰もが、あなたに嫉妬する。
というのは冗談だ。
それでも私たちは失敗を繰り返す。
でも、気にすることはない。

さっそく失敗を始めよう。
あるいはサミュエル・ベケットの言葉を借りれば、もう一度やって、もう一度失敗すればいい。ただ、前よりうまく失敗すればいいのだ。[1]

＊1　正確には、悩んでいたのは**一部**の人だ。真面目な市民ひとりに対して、詐欺師、嘘つき、道徳規範は欲望を満たす障害と見なす、『ウルフ・オブ・ウォールストリート』マニアは大勢いる。

＊2　私も多くの人と同じように、筋金入りの哲学者や言語学オタクの反対を押し切って「道徳」と「倫理学」を似たような意味で使っている。意味論の沼にはまりたいのであれば、いろいろな辞書をめくって違いを調べてみてもいいだろう

……。そうすれば、私みたいに違いを平気で無視するようになるかもしれない。何しろ人生はひどく短いのだから。

＊3　ただし、本書の購入費は別（買うことにした場合）。さらに、実際に倫理的に**行動**するには、お金や時間がかかることを付け加えておこう。ここで言う「無料」とは、アイデアや概念は自由に使えるということだ。

How to Be Perfect

完璧な人間になる方法？

目次

PART 1 解決すべき問題 初級

第1章 善人になるには、どうすればいいのか？

PART 3 解決すべき問題 上級

第9章 善意の行き着く先に、ゴールはあるのか？

第10章 推しが最悪だった……、どうすればいい？

第13章 失敗したら、誰であっても謝罪すべきか!?

翻訳協力　株式会社リベル
ブックデザイン　喜來詩織(エントツ)
本文DTP　マーリンクレイン

本題に入る前に、読者が疑問に思うかもしれないこと

Q 本書を読むのに道徳哲学の知識は必要ですか？

必要ない。このテーマについて、皆さんがどれだけ知っていようと、私の目的は誰にでも理解できる本を書くことだ。どちらかというと、かつて道徳哲学について調べはじめたときの私のように、初心者向けの入門書と言えるだろう。

Q ということは、あなたは哲学者ではないのですね？大学教授でも、大学院生でもなくて？

おっしゃるとおり、私はただの一般男性だ。でも、それが肝心なのだ。この本を手にしているのは、「ただの一般男性」か「一般女性」、あるいは「振る舞い方に関心がある人」か「よりよい人間になる方法について書かれた本書を友人からプレゼントされ、それがなんらかのメッセージかもしれないとやっと気づいた人」ばかりだから。[*1]

Q 道徳哲学を学びたければ、あなたの本より、もっと賢い学者の著作を読んだほうがよいのでは？

まず、それは失礼だ。だが、それよりも大事なのは、この分野について私は気が遠くなるほどの時間をかけて勉強し、聡明でウィットに富んだ人物たちと議論を交わし、誰が読んでも頭が痛くならないように説明することを心がけた。

目的は、道徳哲学の分野に革命を起こすことではなく、誰もが日常生活に応用できるポイントを伝えることだけだ。

Q では、ただの一般男性のあなたが、いったい何の権利があって私を評価するのですか？

そう思うのも当然だ。でも、よく聞いてほしい。

本書では、あなたがこれまでの人生でどんな愚かなことをしたとしても、それをばかにするつもりはない。もちろん私自身が、いままで愚かな失敗を重ねて**こなかった**などと言うつもりもない。なぜなら、ばかげた行いは数えきれないほどあり、これからも繰り返すからだ。

完璧な人間など、この世にいない（第5章で説明するように、「道徳的完全性」は実現できるものではなく、そもそも実現しようとすること自体が間違っている）。

もう一度言うが、目指すのは避けられない失敗を受け入れ、それをなんらかの形で利用することである。ミスをして、くよくよ思い悩んでいても、同じミスを繰り返すばかりだ。どうにかして、プラスに転じる方法を学んでほしい。

Q 私は聡明な学者タイプの人間ですが、あなたが一部の偉大な哲学者の著作しか取り上げていないので腹を立てています。ほかにも重要な思想家が大勢いるのに、どうして無視するのですか？

道徳哲学には何千年もの歴史があり、新たに生まれる考え方は、それ以前のものとなんらかの関わりがある。

苦労して分厚い哲学書を読み進めるうちに、著者が60ページも割いて**他の**分厚い哲学書について語っている部分に出くわし、それが自分の読んだことのないものだったら、途方に暮れて目がどんよりとし、黙って本を置いて『バチェラー』を観るだろう。[*2]

道徳哲学を習得しようと思ったら、60年間ひたすら本を読みつづけて一生を終えることになる。けれども実際は、私には妻と子どもがいて、バスケットボール観戦をはじめとする趣味もある。おまけに、学ぼうとした哲学はちんぷんかんぷんだった。

そんなとき、形而上学に出合った。古代ギリシャで始まった学問で、存在の本質を問いかけている。おもしろそうだ。

私はドイツの哲学者マルティン・ハイデガーの『形而上学入門』を開いた。すると、最初に目に飛びこんできたのは、翻訳者の脚注がついた次のような文章だった。

Why[1] are[2] there[3] things[4]?

1 「Why（なぜ）」はおそらく適切な疑問詞ではない。「How（どのように）」もしくは「to what end（何の目的で）」と質問するほうがよい

2 「もの」が確かに「ある」という推測的仮定を行っているのは明らかだ

3 ハイデガーは〝IchschätzedieMühediesnachzuschlagen〟というドイツ語を使っているが、これに対応する訳語はないため、英語の〝there〟を選んだが、ハイデガーの意図の嘆かわしく痛ましい不実表示である

4 「もの」は「存在の軌跡」と考えるべきかもしれない。または「本質を持つもの」を意味する〝essents〟という造語、あるいは私がたったいま考えたば

かりの〝blerf〟という新語を当てはめることもできる。これはまったく意味はないが、そのばかげた無意味さにおいて、無と何かの違いを正確に説明するための最も適切な用語と言えよう

というのは少し大げさだが、あくまで少しだけだ。

それからさらに4行ほど読んで、私はあきらめた。その後、ハイデガーがじつはファシズム支持者だったと知って、自分の判断は正しかったと思っている。

だが、私が一部のものを受け入れ、それ以外のものは無視した理由はほかにもある。

本書で取り上げているのは、私が共感して**気に入った**書物ばかりだ。それを読んだときに、アニメみたいに頭の上で電球がピカッと光って内容を理解することができた。

さまざまな考え方がはてしなく広がる、いわば熱帯雨林のような哲学では、こうした単純なひらめきが大事だ。全体の地図を描ける探検家などいない。だから、単純にどれだけ自分の心に響いたかで、その思想家が好きか嫌いかが決まるのだ。

私の倫理学に対する理解（すなわち本書の肝）は、おもに西洋の「三大哲学」と見なされている「徳倫理学」「功利主義」「義務論」に基づいている。

そのため、老子やデイヴィッド・ヒューム、ジョン・ロックといった一部の歴史的に有名な思想家は取り上げていない。彼らの著作は三大哲学と重なるものの、かならずしも**不**

可欠な要素ではないからだ。

また、『グッド・プレイス』に宗教色をつけたくなかったので、トマス・アクィナスやセーレン・キェルケゴールといった宗教的な思想家も避けた。

本書で紹介する考えに興味をもち、みずから方位磁石を手に哲学のジャングルに分け入ることがあれば、私が取り上げなかった人物が皆さんのお気に入りになるかもしれない。そのときはぜひ自分で本を書いて、私の好きな思想家たちよりも優れていると思う点について紹介してほしい。

Q 私も、また別のとても聡明な学者タイプの人間ですが、あなたは○○を完全に誤解しています。いったいどうしたら、これほどひどい思い違いをするのですか？

1746年[1]、イギリスの書店業界が、サミュエル・ジョンソン博士に信頼の置ける英語の辞典を執筆するよう依頼した。それから8年かけて、まさに彼はそのとおりのことをした。**最初から最後まで辞典を執筆した**のだ。**自分の頭脳**だけを使って。[*3]
辞典が完成すると、ひとりの女性が困惑顔でやってきて、馬の「繋《つなぎ》」は実際には足の一部なのに、「馬の膝」と定義されているのはいったいどういう訳かと尋ねた[2]。

するとジョンソンは「無知です。まったくの無知！」と答えた。

だから、私も何かを間違えたとしたら、それが理由だ……。まったくの無知！

Q 執筆にあたって、誰かの手を借りたほうがよかったのでは？本物の哲学者とか？

じつは借りた。

長年、研究に身を捧げ、道徳哲学のすばらしい著作が何冊もあるトッド・メイ教授だ。知り合ったのは、『グッド・プレイス』の脚本担当の私に哲学者の話を解説してほしいと頼んだのがきっかけで、今回、本書への執筆協力を快諾してもらった。

言ってみれば「お目付役」で、私が学問をぶち壊しにして、ジェレミ・ベンサムの玄孫《やしゃご》の玄孫の玄孫のそのまた玄孫に訴えられないように力を貸してくれたのだ。

ということは、よく考えたら、実際の哲学について本書で何か問題があれば、私の無知のせいではない。悪いのはトッドだから、彼を責めてほしい。[*4]

＊1　あるいは、「倫理学には興味がない」タイプの人も、いま本書を手にしている可能性はなきにしもあらずだ。虫をつぶすのに何か重いものが必要な人、授業中に漫画本を隠すのに使っている50年代の子ども、会社のクリスマスのプレゼント

交換でもらい、最初の数ページをめくって同僚のテレンスは自分にぴったりの贈り物を選んだ、私はほかのみんなみたいに酔っぱらって騒ぐようなタイプではないと納得させる必要がある女性。この本を口にくわえ、周囲から「はは、見てみろよ。バスターが読もうとしているぜ」と言われている犬など。

＊2 あくまで仮定の話。私自身は観なかったが、仮定として、そうする人もいるだろう。

＊3 数名の助手が項目を集めて整理する作業を手伝ったが、それでも同じことだ。8年間の作業に対して、ジョンソンは現在の貨幣価値で約25万ドル相当の報酬を受け取った。この問題を「ハリウッド的視点」で考えるのは気が進まないが、彼にはもっと優秀なエージェントが必要だった。

＊4 「確かにそのとおり」（トッドによる補足）。

PART 1

解決すべき問題　初級

２４００年間に現れた
西洋の三大哲学から、
善人になるためのさまざまな方法、
その他たくさんの役立つヒントを学ぶ

第1章

善人になるには、どうすればいいのか？

理由もなく友人の顔を殴ってもいいか？

だめだ！　殴ってはいけない

それがあなたの答えだとしたら、文句なしだ。そこまでは申し分ない。

仮に1000人にアンケート調査を行い、なんの理由もなく友人の顔を殴ってもいいと思うかと尋ねたら、全員が「思わない」と答えるにちがいない。[*1] その人は友だちだ。何か悪いことをしたわけではない。だから顔を殴ったりすべきではないのだ。

ところがおかしなことに、**なぜ**だめなのかと訊かれると、わかりきったことのようでも、なかなか答えが出てこない。

「だって、ええと、ほら……、悪いことだから」

そんな単純な説明だけでも、とりあえずはひと安心だ。その行為に道徳的な面があることに気づき、「悪いこと」だと判断したからだ。でも、あなたが善人になりたいのなら、単に「悪いことだから」よりも、はっきりとした答えが必要となる。

なぜ悪いのかを説明する実際の道徳論を理解すれば、「理由もなく友人の顔を殴ってもいいか」といった問題より、もっと善悪の判断が難しい状況でも、どうすべきかを決める道しるべとなる。つまり、ほとんどすべての状況に対処できるようになるはずだ。

手始めに、**いい**人は普通はそんなことはしないし、殴るのは**悪い**人だと考えてみよう。私たちが目指すのは、「いい人」になることだ。だとすれば、次は「いい人」とはどんな人かを定義したほうがよさそうだ。ところが、これが思ったより難しい。

ドラマ『グッド・プレイス』は、生前、自分勝手で他人に対して無神経だった「悪い」女性が、事務手続きのミスで天国へ行き、非の打ちどころのない善人たちとともに永遠に安らかに暮らす権利を手にするという物語だ。

周りはみんな、地雷を撤去したり、貧困を撲滅することに人生を捧げたような人たちなのに、彼女はといえば、ゴミを散らかし、誰に対しても嘘をつき、怯えた老人たちに平然と偽の薬を売りつけていたのだ。正体がバレるのを恐れた彼女は、天国に居場所を確保するために、「いい」人に**なろう**と決める。

私は当初、とてもおもしろいアイデアだと思った。ところがすぐに、自分が「いい」「悪い」の本当の意味を理解していないことに気づいた。

行為そのものは、次のように「善か悪」に分類することができる。

分かち合い――善
殺人――悪
友人を助ける――善
理由もなく友人の顔を殴る――悪

だが、こうした行動はそもそも何に基づいているのだろうか？

「善人」や「悪人」について、すべてをもれなく説明できるような統一的な考え方とはどんなものだろう？　考えているうちに、すっかり途方に暮れてしまった。

それをきっかけに、私は道徳哲学の世界に足を踏み入れ、さらにドラマを制作し、結果的に本を書き、なぜ手当たり次第に仲間をぶちのめしてはいけないのかを説明するのに、こうして多くのページを費やしているというわけだ。

「善悪」については、古今東西の哲学者がそれぞれの方法で説明しており、本書でもその多くを紹介している。

たとえば、**行動**によって善悪の概念をひもとくパターン。いわく、よい行いには一定の法則があり、私たちはそれを見つけて従うことができる。

あるいは、大きな快楽をもたらし、苦痛がほとんどないものはすべてよい行いだという意見もある。なかには、できるかぎり身勝手に振る舞い、自分のことしか考えないのが善だと主張する哲学者さえいる（嘘ではない。確かにそう言っている）。

だが、「西洋哲学」における３つの伝統のなかで最初に取り上げる最も古い「徳倫理学」は、はじめに私を途方に暮れさせた疑問に答えている。

善人と悪人の違いは何か？

徳倫理学によると、善人とはある種の素養、つまり「徳」を持っている人のことである。その素養は、ただ持っているだけではなく、**過不足ない**ことが必要で、少しずつ身につけて磨きをかけるものだという。それなら、手に入れるのも難しくなさそうだ。

ところが……、すぐに１００の疑問がわいてくる。

それはどんな素養なのか？

どうやって手に入れられるのか？

手に入れたかどうか、どうしたらわかるのか？

哲学ではよくあることだ。ある疑問を持つと、それはさておき、自分の疑問が**正しい**かどうか、そもそも**なぜ**疑問に思うのかを理解するために、別の50の質問をしなければならなくなる。

するとその過程でさらに別の疑問が生じ、最初の疑問は放置したまま、どんどん範囲が広がり、どんどん根本的な問題を突き詰めるはめになる。しまいにはドイツのファシストが、「物」でさえなぜ存在するのか、などと言い出すのを耳にしかねない。

あるいは「いい」人を簡単にひと言で説明できないのか、と思うかもしれない。

だが、イギリスの児童文学作家フィリップ・プルマンが書いているように、「人間は複雑すぎて、単純に分類することはできない[*1]」。

私たちは気質や教育によって、一人ひとりがまったく異なる存在である。生まれながらの個性、教師や両親や友人から学んだこと、シェイクスピア[*2]や映画『ワイルド・スピード』シリーズ[*3]で身につけた人生の教訓などの、いわば集合体なのだ。

だとしたら、誰もが「いい」人になるために、過不足なく兼ね備えるべき素養をあげることはできるのだろうか？

その質問に答えるには、これまでの人生で学んだことを忘れなければならない。

つまり、自分をリセットするのだ。

いったん分解してから、自分が何をしているのか、なぜそうしているのかをはっきりと理解して、もう一度組み立て直すことが必要となる。

その際に役立つのが、アリストテレスだ。

「金の流れる川」

アリストテレスは、前384〜前322年の生涯において、最も重要なことに関する最も重要なことを書いた。自身の取るに足りない功績を恥ずかしく思うのを覚悟で、彼のウィキペディアのページをのぞいてみるといい。

アリストテレスの著作で現存しているのは、全体の**3分の1**にも満たないが、その分野はじつに多岐にわたっている。倫理学、政治学、生物学、物理学、数学、動物学、気象学、魂、記憶、睡眠と夢、雄弁術、論理学、形而上学、政治学、音楽、演劇、心理学、料理、経済学、バドミントン、言語学、政治学、美学……。あまりにも長いリストなので、「政治学」を**3回**紛れこませたのにも気づかなかっただろう。

しかも、紀元前4世紀には明らかに存在しなかった「バドミントン」に関する著作があると言われても、瞬きひとつしなかったにちがいない（同じく、彼が料理の本を書いたとも思えないが、チキンパルミジャーノ（訳注：アメリカのイタリア系移民が考案した家庭料理で、衣にパルメザンチーズをまぶして揚げたチキンにトマトソースとチーズをのせてオーブンで焼いたもの）の完璧なつくり方について、4000字のパピルスの巻物を残していると聞いても驚きはしない）。

西洋の思想史に対する彼の影響は、どれだけ誇張してもしすぎることはない。

キケロは彼の文章を「金《きん》の流れる川」[2]と称えたほどだ。有名な政治家で雄弁家が他人の著作を評するには、**かなり**気の利いた言い方だ（ただし、キケロには少し冷静になってほしい。これでは、やや物欲しそうに聞こえる）。

だが、本書の目的に関係があるのは倫理学だけだ。この分野におけるアリストテレスの最も注目すべき著作は『ニコマコス倫理学』である。タイトルは、彼の父親の名であり、息子の名でもある「ニコマコス」から名づけられた。あるいは、ひょっとしたら父親や息子よりも大事なニコマコスという人物がいたのかもしれない。

人がどんなことを**する**かではなく、どうすればその**人**がよくなれるのかを説明するには、何段階かのステップが必要となる。

アリストテレスに求められる定義は次のとおりだ。

1――善人はどのような素養を持つべきか
2――それはどの程度か
3――誰でもそうした素養を持つことができるのか
4――どうすれば手に入るのか
5――実際に手に入れたら、どう見える（感じる）のか学ぶべきことは山のようにあり、アリストテレスの説明を読み進めるのは少しばかり忍耐と時間を要する。これから紹介する思想家のなかには、自身の説をわずか数行できちんと説明している者もいる。

それに比べて、アリストテレスの倫理学は、どちらかというと各駅に停車する鈍行列車のようだ。でも、その旅は楽しい。

「善人駅」には、いつ到着するのか？

この質問から始めると、驚くかもしれない。だが、これこそアリストテレスのやり方なのだ。まず、最終的な目標を明らかにする。生きることの目的や、私たちが達成しようと努力しているものなどだ。これは、若い水泳選手が「オリンピックの金メダル」を「最大の成功」として目標に設定するのと似ている。

アリストテレスによると、大切なのは幸福だ。それが人間であることのテロス、[*4]すなわち**目的**である。このテーマに関する彼の主張は、私に言わせれば、きわめてはっきりしている。

たとえば、私たちはお金を稼ぐ**ために**働いたり、たくましくなる**ために**運動するなど、ほかの理由で何かを行うことがある。あるいは、健康や名誉や友情などを求める。[3]そうしたものは人生を豊かにしてくれるからだ。
だが、「欲しいもの」リストの第1位は幸福である。幸福には、それ自体のほかに目的はない。[4]私たちは、ただ幸福に**なりたい**のだ。厳密には、アリストテレスはもともとのギリシャ語で「エウダイモニア」という漠然とした言葉を用いており、それが場合によって「幸福」や「繁栄（開花）」などと訳されている。[*5]

個人的には、「開花」のほうが「幸福」よりもしっくりくるように感じる。ここではあくまでも人間の最終目的の話であり、「開花した」人は、「幸せな」人に比べて非の打ちどころがなく、満たされていてすばらしいというイメージがわくからだ。

私自身、幸せだと感じることはよくあっても、自分が**開花**したと思うことはない。バスケットボールを観戦しながら、ひっきりなしにナッターバター・クッキーを食べるほどの**幸福**は思いつかないが、はたしてそのとき私は**開花**したのだろうか？ それが私の**最高**レベルの充実感なのか？ 潜在能力の最重要部分なのか（この修辞疑問文に対して、私の脳は「そうだ！」と答えようとしている。そのとおりだとしたらみじめなので、ここは気を強く持って先に進むしかない）。

アリストテレスはこの葛藤をあらかじめ予想して、きちんと答えを用意している……。幸福は**喜び**（快楽主義と結びつくもの）とは異なる。なぜなら人間には脳があり、判断能力があるからだ。つまり彼の言う「幸福」には、理性的思考と性格の徳が含まれているにちがいない。[5] とっさに思い浮かんだのは、NBAの決勝戦と、コストコの大容量のピーナッツバタークッキーだ。

「開花した」の意味がまだピンとこなければ、こう考えてみるといい。

真剣にジョギングに取り組む人が、「ランナーズ・ハイ」について、どんなふうに話しているか知っているだろうか。彼らによると、それは長距離レースの後半に訪れる高揚感で、「レベルアップ」して超人的なランニングの神となり、コースの上を漂うように進んで純粋な走る喜びの力に支えられているおかげで、ふいに疲れも苦しみも吹き飛んでしまうことだという。

これについては、2つのことが言える。

第一に、彼らは**大嘘つき**だ。ランニングでさらなる喜びを得る方法はない。それどころか、**どんな**喜びを得る方法もない。ランニングで楽しいことなど何ひとつないからだ。あんなに苦しいことは、熊に追いかけられでもしないかぎり、やるものではない。

第二に、アリストテレスの言う「開花している」とは、私たちの存在全体に対する「ランナーズ・ハイ」のようなものだと私は考えている。つまり、人間としてのあらゆる局面を切り抜ける際に覚える充実感ではないだろうか。

したがって、アリストテレスの考えでは、生きることの目的が開花することなのだ。フルートの目的が美しい音楽を奏でることで、ナイフの目的が物をきれいに切ることであるのと同じように……。

すばらしいではないか。#最高の人生を生きる。そのとおりに振る舞うだけで。アリストテレスは、さながら腕利きのセールスマンだ。その宣伝文句を聞いただけで、みんな興奮する。理屈のうえでは、誰もがこのスーパーマンになれるのだ。

だが、喜ぶのはまだ早い。開花したければ徳を積む必要がある。

しかも、たくさん。量も割合も決められたとおりに……。

徳とは何か？

徳とは、私たちが称賛したり善と結びつけたりする人間の性質のことだ。
簡単に言うと、その人と友だちになりたいと思わせる人となりで、勇気、節度、寛大さ、誠実さ、度量の大きさなどがある。[*6] アリストテレスの定義では、徳とは「その所有者をよい状態にし、機能を十分に発揮させる」ものとされている。[6]
つまり、ナイフの徳は、それがすばらしいナイフとなるための属性であり、馬の徳は、ギャロップといった馬の能力をぞんぶんに生かすための素質である。そしてアリストテレスのあげた人間の徳は、私たちがすばらしい人間になるための資質だ。
そう聞くと、まどろっこしく感じるかもしれない。テニス教室の第1日目で、インストラクターから「よいテニス選手の徳とは、テニスが上達するための資質です」などと言われたら、たぶん曖昧にうなずき、電話がかかってきたふりをして、残りのレッスンはキャンセルするにちがいない。だが、この比喩には説得力がある。

これで私たちに必要なもの（徳）がわかり、それがどんな役に立つのかも（開花を促す）わかった。

次は……、こうした徳をどうやって手に入れるのか？ 気がついたら、いつのまにか持っているものなのだろうか？ それとも、生まれたときから備わっているのか？

残念ながら、これについては簡単な方法はない。徳を得るのは一生続くプロセスだ。

しかも、**かなり**難しい。さぞ、がっかりしただろう。

エレノア・シェルストロップ（クリステン・ベルが『グッド・プレイス』で演じている人物）が、哲学の助言者であるチディ・アナゴンエに、どうしたら善人になれるのかと尋ねたときに、飲み薬や吸いこむ煙のようなものがないかと考えていたが、あいにく、そんなものはない。

物	徳	目的
ナイフ	鋭さ、刃の強度、バランスなど	よく切れること
テニス選手	敏捷性、反射神経、洞察力など	隙のないすばらしいテニスをすること
人間	寛大さ、誠実さ、勇気など	開花・幸福

どうやって、徳を手に入れるのか？

残念なことに、アリストテレスの考えでは、生まれながらに十分な徳を備えた人はいない。そうしたすばらしい資質の上位バージョンを持っている赤ん坊など存在しないのだ。[*7]

だが、手に入れる**可能性**なら、誰でも生まれたときから持っている。それをアリストテレスは徳の「自然状態」と呼んでいる。

「人には生来、それぞれの性格の型がある程度決まっているようだ。実際、我々は生まれた直後から大胆だったり、自制力があったりする」[7]

私はこれを「徳の入門セット」と名づけた。すなわち、生涯にわたる**上位の**徳の探求を始めるのに必要な基本ツールと大まかな地図だ。アリストテレスによれば、この入門セットは子どもや動物が持つ、おおよその性格特性である。[8]

ちなみに、10歳の子どもたちをデイブ&バスターズ（訳注：ゲームセンターやレストランなどが一体となった全米チェーンのエンターテインメント施設）へ連れていったことがある人なら、子どもと動物がほとんど見分けがつかないものだとわかるだろう。

幼少時代に自分がどんな入門セットを持っていたのか、確かめるのは難しくない。

私の場合、幼いころからきちんと規則を守る子どもだった。別の言い方をすれば、「忠実さという徳の傾向があった」。これで、私がゴマすり屋ではないことがおわかりいただけるだろう。

いずれにしても、私は破っても罰せられないような規則でも、破ると決めるまでにものすごく時間がかかる。個人的な忠実さの徳入門セットに、ツールが**山ほど**備わっていたからだ。

そのうちの1つは、頭の中の小さな声である。物心がついたころから、規則を破ると、**誰か**が私にささやきかけてきて、規則が守られるまで声はやまない。[*8]

大学1年のとき、寮では午前1時以降は大音量で音楽をかけてはいけないという決まりがあった。午前1時に友人どうしで集まっていたら、**たとえ自分の部屋でなくても、**そのささやき声が、さりげなくステレオのところへ行って音量を少し下げるよう私に命じたものだった。**それが規則だから。**私が仲間内でどれだけ人気者だったか、想像がつくだろう。[*9]

とはいうものの、こうした入門セットは私たちが道徳的な人間になる**可能性**を示しているにすぎない。可能性と現実は大きく異なる。たとえば、こう考えてみてほしい。

ある種の資質を「生まれ持った」人物が話題になることがある。彼女は「生まれながらのリーダー」だとか、彼は「生まれながらのバグパイプ奏者」といった具合に。つまり、人を率いたりバグパイプを演奏する生まれつきの**才能**があるということだ。多くの場合、そこには尊敬がこめられている。自分にはないスキルだからだ。

そもそも、普通はバグパイプを演奏しようとも**思わない**。だから友人のロブが、ドクター・スース（訳注：アメリカの絵本作家、画家、詩人、漫画家〈1904~1991〉。生前に出版した60作以上の作品は世界各国で翻訳されている。『キャット イン ザ ハット ぼうしをかぶったへんなねこ』など）の絵本に出てきそうな、あの不思議な形をしたものをクローゼットから引っ張り出してくると、私たちは彼の才能を生まれたときから魔法のように備わっていた、普通の人にはないものだと見なす。

やがてロブが、バグパイプの特待生としてオハイオ州立大学に入学すると、「生まれながらの能力をフル活用して自分の運命を切りひらいている」と考える。それと同時に、「オハイオ州立大学にはバグパイプの奨学金制度などあったのか？」と疑問に思い、心配する。「いったいロブは、そんな学位を取得してどうするつもりなんだ？ どうやって家賃を稼ぐのか……。せいぜいスコットランド人の葬式で演奏する機会しかないのに」

ロブは、頭の中で『ロッホ・ローモンド』（訳注：スコットランドの民謡）をB♭のピッチでハミングしながら、この世に誕生したわけではない。たまたまバグパイプに**心が向かった**のだ。これといった理由もなく、数学や絵画やバスケットボールに心が向かう人がいるように。

それが自分や我が子の身に起きればすごいことだが、他人やその子どもの場合、しゃくに障る。そしてロブは自身の適性に目覚め、長年の練習によって**スキル**を磨いた。好きで、ごく自然にできることを見つけ、**１００万**時間練習してプロ[*10]になったのだ。

こうしてスキルを磨くのと同じように、**道徳的な行動をする**ことによって、私たちは**道徳的**な人間になれる、とアリストテレスは説いている。[9] これは、この方程式を成立させるための「一生続くプロセス」である。

彼によれば、「徳は自然のプロセスではなく、習慣化によって生じる……。我々は公正な行動を取ることによって公正となり、慎み深い行動を取ることによって慎み深くなり、勇敢な行動を取ることによって勇敢となる」。

言い換えれば、寛大さ、節度、勇気といった徳は、風変りなロブが風変りなバグパイプを練習したように、**練習**して身につけなければならない。アリストテレスは、絶え間ない学習、維持、用心を求めている。

たとえ入門セットを持って生まれても、それを習慣化してスキルを磨かず、成長してからものんきにあぐらをかいていれば、万事休すだ[10]（「子どものころにミニカーで遊ぶのが大好きだったから、いずれフェラーリのF1チームに入ってイギリスグランプリに出場するよ」と言うようなもの）。

習慣化というのは、「継続は力なり」の精神とたいして変わらない。誰もが高校時代にバスケットボールのコーチや音楽の先生に教えこまれた経験があるだろう。どんなことでもコツコツと努力を続ければ上達するが、やめてしまうと下手になる。

とにかく大事なのは習慣化、つまり徳を身につけるための練習である。

アリストテレスのセールストークですばらしいのは、生まれたときに**適性がない**ように思えたものも含めて、習慣化は**すべての**徳に有効だと主張する点だ。

たとえ入門セットが、スクリュードライバーがどこかにいってしまった、古い錆《さび》だらけの道具箱になっていたとしても、これは重要だ。というのも、適性は一見するとランダムに割り当てられているからである。

私たちには得意なことと、哲学用語で言うところの**下手クソ**なことがある。

たとえば私は、ひどい方向音痴だ。1万回訪れたことのある場所以外は、決まって自分がどこにいるのかわからない。正直なところ、それすら怪しい。マンハッタンには7年間暮らしていたが、あの**碁盤の目**のように道路が整備された街でもしょっちゅう迷っていた。[*11] そんなわけで、私はどれだけ練習を積んでも、方向感覚が優れた人間にはなれないと断言できる。

徳についても同じことが言える。私には忠実さの素質があったが、たとえば勇気はなかった。人によっては、寛大であっても節度がなかったり、勤勉であっても温厚ではなかったりするだろう。人が開花するには、そうした徳を**すべて**積み重ねていくことが必要で、個人によって適性があるかどうかにかかわらず、誰でも実践することができる。[*12]

アリストテレスはそう明言している。十分に努力すれば、度量も勇気も他のどんな資質も失われることはない。駐車場に停めるたび、かならず自分の車を探して歩くはめになる私とはわけが違う。

アリストテレスの倫理学で最も重要な部分は、おそらく習慣化だろう。だが、それだけではない。テニスの上達にはコーチが、フルートの習得には偉大な音楽家が必要であるように、開花のレッスンを行う優秀な教師が必要だ。

古代ギリシャ人は、市民学、倫理学、科学など、とにかくありとあらゆるものに教師（あるいは「賢者」）の存在が欠かせないと思いこんでいた。ソクラテスはプラトンを教え、プラトンはアリストテレスを教え、アリストテレスはアレクサンドロス大王[*13]を教えた。したがって、未熟な愚か者である私たちを、公共心に富んだ理想的な人物へと開花させるプロセスにおいて、優れた指導者（そして賢い友人）の果たす役割には、大いに注目すべきだ。

古代ギリシャ人は、彼ら自身が学問所《アカデメイア》を開いた教師であったことから、賢い教師の必要性を説く際には、咳払いをしながら自分を指さしていた姿も目に浮かぶ[*14]（『ニコマコス倫理学』は、ある意味ではアリストテレスのアカデメイアの宣伝とも解釈できる）。

誤解のないように言っておくが、いくら賢い教師の知恵も習慣化には**かなわない**。ミニカー好きが高じてフェラーリでレースに参加しようとした例の人物は、回転力に関する本[*15]を読んだり、デイル・アーンハート・ジュニア（訳注：アメリカ合衆国ノースカロライナ州出身のＮＡＳＣＡＲドライバー）のＴＥＤトークを見るだけではだめだ。

「気質、習慣、教育はすべて必要である」[11]とアリストテレスは言っている。開花するためには、単に徳を認識して獲得すればいいというわけではないからだ。

すべての徳について、**適量**を獲得することが必要だ。もちろん寛大でなければならないが、寛大**すぎる**のはだめで、勇敢でなければならないが、勇敢**すぎる**のもよくない。

徳倫理学で最も難しいのは、そうした量を見きわめ、それぞれを過不足なく得ることである。この腹立たしいほどの特定量を、アリストテレスは「中庸《ちゅうよう》」と呼んだ。

「私たちは、いつ実際に徳を〝獲得〟したのか？」

アリストテレスの倫理学を車にたとえると、「中庸」（英語ではmean、または一般的にgolden mean と表現されるが、これはアリストテレス本人の言葉ではない）[*16]は欠くことのできない歯車だ。しかも私の意見では最も美しく、最もやっかいなものでもある。

それだけでなく、最も不安定で、洗練され、腹立たしい存在だ。

私たちの求める寛大や節度といった資質を、完璧にバランスがとれた地面と平行のシーソーだと考えてみよう。真ん中に座れば、まっすぐのまま、左右どちらに傾くこともない。

これが、その資質の中庸である。シーソーのバランスを保つ、その資質の適量を示す中間点なのだ。ただし、少しでもどちらかに動くとバランスが崩れる。シーソーの一方が地面に落下して、尻をぶつけることになる（この場合、尻＝人格）。

シーソーの両端は、それぞれ資質の**不足**と**超過**を表す。つまり、少なすぎるか多すぎるかだ。そして、資質の不足または超過は**悪徳**となる。この状態は明らかに避けたい。これは「ゴルディロックスの法則」とも呼ばれる。

私たちのあらゆる性格に対して、アリストテレスは「熱すぎず、冷たすぎず、ちょうどよい」のが理想だと説いているのだ。

アリストテレスが「怒りに対する手段[12]」と説明する温和を例にあげてみよう。

怒りが**不足**している人というのは、

正しいことに対して、正しい方法で、正しいタイミングで、正しい相手に向かって腹を立てない。そうした人は感覚がなく、苦痛を感じないようだ。[*17]彼は腹を立てていないため、自分を守るタイプの人間には見えない。そのように自身に対する侮辱を受け入れ、家族や友人に対する侮辱に目をつぶることを厭わないのは、まるで奴隷のようだ。

すなわち、怒りが**まったく**なければ、たとえばガキ大将がおとなしい子をいじめている

ような、ひどい状況に出くわしたとしても、普通なら腹を立てて止めようとするところを、ただぽかんと口を開けて突っ立っているだけなのかもしれない。

逆に**過度に**怒りがあると、ガキ大将を引っつかんで、ドロップキックで湖に蹴り落とし、家族もひとり残らず引きずり出して、ドロップキックで湖に蹴り落としてから、とどめに自宅に火をつけることもやりかねない。

怒りの中庸（繰り返すが、アリストテレスが「温和」と呼ぶもの）とは、**適量**の怒りを表し、**適切な**状況のためにとっておき、ぶつけて**当然**の相手に向けるべきものである。

たとえばファシストや腐敗した政治家、あるいはニューヨーク・ヤンキース[*18]に関わる人など。つまり「怒り」は資質であり、「温和」は私たちの求める文句なしの中間点の徳ということになる。[*19]

この考えがどれだけすばらしいか、わかってもらえるだろうか。

調和とバランスと優雅さを兼ね備えている。「平均台からみごとに着地するシモーネ・バイルズ（訳注：アメリカの女子体操選手。２０１６年リオデジャネイロ・オリンピックで４つの金メダルを獲得）」さながらのアイデアだ。

だが、少し考えてみれば、疑問がわいてくるかもしれない。

まず、超過や不足の状態はどうすれば**わかる**のか？　自分が適切な理由で、しかるべき相手に対して、適度な怒りを持っていると、どう判断すればいいのか？

これは徳倫理学に対する、最もよくある批判だ。

つまり、勉強と努力と練習を重ねるだけで、理論上「完璧な」量のあらゆる資質を魔法のように手に入れることができるのか？　そもそも定義も計測もできないのに。

だとしたら、そいつはすごい。

アリストテレスでさえ、中庸を正確に説明するのに苦労することもあった。温和については、「我々がどのように、誰に対して、何について、どれくらいの期間、腹を立てるべきなのか、そして行動はどこまでが正しく、どこからが間違っているのかを定義するのは難しい」[13]と記し、肩をすくめている。「少なくとも、これだけは明らかだ。褒められるべきは中間の状態であり……。超過や不足は責められるべきである」[14]

ざっくり言うと、「ハードコア」のポルノに関するポッター・スチュワート判事の有名な言葉にも似ている。**定義**するのは難しいが、「見ればわかる」[15]。

もしかしたら倫理学そのものが不安定な根拠に基づいているのかもしれない。にもかかわらず、私たちは**理解**した気分になる。誰でも、何かに対して腹を立てたことはあるはずだ。そして、あとから悔やむ。「あのときはちょっと怒りすぎた」。あるいは、何かを見て見ぬふりをしたときに、はっきり抗議すべきだったと思うこともある。

自分の行動を振り返れば、自身や周りの行為について真剣に考えれば、何が少なすぎるのか、何が多すぎるのか、何が「ちょうどよい」のかが理解できるようになるだろう。私たちは「見て理解する」必要がある。日ごろから心がけていれば、「見て理解する」だけでいい。

そうして徳を求めることには、ほかにもメリットがある。

他人のさまざまな資質に目を向けると、その人のどんな面が好きで、どんな面が嫌いかがわかるようになる。友人について、「ルイほどいいヤツはいない」「ダイアナは世界でいちばんやさしい」などと口にすることもあるが、本当に極端になってほしいとは思っていない（現実に世界一いいヤツは、**ものすごく退屈**だろう）。

昔よく一緒にいた相手を思い浮かべてみよう。元カレでも元カノでもいい。

あなたが惹かれたのは、ほとんど徳にも近いバランスのとれた資質だったにちがいない（「デイモンはいつもそばにいてくれたけれど、私にひとりの時間が必要だということもわかっていた」）。

あなたを夢中にさせたものは、おそらくそれが別れる理由にもなったにちがいないが、相手の過度な、もしくは欠落した資質で、それを望みどおりのバランスに近づけることは不可能に思えた（「デイモンは制汗剤なんか使わなかったし、ダイニングテーブルの上で足の爪を切って、おまけに指についたチートスの粉を私の猫で拭いていた」[*20]）。

中庸を見つけるには、それを見つける訓練を重ねるしかない。何度も失敗を繰り返しつつ、成功と失敗を分析するのだ。

中庸こそ、あなたのイライラを軽減する

これでやっと最初の質問に戻って、より確かな答えを出すことができる。

理由もなく友人の顔を殴るのが悪いということは、無意識にわかるかもしれないが、これで**なぜ**悪いのかが明らかになった。**中庸**の徳（温和）を示さずに、きわめて過度の怒りを表しているからだ。そうするとシーソーのバランスが崩れる。

また、今後どのように行動すればいいのかもわかった。あなたは温和であることがよいと（「温和の入門セット」のおかげで）本能的に理解して、これまでなるべく温和でいようと心がけていたかもしれない。

けれども実際には、**練習**して、微調整の方法を学び、自分の行動が適度に温和かどうか、ときどき確かめてみなければ、ほかの子がいじめられていたり、友だちが顔を殴られているのに、ただ指をくわえて見ているだけの人間になるかもしれない。

私たちはどうすべきか、どうしたらよりよくなれるのか、何をしてはいけないのか、徳倫理学によってはっきりと知ることができる。

もう一度、私の忠実さの徳について見てみよう（しつこいようだが、アリストテレスの徳リス

トには載っていない)。

忠実さが**不足**すると、あらゆる規則や社会契約を破る無法状態となり、逆に**超過**すれば、「命令に従っているだけ」で残虐行為をはたらく兵士のように盲従状態となる。

私の忠実さとの個人的な関係は、時に超過に傾くことがあった。妻や友人、騒音禁止令の時刻の直後に私と一緒にいた仲間に訊いてみるといい。

私はマウスウォッシュできっちり30秒間、口をすすぐ。車のハンドルは「10時10分」の位置で握る。**ラベルにそうしろと書いてあるからだ。教習所の教官にそうするよう習ったからだ。**ずっとそれが道徳的だと思いこんで、相手の困惑した反応はとくに気にしなかった。

ところがアリストテレスを読んで、自分の過度な忠実さが周りにマイナスの影響を与えかねないことに気づいた。私はずっと場を白けさせていたのだ(私を注意しようとして、マウスウォッシュの日課を終えるまで30秒待たなければならないと悟ったときの妻の表情は、鋼《はがね》さえも溶かしそうだった)。

この数年、ありあまるほどの忠実さをどうにか減らそうとしてきたが、そう簡単にはいかない。何しろ生まれてから46年間、ずっとそうやって生きてきたのだ。中庸を心がけたことなどない。その結果、やっかい者のようになってしまった。

とはいうものの、希望がないわけではない。私は忠実さのすばらしい入門セットを持って生まれ、規則を破ることに対して、つねに警告を受けてきた。両親や先生の言いつけは基本的にすべて守った。彼らが「監督」だったからだ。

けれどもいまは、偉い人に疑わしいことを命じられても、やみくもに従うようなことはしない。たとえその人物が「国家規則作成局」のネームタグがついた制服を着ていたとしても。[*21]

たしかに中庸を見つける練習はサボってきたが、いまの私は少しは世の中というものを理解し、人付き合いについての知識、礼儀、大勢の良識ある人々から授かった知恵を持っている。おかげで、何がなんでも規則を守ろうとする気持ちにブレーキをかけることができる。

仮に、死ぬまで入門セットだけに頼っていたら、悲惨な運命をたどるはめになっただろう。言われたことをやる私の性格を考えると、極端に忠実な人間にならずにすむ環境で育ったことは幸運だった。でなければ、戦争犯罪者になっていたかもしれない。

私にとっては、これがアリストテレスの徳倫理学の真価である。はるか昔に書かれたにもかかわらず、この人間の条件に関しては文句なしにすばらしい。ちょっとでも気を抜けば、私たちの人格や習慣は時間とともに少しずつ、けれども確実に凝り固まっていく。

私は30歳になるまで、さまざまなジャンルの音楽を聴いていた。やがて結婚して子どもが生まれ、しばらくは音楽から遠ざかっていた。そして、いま聴いているのは、もっぱら90年代後半のインディ・ロックやヒップホップのアルバムだ。懐かしさが心地よくて、車に乗ると、ついスイッチに手が伸びてしまう。

私たちの行為は、毛足の長いラグマットに重い椅子の跡がつくように、人格に深い溝を刻み、それを避けることは年をとるにつれて難しくなる。

けれども、アリストテレスの「つねに学び、つねに試し、つねに模索する」を実践することによって、古いものから新しいものまで、さまざまな経験に満ちた、成熟しつつも**柔軟性のある**人間が誕生する。そうした人間になれば、慣れ親しんだ習慣や、世の中の仕組みに関する時代遅れの情報にだけ頼るようなことはない。

アリストテレス研究者のジュリア・アナスは、アリゾナ大学の教授時代に書いた『徳は知なり　幸福に生きるための倫理学』（春秋社）において、徳を試す状況での**機械的な**反応と、より深く**知的な**反応の違いについて述べている。

「（練習の）成果は、単なる習慣に匹敵する、すばやく率直な反応であるが、学んだ教訓によって柔軟かつ革新的なものとなっている点で異なる」[16]

じつにすばらしい考え方だ。徳の練習を繰り返すことで、私たちは徳に**堪能**となり、反応は理解の深い**蓄積**から現れる。したがって、それまでの行為によってできあがったパターンにはまったままではなく、たとえ予想外の状況においても、努力次第では的確な判断を下すチャンスがあるのだ。

倫理についての質問は、ほとんどの場合、「理由もなく友人の顔を殴ってもいいか？」よりも答えるのが難しく、微妙なニュアンスを含み、はるかに複雑なものである。だから、勉強をすればするほど、まったく未知の状況で道徳の反射神経を試されても、うまく対処できるという考えは理にかなっているのだ。

この反応の「柔軟性」は、コメディの演技にも似ている。おもしろくて頭の回転が速く、テンポのよいコメディアンは世界中にあふれている。けれども、腹の底から笑わせてくれるのは即興コメディの出身者が多い。彼らは何をしても、とにかくおもしろい。台本がなくても、リハーサルを行わなくても、緊張や動揺やパニックとは無縁だ。

これは、即興にはたゆまざる厳しい**練習**が求められるからではないだろうか。来る日も来る日も、少人数のグループで何もない状態から場面を考えて演じる。おかげで注意をかたむけ、ゆったりと肩の力を抜いて、自信たっぷりに振る舞う方法が身につく。場面場面で、あらゆるすばやい動きを冷静に観察し、互いの動作を予測し、同じことを繰り返さないようになるのだ。

忘れられないのが、スティーヴ・カレルとエイミー・ポーラーだ。[*22] 彼らはともに自分の役柄を熟知しており、『ジ・オフィス』や『パークス・アンド・レクリエーション』の脚本家は、いつ、どんなシナリオにもふたりを登場させることができた。そしてふたりとも、どうすればおもしろくなるのかを瞬時に理解した。

つまり、役柄に**堪能**だった。コメディの技を長年、繰り返し練習した結果、シナリオがどのように展開しても、そのたびに柔軟に**反応**することができたのだ。

これは、そっくりそのまま徳倫理学にも当てはまる。

努力して中庸の徳を見つけ、その裏と表、変化や落とし穴、メリットとデメリットを学べば、私たちは柔軟で探求心が旺盛な、適応力のある**よりよい**人間になれる。こうした中庸の探求は積み重なり、1つの中庸に近づくことが別の探求に役立つ。

たとえば、親切の中庸を探し求めれば、寛容の中庸に近づく助けとなり、それが誠実の中庸に近づくのに役立ち、その結果、節度の中庸に近づくことができるといった具合だ。

そして最後には、さまざまな徳のバランスをコントロールすることによって、私たちは本当の意味で花開く。どんな新たな状況も理解して順応し、『マトリックス』のネオのように人間の存在の基本コードを解読できるようになる。

これでわかっただろう。善人になるのは思ったより難しくない。『マトリックス』の最後でネオがやってみせたように、世の中を完全に理解するだけでいいのだ。

不必要な残酷さは、避けるべきだ!

理由もなく友人の顔を殴るのは**悪い**ということはわかった。そんなことをする人は、徳の中庸に達することはできないだろう(あるいは、そもそも中庸を無視する)。

最初はウォーミングアップ代わりの簡単な質問だった。では、今度は少し訊き方を変えてみよう。

「**友人に嫌がらせをされたら**、顔を殴ってもいいのか?」

たとえば、この友人に新しいチノショートパンツをばかにされ、不愉快な思いをしたとする。そこで、相手の顔を殴ってもいいかどうかを判断しなければならない。

徳倫理学者だったら、それっぽっちのことで顔を殴るのは、理由もなく殴るのと同じくらい過剰な怒りの表現だと言うだろう。だが、ラトビア出身の哲学者ジュディス・シュクラー(1928~1992)は、この問題を別の視点からとらえている。

ユダヤ系の家に生まれた彼女にとって、しばしば取り上げている自由と解放は身近なテーマだった。一家はスターリンから逃れてラトビアを出国し[17]、その後はヒトラーから逃げつづけ、ようやくアメリカにたどり着くと、ジュディスはハーバード大学で博士号を取得し、政治学部で女性初の終身教授となった。

代表作『Ordinary Vices（日常の悪徳）』では、人間の一番の悪徳は、うぬぼれや嫉妬、憤怒といった古典的な「大罪」ではなく、残酷さであり、避けるべきことリストの第1位にあげられている。

「残酷さを優先させる[18]」ことについて、シュクラーは次のように記した。

> それは啓示宗教における罪という考えを無視することである。罪は神の掟からの逸脱であり、神に対する侮辱である……。しかしながら残酷さ（弱い者に肉体的な痛みを故意に与え、苦悶および恐怖を引き起こすこと）は、もっぱら**他の人間**に対する悪事である。

宗教上の「罪」のみを避けるべき究極の悪行と考えると、結局は残虐行為への言い訳を考えるはめになる。シュクラーが例にあげているのは、「新世界」に上陸し、先住民族に出くわして、大量虐殺をキリスト教の神の意志として正当化したヨーロッパの征服者だ。残酷さ（他者に対する罪）が「我々が犯しうる最悪の犯罪」リストのトップにあるとすれば、もはやそうした逃げ道を見つけることはできない。

だが、シュクラーは残酷さに対して別の苦情も申し立てていて、それによってチノショートパンツをばかにした友人を殴ってはいけない理由がわかる。いわく、多くの場合、残酷さは、それを引き起こした態度と比例していない。[19]

かの有名な『レ・ミゼラブル』のように、飢え死にしそうになって1本のパンを盗むといったささいな罪を犯し、刑務所へ送られたとする。そして獄中の環境が**きわめて**悲惨であれば、不均衡が生じる。犯した罪に対して、罰の残酷さが大きく上回っているからだ。とても説得力がある。現代の刑事司法制度では、ささいな罪で数えきれないほど多くの人が刑務所に入れられている。今日、多くの国で合法とされている大麻所持も、そのうちの1つだ。だが、ここで明らかになる問題は犯罪行為だけではない。

ごく日常のやりとりも、不当な残酷さに満ちている。信じられないのなら、YouTubeに「チーズはおいしい!」とか「ミシガン大好き!」といった当たり障りのない動画を投稿し、コメントを読んでみるとわかる(「おまえみたいな乳臭いヤツはイーストランシングに帰れ!」といったコメントが並んでいるかもしれない)。

本書の目的は、日常生活でよりよい人間になることなので、残酷さを避けるべきことリストの1位に追加するのは、すばらしい考えに思えるだろう。

ところが、あいにくこれには大きな代償を伴う。残酷さがそこらじゅうにあふれているせいで、人間の最もひどい悪徳として考えると、精神的なダメージが大きくなるのだ。「残酷さに震え上がるとしたら、日常生活の現状を考えれば、我々はつねに暴力にさらされていることになる」[20]とシュクラーは書いている。

まったくそのとおりだ。ちょっとニュースを見ても、次々と残酷な出来事が目に飛びこんでくる。人種差別、性差別、ボーター・サプレッション（訳注：選挙において、嘘や脅迫によってライバル陣営の支持者が投票に行かないよう誘導する戦術）、人々を貧困状態から抜け出させないための法律、YouTubeの心ないコメント……。

真っ先に残酷さを考えると、誰もが人間嫌いになりかねない。だから、私たちは残酷さに目を向けたくないのかもしれない、というのがシュクラーの主張だ。

けれども、残酷さの鞭《むち》から逃れる方法はある。それは知識だ（具体的には、自分とは異なる文化的慣習の知識）。偉大な啓蒙哲学者モンテスキューを引用して、シュクラーは「〝知識は人間を寛大にする〟。同じように無知は我々の心を頑固にする」[21]と説明している。

これにはアリストテレスも賛成するにちがいない。

人生が他者の影響を受けるものだと理解すればするほど、すなわち共感の中庸を求めようとすればするほど、人は残酷に振る舞うことを容認できなくなるのだ。

ここまでだけでも、私たちは多くのことを学んだ。

理由もなく（あるいは、たいしたことのない理由で）友人の顔を殴ってはいけないことに加え、なぜそうなのかも納得した。目指すべきもの（さまざまな資質の中庸）、それが何の役に立つのか（自分の行為をよく理解し、別の、もっと複雑な状況に当てはめる際に私たちを「柔軟かつ革新的」にする）もわかっている。

さらに、残酷な行為（他人にひどい苦しみを与える）を避けるべきことリストの第1位にしなければならない理由も理解した。

そのうえで、もう一度訊く。本当に理由もなく友人の顔を殴ってもいいのか？

これは初歩的な質問だった。けれどもすでに述べたように、世の中は複雑で、ほとんどの判断はそんなに簡単ではない。実際、ある状況で選択肢が、

(a) 相手の顔を殴る
あるいは
(b) 殴らない

ではなく、

(a) 相手の顔を殴る
あるいは
(b) 相手の腹を殴る

だとしたら、いったいどうすればいいのだろうか？

＊1　このアンケートをオンラインで実施したら、おそらく回答者の70パーセントが「理由もなく友人を殴ってもいい」と答えるだろう。インターネットの世界は恐ろしい。

＊2　「すべての人を愛し、限られた人だけを信じ、[22]誰も不当に扱わないこと」

＊3　「ボンネットの中がどうだろうと関係ない。[23]肝心なのは、誰がハンドルを握っているかだ」。さらには「おまえの歯をへし折って[24]喉に押しこんでやる。そうなればケツの穴から歯ブラシを突っこんで磨くしかあるまい」。このシリーズは金言の宝庫だ。

＊4　「テロス」はギリシャ哲学でとても重要な概念である。形容詞は「目的論の（テレオロジカル）」で、この用語を使うと、**とても**賢く見えるので、日常的に使うことをおすすめしたい。哲学の議論で、相手の言っていることが理解できない場合に、「でも、それは目的論の観点から考えるべきじゃないのか？」と発言すれば、相手は「ふむ、それはいい指摘だ」と訳知り顔でうなずくだろう。

＊5　私は会話では「エウダイモニア」という言葉を用いないようにしている。正しく発音できる自信がないからだ。「エウデイモーニア」「エウダイモーーニア」「エウデーモニーア」？　とにかく正確な発音は知らない。Zoomでトッドと話す際に声に出すときには、気づかれないように、いつも早口で言ったり、咳きこむふりをしている。

＊6　アリストテレスは10個ほどあげているが、何しろ2400年前の話なので、現代において徳倫理学を論じるにあたり、いくつか付け加えるべきだと思う。古代に書かれたことを文字どおり受け取るのは、ある意味、アホらしくないか？

＊7　実際にいたらすごい。そんな超人的な開花した赤ん坊に、ぜひ会ってみたいものだ。

＊8　私がこれまで話を聞いた人の多くは、程度の差こそあれ、この類のささやき声を耳にしていた。友人に言わせると、シートベルトをし忘れたときに鳴る警告音の道徳バージョンだそうだ。

＊9　それほどでもない。

＊10　彼の両親にとって、どれだけ大変なことだったか想像がつくだろうか？　ロブというのは架空の人物だが、彼の実在しない両親を心から気の毒に思う。

＊11　『グッド・プレイス』のチディをこのキャラクターに設定し、私がつね日ごろ思っているように「方向的精神障害」と呼んだ。

＊12　古代の高名な教養人のご多分にもれず、アリストテレスは驚くほど自信家で、徳や卓越性などについて、成し遂げるよ

う努力すべきだと自分が主張することをすべて成し遂げられる人などほとんどいないと思っていた。しかも、成し遂げられるのは「自由人」に限定していた。つまり、それほど多くはないということだ。

＊13 彼はアリストテレスの善人についての教えをまったく習得しなかったと思われる。その証拠に、世界中を征服し、隷属させることに生涯を費やしている[25]。

＊14 このジョークはウディ・アレンがソクラテスについて書いた喜劇から拝借した[26]。２０２２年にウディ・アレンの名を出すのがどういうことか、言われなくてもわかっているが、ここではあえて登場させた。その理由は第10章で明かす。

＊15 ２０１７年、当時のトランプ大統領は義理の息子ジャレッド・クシュナーを新たな中東和平計画案の責任者に任命した。クシュナーには国際条約に携わった経験がなかったため、国民のあいだで疑念が生じた。２０２０年のはじめに計画を発表する際に、彼はイスラエル・パレスチナ紛争の歴史に関して「本を25冊読んだ[27]」と誇らしげに述べたが、現時点までイスラエルとパレスチナの和平は実現していない。

＊16 golden mean という言葉を最初に使ったのは古代ローマの詩人ホラティウスで、アリストテレスの死から数世紀後のことだったが、それでもアリストテレスの用語とされている。たとえるなら、映画『カサブランカ』のハンフリー・ボガートの「もう一度あれを弾いてくれ、サム（Play it again, Sam）」という名台詞は実在しないのと同じだ。もう1つのアリストテレスの名言「人は物ごとを繰り返す存在である。したがって、優秀さとは行動によって得られるものではなく、習慣の賜物である[28]」も、本人が書き残したものではない。ウィリアム・ダラントが１９２４年に出版した、かの有名な『哲学の話』でアリストテレスについて記した言葉である。夕焼けのビーチでヨガをする写真に、この「アリストテレスの言葉」を引用して投稿している無数のインスタグラマーに教えてあげるといい。

＊17 30年ほど前までは、すべての哲学者は著作で当然のように男性代名詞を使用し、引き合いに出す人物は決まって「彼」だった。女性の哲学者も然り。何とも腑に落ちない。本書では、男性、女性、性の区別のない代名詞を適宜使用する。

＊18 倫理的には、ヤンキースの選手もファンも過度の怒りの対象となりうる。これはアリストテレスが許している唯一の例外だ。ただし、『ニコマコス倫理学』を参照しないでほしい。別の本に載っているから。書名は忘れたが、彼の本のどれかなのは確かだ。ダラス・カウボーイズを応援するのもよくないと言っている。

＊19 徳については、たとえば「快楽の追求」は資質で、「節度」は私たちの求める徳の手段であると分類することも可能だ。

＊20 それと同時に、相手もあなたについて同じように思っていることを忘れてはならない。**あなた**の不快な資質の過不足が原因で、相手が我慢の限界に達したこともあるはずだ。そう考えると、あのとき振られたのも合点がいくだろう？

＊21 その人物のことを考えただけで冷静ではいられない。

＊22 言われなくても、わかっている。有名人の名前を持ち出して自慢話をしているだけだ。それでも、このたとえ話にはそれだけの価値がある。これからはハリウッドセレブの名はできるだけ出さないようにしよう。

第2章

人の命は、選択してもいいものか？

暴走するトロッコで5人を轢《ひ》き殺すか、
それとも進路を切り替えて（別の）1人を殺すか？

いきなり何を訊くのか、と思ったかもしれない。

いままで、のんきに『レ・ミゼラブル』やYouTubeのコメントの話をしていたのに、とつぜん乗り物の重苦しい心理ドラマが始まるなんて。おそらく、誰もこんな状況に置かれたことはないだろうし、これからもないにちがいない。

だが、道徳における意思決定を理解するには、この選択肢を迫られたときにどうするか、さらにはなぜそうするのかについて、真剣に考えることが必要なのだ。

というわけで、あなたはいまトロッコを運転していて、ブレーキが壊れたとする。前方の線路には5人の作業員がいて、このままでは轢き殺してしまう。ただし、進路を切り替えるレバーを引くこともできるが、切り替えた先の線路には別の**1人**の作業員がいる。

質問は言うまでもない。

このまま何もせずに5人を轢き殺すべきか？　それともレバーを引いて1人を殺すのか？　そもそも、なぜ彼らはトロッコが運行されている昼の時間帯に作業しているのか？　誰が許可したのか？　スケジュール責任者のジェリーか？　なんて無能なヤツなんだ。あいつの従兄がトロッコ会社の社長だから採用されたという噂は本当だったんだ。

この思考実験や多くのバリエーション（後述）は、まとめて「トロッコ問題」と呼ばれている。最初に発表したのはイギリスのフィリッパ・フットという女性で、1967年のことだった。[*1]

皆さんがどう考えているかはわかる。「フィリッパ・フット」なんて、魔法の森にある紫色のキノコの中に住んでいる、おとぎ話のネズミの名前みたいだ。だが、彼女はおとぎ話のネズミではなく、れっきとした哲学者で、トロッコ問題は間違いなく現代哲学において最も有名な思考実験である。

その証拠に、あまりにも有名で、あちこちで論じられるせいで、いまでは多くの学者がうんざりしている。その話題になると、目をぐるりと回し、困惑の表情を浮かべるのだ。

何しろこの50年間、誰もが口を開けばその話ばかりだったから。いわば哲学版『天国への階段』か『ゴッドファーザー』といったところか。

つまり、世間で認められた露出過多の古典作品というわけだ。

だが、哲学者の皆さんは文句を言わないでほしい。ここでも懲りずに取り上げる。

この複雑な問題に取り組むことによって、「正しいことをする」のがなぜ難しいのかが説明できるからだ。

この状況では、多くの人がレバーを引くべきだと考えるだろう。とっさにそう答えるにちがいない。だって……、それが正しい行動だと思うから。

私たちは線路の先にいる人たちのことは知らない。ただの名もない作業員で、彼らがトロッコに轢かれるかどうかという重大な問題は、まるで他人事《ひとごと》のように思っている。

だから、できるだけ多くの命を救わなければならない。簡単だ。それで4人多く助かるのだから。レバーを引いてヒーローになるんだ！

だが、じつはこの問題にはたくさんの罠《わな》が仕掛けられていて、そのせいでもともとのシナリオが少しばかり変わる可能性もある。

たとえば、あなたが**運転手**ではなく、（このバージョンでは）進路切り替えレバーの設置された線路のわきに立っている無関係な第三者だとしたら[2]？　その場合、トロッコ会社の社員のように意思決定の責任を負うことはない。それでもレバーを引くだろうか？

あるいは、犠牲になるのが、まったく見知らぬ人ではなかったら？　トロッコのフロントガラス越しに、もう一方の線路に友人のスーザンが立っているのが見えたら？　親切で思いやりがあって、行けなくなったビヨンセのコンサートのチケットを譲ってくれたこともあるスーザンを助けたくて、あえて進路を**切り替えない**選択をする。友人の命を救うために5人を犠牲にするのは、はたして道徳的に許されることなのか？

もしくは、もう一方の線路にスーザンが立っているのが見えたが、彼女は友人ではなく、むしろ**嫌い**な相手だったら？　横柄で意地悪で、ビヨンセのコンサートに行けなくなってもチケットを譲ってくれなかった。おまけに昨日、「彼女がトロッコに轢かれてぺっちゃんこになればいいのにと思うことがある」と妹に打ち明けたばかりだった。いまレバーを引けば、5人を救いたくてやったことになるだろうか？　それとも、ビヨンセのチケットを手放さなかったスーザンの自業自得になるのだろうか？

こんな悩ましいバージョンもある。あなたは線路の上の陸橋に立って、暴走するトロッコを見下ろしているとする。[*3] 隣にはドンという名の重量挙げ選手[*2]がいて、陸橋から大きく身を乗り出している。物理の得意なあなたは、ドンほどの体重があれば、トロッコはぶつかった衝撃でスピードが落ち、5人を轢く前に停止するはずだと計算する。つまり、ドンを**ほんのちょっぴり**押して線路上に突き落とせば、**彼**は轢かれるが、他の5人は助かる。だとしたら、ドンを突き飛ばすのか？

この場合、ほとんどの人は思いとどまり、ドンを突き飛ばして死なせるようなことはしないだろう。だが、その行為も結果も、オリジナルのシナリオと本質的に変わらないと見ることもできる。片やレバーを引き、片やドンを陸橋から落とす。いずれにしても、5人を救うために1人の無関係な人間を故意に死に追いやっているのだ。

そうはいっても、やはり同じだとは**思えない**。トロッコの中でレバーを引くのと、**陸橋から誰かの身体を押す**のとでは違うはずだ。付け加えるなら、ドンはもっと気をつけたほうがいい。陸橋の欄干からそんなに身を乗り出さないでほしい（「トロッコ問題」の登場人物は、ひとりとして周囲の危険に気づいていない。まったく腹が立つ）。

悩ましいトロッコ問題はまだ続く。自分が医者で、救急救命室に運ばれてきた5人が、それぞれ異なる臓器移植を行わなければ死亡するという状況だったら？[4] 1人は心臓、1人は肝臓、1人は肺、1人は胃、残る1人は……、脾臓《ひぞう》など。

脾臓がなければ生きられないかどうかは、この際、問題ではない。肝心なのは、とにかく全員に臓器が必要だということだ。当直医の私たちが疲れきって、飲み物を買いに自動販売機まで行くと、用務員が楽しそうに床を掃除しながら、自分が健康で、すべての器官が正常に機能していることはすばらしいといった内容の歌を口ずさんでいる。

それを聞いて、名案がひらめく。その用務員を殺し、臓器を取り出して配るのだ。心臓は心臓を必要としている男性に、脾臓は脾臓を必要としている女性に。これですべてが丸くおさまる（用務員を除いて）。

これも許しがたい行為に見えるが、やはり最初のシナリオと変わらない。自分の選んだ行為の結果、なんの落ち度もない1人が死に、同じくなんの落ち度もない5人が助かるのだ。もっとも、実際にそうしようと考える人はいないだろうが……。レバーを引くのと、鼻歌を歌う用務員の背後に忍び寄り、ピアノ線で首を絞めて脾臓を取り出すのとではわけが違う。

これがトロッコ問題をきわめて複雑にしている理由だ。「この行為は正しいのか？」という単純な問いに対する答えは、基本的な行為（1人の命を犠牲にする）と、その結果（5人が助かる）がつねに同じであるにもかかわらず、それぞれの状況によって大きく異なる。

いったい、どういうことなのか？

功利主義は、結果を優先すること

次は、三大西洋哲学の2番目、功利主義について見てみよう。この考え方を確立したのは、2人の風変りなイギリス人哲学者、ジェレミ・ベンサム（1748〜1832）とジョン・スチュアート・ミル（1806〜1873）である。

ベンサムには称賛すべき点が多くある。18世紀のイギリスではほとんど顧みられなかった同性愛者、少数者、女性、動物の権利を擁護したのだ。[5]

その一方、彼は「変わり者」で、自分の死後は、医学研究のために遺体を友人の医師トマス・サウスウッド・スミスに託すと宣言した。[6] スミスは遺体をミイラ化し、[7]（おそらく本人の要望どおり）ベンサムのスーツを着せ、頭部は「思いどおりの結果にならなかった」[8]ため、代わりに蝋《ろう》でつくったレプリカを据えた。

実際には「表情がほとんど失われ、およそ美しさに欠け、ゾッとするような仕上がりになってしまった」[9]ようだ（写真の掲載は見送ることにした。礼には及ばない）。

加工された骨格に蝋の頭を据えたベンサムの骸骨は「オートアイコン（自己標本）」と呼ばれ、個人的には「悪夢のゾンビ人形」よりもいい名前だと思うが、1850年にスミスがユニバーシティ・カレッジ・ロンドン（UCL）に寄付した。[10]

ベンサムはUCLの「精神的創設者」だったため（実際の創設者ではない）、大学側は引き取った。UCLのブログによると、おもしろいことに「大学はすぐにはオートアイコンを展示せず、スミスは不快感を示した」[11]そうだが、無理もない。

それから100年以上のあいだ、UCLはその**人間かかし**を木の戸棚に保管していたが、2020年2月、すばらしいガラスケースに入れ、すばらしい学生センターに置いた。[12] 学生たちはさぞ喜んでいるにちがいない。まさか吐き気をもよおすことなどないだろう。[*3]

ベンサムの弟子J・S・ミルも早くから女性の権利を擁護し、1869年にフェミニズム思想の画期的な著作である『女性の解放』を出版した[13]。[*4] 早期教育に熱心だった厳格な父親のおかげで、ミルは8歳までにギリシャ語とラテン語を習得し、10代前半にはユークリッド幾何学、政治学、哲学をはじめ、ほぼすべての分野で高い能力を発揮した。だが、20歳のころにひどいうつ状態となる。幼稚園でギリシャ語とラテン語を学ばせるような父親のもとでは、十分に予測できる結果だった。

ミルはいかにも19世紀のイギリスの天才らしく、ロマン派の詩を読むことでうつ状態を脱し、大学で教えるどころか、大学に通ったこともないにもかかわらず、同世代で最も影響力のある哲学者の1人となった。

そして、その人並み外れた人生を締めくくるかのように、1873年に丹毒《たんどく》によって生涯を閉じた。皮膚が爆発して真っ赤な炎に包まれるように腫れあがることから、「聖アントニウスの火」と呼ばれる珍しい感染症である[14]。けれども皮膚が爆発する前に、ミルはベンサムの功利主義について研究を進め、西洋の哲学思想の最前線に導いた。

功利主義は「帰結主義」と呼ばれる倫理哲学のグループに属する。帰結主義というのは、私たちの行為の**結果**もしくは**帰結**のみを重視する。帰結主義者に言わせると、最高の行為は、最もよくて、最も悪い面が少ない結果が出るものに限るそうだ。

具体的には、最高の行為というのは多数の人を**幸福**にするものだとベンサムは述べている。[*5] これは「最大幸福原理」と呼ばれるが、驚くほどシンプルで、どこかばかげているようにも感じられる。[*6]

そもそも、何が〝幸福〟か、誰が決めるのか？　何しろ世の中には、私のようにごく普通で精神的に安定した人間もいれば、ピザにパイナップルをのせ、〈レッド・ホット・チリ・ペッパーズ〉を好んで聴くような人もいるのだ。

それでも、帰結主義にはまぎれもない魅力がある。大学時代に帰結主義の本をはじめて読んだとき、私は「よし、これだ！」と思った。自分にも実行できそうな気がした。どんな行為でも、大事なのは結果だけだからだ。

全体の幸福が多いほどよい、全体の不幸が多いほど悪い。だから、苦しみ・不幸よりも多くの喜び・幸福を生み出すだけで、道徳コンテストで優勝できる。帰結主義で考えれば、自分のしたことがよいか悪いかがはっきりと**わかる**。結果を調べれば答えが出るからだ。抽象的な概念から道徳部分を抜き出して、数学や化学のように計算するだけでいい。

映画『シンドラーのリスト』のラストで、オスカー・シンドラー（リーアム・ニーソン）が十分に手を尽くせなかったことを嘆く場面を覚えているだろうか。金《きん》のバッジを交換するか売れば、あと2人の命を救うことができたはずだと悔やんだ。

シンドラーは自分の財産と力を注ぎこみ、迫害されたユダヤ人を助ける方法を考えた。つまり、彼の費やしたお金はすべてユダヤ人たちの命の数パーセントに相当する。その計算結果は間違いない。だからこそ『シンドラーのリスト』は安心して楽しむことができる。

とにかく、大事なのは結果だけだというのはわかった。

では、その結果はどうやって評価するのか？　もし自分がオスカー・シンドラーだとして、なんの執着もない金のナチスのバッジを2人の命と交換すれば、苦しみ・不幸（カッコいいバッジを手放してしまったこと）よりも、幸福・喜び（2人の命が助かること）を生み出したことは簡単に理解できる。だが、現実はそれほど単純ではない。

この基準で**すべての**行為を評価するとしたら、毎回、行為によって生じる「幸福ポイント」や「不幸ポイント」を測定する計算機のようなものが必要となる。そこでベンサムは、私たちの行為から生まれる快楽を測るための7つの尺度を考えた。[15]

強度（どれくらい強いか）
持続性（どれだけ続くか）
確実性（どれだけ効果があると言いきれるか）
遠近性（次の快楽までどれだけ近いか）
多産性（どれだけ「長持ち」するか、どれだけ他の快楽をもたらすか）
純粋性（快楽に伴う苦痛がどれだけ少ないか）
範囲（どれだけの人が利益を得るか）

明らかなことが2つある。

第一に、このリストを見たら、功利主義とセックスの共通点について冗談を言わずにはいられない。そうだろう？

「強度」「どれだけ続くか」「どれだけ他の快楽をもたらすか」……、この部分を読んで、とっさに「ジェレミ・ベンサムは史上最も好色な哲学者だ」と言わない人は尊敬に値する。

それはともかく、第二に、この計算機は使えない。現実問題、こうした基準をどうやって行為に当てはめればいいのか？ 同僚に20ドルを貸すことの「多産性」や、お祭りでフライドターキーを食べることの「純粋性」を、どうやって計算しろというのか？

そのうえベンサムは、新たな用語まで提案した。**快楽**の単位「ヘドン」と**苦痛**の単位「ドロア」だ。つまり、私たちが日ごろ「私の計算では、全国チェーンのスーパーではなくて、地元の市場で野菜を買うと3・7ヘドンになって、一方でドロアは1・6ですむ。だから、それはいい行為だ」というような会話をすることを望んでいたのだ。ばかばかしい。

しかしベンサムは、もう一度言うが、自分の骸骨を椅子に固定させ、有名な大学に永久に展示させただけあって、自身の考えが正しいと信じ、自信たっぷりに書き記している。

私たちを導くために、ちょっとした詩までつくったのだ。

強く、長く、確実、迅速、豊か、純粋——
そうした指標は快楽でも苦痛でも続きやすい
汝《なんじ》の目的が私的であれば、そうした快楽を求めよ
公であれば、広げて大きくせよ
そうした苦痛は避けるべし、どのような場合でも
避けられないのであれば、最小限に止めよ[16]

しかも、これまでに見た最大幸福原理のさまざまな問題点にもかかわらず、あのおぞましい人間剥製術実験は大成功だった。だから、もし道徳について何も知らなくても、私たちはベンサムの詩に従うだけで、かなりまともな人間になれるだろう。

彼によれば、快楽や苦痛が生み出されたら、それがどれくらい強いか、長く続くか、確かなものか、すばやいか、豊かか、純粋かで定義することができる。

あなたが自分のために行動しているのであれば、そのまま好きなだけ快楽を追求するといい。けれども社会と関わろうとするなら、快楽をできるかぎり周りに広めるよう心がけるべきだ。[*7] 苦痛を引き起こすような行為は可能なかぎり避ける。それが無理なら、人々がなるべく苦痛を味わわずにすむよう努力する。

まんざら悪くない。ベンサムをはじめ、功利主義者は何よりも世の中の人々を案じ、一

人ひとりの幸福が平等に大事であると信じている。**自分の**幸福は**他の誰の**幸福に比べても特別ではない、と彼らは主張する。つまり、基本的にエリート主義を否定しているのだ。

功利主義者のクルーズ船には、富裕層向けのファーストクラスはない。どの部屋も同じ広さで、乗客は全員、同じビュッフェの料理を食べる。

ということは、求めている答えは功利主義なのだろうか?

(多くの場合において)功利主義は「答え」ではない

残念ながら、功利主義に関してストレステストを行うと、中心となる考え方に重大な弱点が見つかる。幸福を最大にして苦痛を最小にすることだけが大事だというのなら、すぐにとんでもない結論に至るだろう。たとえば、医者はなんの罪もない用務員の首を絞め、彼の臓器を5人の患者に提供してもかまわない、とか。

ベンサムの最大幸福原理では、残飯と遊びまわれる泥が十分にあれば、豚のほうがソクラテスよりも「幸せ」(それゆえ人生で「成功した」)ということになる。というのも、ソクラテスはすばらしい思想家だったが、その一方でアテネの若者を堕落させた罪で牢獄に入れられ、毒ニンジンを飲まされて死に至ったからだ。

人類史上最も偉大な思想家の1人よりも、泥だらけの豚のほうが幸福な一生を送ったと主張する道徳論は、たちまち**炎上**するにちがいない。[*8]

実際、ベンサムが功利主義を世間に紹介してからというもの、哲学者たちは、思考実験でそれがどんなにお粗末であるかを示すことに喜びを感じてきた。

私のお気に入りの一例をあげよう。[*9]

サッカーのワールドカップの期間中、ESPN（娯楽スポーツテレビ放送ネットワーク）の電気技師スティーヴ（仮名）が変圧器の作業をしていたとする。スティーヴは足を滑らせて変圧器の裏側に転落し、挟まれて動けなくなったまま身体に電流が流れはじめた。彼を助けるには、変圧器の電源をしばらく落として放送を中断させなければならない。

厳格な帰結主義者は、迷うことなく決断するだろう。放送が途切れたら、数えきれない人が**このうえなく悲しむ**。だから申し訳ないが、スティーヴには、アニメみたいに骨が見える状態になるまで、このまま電流を浴びつづけてもらうしかない。

だが、この答えには感心できない。他の人々の幸せのために、かわいそうなスティーヴを見殺しにするのは間違っているのではないか。帰結主義の多くの問題は、要するにこの点だ。「快楽」と「苦痛」の合計を計算して得られる結果が、どう考えても正しくないように**思える**ことがあるのだ。

それに対して、功利主義者は巧みに答える。ある行為が悪よりも多くの善を生み出すとしても、それが道徳的に許されない行為だとしたら……、それは計算を間違えたということだ。善と悪の総計を求めるときには、全体図を考える必要がある。

すなわち、罪のないひとりだけでなく、その状況が社会で容認されていることに気づいている人**全員**にとって、どれだけの苦痛が引き起こされるのかを考慮しなければならない。

なぜなら、彼らは理論上は自分も同じ目にあう可能性があると知っているからだ。

サッカーの試合を見るために、『ホーム・アローン2』でケビン少年の罠にかかって電気椅子に座ってしまった泥棒みたいにスティーヴを感電させておくと聞くと、**多くの人**が、少なくともある程度は嫌な気分になる。

だから、スティーヴの身体的な苦痛に、自分たちの精神的および感情的苦痛を加えなければならず、「悪」の総量は最初に考えていたよりもはるかに多くなるというのだ。

みごとな弁解、完全な言い逃れとしか思えない。計算の結果が好ましくないと、功利主義者は決まって計算の方法が間違っていると言い張るからだ。

それに、たとえ私たちがスティーヴの感電で世界中に引き起こされる苦痛・不幸の量をいくらか加えても、帰結主義者は主張を曲げない。たしかに、いまや誰もが社会でそうしたことが認められ、いつか自分の身にも起こるかもしれないと気づいている……。

だが、はっきり言って、そんなことが私たちの身に起こる可能性はどれだけあるというのか？　私たちは電気技師でもなければ、ＥＳＰＮの従業員でもない。スティーヴの一件は不慮の事故と見なされるだろう。

しかも彼は、リスクを承知のうえで「変圧器修理」の仕事を引き受けたはずだ。どんな仕事にも多少のリスクはつきものだから。

したがって、厳密な帰結主義者はヘドンとドロアを完璧に計算し、**そのうえで**音叉《おんさ》みたいに震えているスティーヴはほうっておけばいいと判断する。

そうすれば、皆がブラジル対フランスの準決勝戦のラスト8分間を見られるのだ。より一般的かつ間接的な快楽・苦痛を計測するのは、不正確な方法と言わざるをえない。

問題は、まだある。行為の結果を評価するには、その行為と結果の関係、つまり自分が**した**と思っていることを本当に**した**と理解している必要があるが、たいていの場合、私たちは理解していない。与えられた結果から正確な結論を引き出すのは、人間が最も苦手とすることなのだ。[*10]

私たちの行為のほとんどは、すぐには結果を判断できないものばかりだ。場合によっては、**因果**関係（**これ**をして、**あの結果**につながった）と、**相互**関係（**これ**をして、別のことも**起きた**）の区別がつかないこともあるが、この2つはまったくの別物だ（たとえば、スポーツファンは贔屓《ひいき》のチームのユニフォームを着たり、リビングの決まった場所に座ってテレビ観戦をする。そうすればチームが勝つと信じているからだが、もちろんそんなことはない。[*11][*12][*13]自分が何を**した**のかを本当に理解していなければ、どれだけの善や悪を生み出したかを判断するのは難しい。

ひとつ例をあげよう。何かよいことを成し遂げようとする。たとえば教師なら、生徒のテストの点数を上げることを目標に掲げる。生徒のモチベーションを高めるために、次の数学のテストで平均点が80点以上だったら、全員に大きなふわふわのマシュマロをおごる約束をする。マシュマロが好きな生徒は、がんばって勉強するだろう。嫌いな生徒は勉強しなくなる。関心のない生徒は、いつもどおり勉強する。ひどくばかげたアイデアだとあきれた生徒は、教師は救いようのないマヌケで、他校に異動させるべきだと考える。そして、それまで以上に懸命に勉強し、みごと高得点を取る。

蓋を開けてみると平均点は82点で、教師たちはハイタッチを交わす。生徒のモチベーションという課題をクリアした。全員にマシュマロをおごろう。自分たちの発見は『すばらしい教師マガジン』に掲載されるだろう。マシュマロの大きな袋を抱えた写真に、「甘いヒミツ！　生徒のヤル気を引き出す教師たち」という見出し付きで。

これは、よい結果から悪い教訓を得た例である。生徒にマシュマロをおごることは公共の利益になると考えた。ところが実際は、おもに行為に**反して**目的を達成し、**より悪い**教師になっているのだ。

人間の行為の大半は、開始前か終了後（結果を目の当たりにしたとき）に不完全な情報が含まれているため、結果に基づいて行為の道徳的価値を決めることにはリスクを伴う（しかも、厳格な帰結主義者は想定外の方法で目的が達成されても、「望みどおりの結果を得たのだから、プロセスなど、どうでもいいじゃないか」と気にしない)。

行為を結果に基づいて「よい」か「悪い」かを決めることが前提で、肝心の結果がよく理解できないとしたら……、私たちはどうなってしまうのか？　トロッコの「レバーを引く」ことが、ますます危険にならないだろうか？

功利主義が抱える2つの問題点
——快楽主義者と残忍な保安官

功利主義の計算では毎回同じ結果が出るが、どうも納得できない。その理由をもっとよく理解するために、トロッコ問題に戻ってみよう。

最初に質問されたときに、無意識に功利主義の立場で考えたことを思い出してほしい。つまり、より多くの人を助けることが正しいと思った。

だが、トロッコを止めるために重量挙げ選手のドンを陸橋から突き落とすべきか？　それはだめだ、とほとんどの人は答えるだろう。「なぜだめなのか？」古今東西の哲学者が訳知り顔で、引っかけクイズのように尋ねる。

「どっちにしても、5人を救うために1人を殺すほうを選んでいる」「何かが違うように感

じるから」と、私たちは自信のない口調で答える。

臓器移植が必要な5人を救うため、1人の健康な人間を殺して臓器を摘出することは？

「それもだめだ」と私たちは答える。そんなことをすれば、自分がまるで**別人**になった気分だ。たとえば、ドン・チードルとレイチェル・マクアダムスが刑事役で、悪名高い「功利主義者の殺人犯」を追いつめる映画の悪役にでもなったようだ。[*14]

そうした矛盾の理由は、前述の教師とマシュマロの実験と同じかもしれない。

「元祖トロッコ問題」では、功利主義者はひょっとしたら間違った理由で正しい答えにたどり着くのではないか。レバーを引いて5人の命を救うことは、道徳的には正しい……。だが、それは「5人が1人より多い」からという理由だけではないはずだ。

すでに述べたように、ミルとベンサムが18～19世紀にかけて功利主義を提唱すると、世の哲学者は苛立ちを隠しきれなかった。道徳は結果がすべてという考え方は、学問の世界できっぱりと拒絶された。功利主義に対する批評を読むと、じつにおもしろい。哲学者たちは悪口を並べ立てているも同然だからだ。[*15]

1945年、偶然にもJ・S・ミルの名づけ子であるバートランド・ラッセル[*16]が『西洋哲学史』を出版した。ソクラテス以前の哲学者から20世紀の論理学者までを網羅した、すばらしい研究書である。

ラッセルは自身の名づけ親にも、その優れた知能や立派な道徳生活にも好意的だが、功利主義者について記した部分は軽蔑に満ちあふれている。「この理論には目新しいものがない」[17]とばかにして、さらに「イギリスの立法や政策における功利主義者の影響は、感情への訴えかけが完全に欠如していることを考えれば驚くほど大きい」とまで付け加えているのだ。そのほかにも、次のような記述が見られる。

さらに、

――ベンサムの理論には明らかな欠陥がある。[18]――

さらに、

――それゆえ彼の楽観論はやむをえないかもしれないが、さらなる幻滅の時代においては、どこか世間知らずに思える。[19]――

――ジョン・スチュアート・ミルは著書『功利主義論』で、どう考えても誤った論拠を示しており、なぜそれを正当だと考えたのか理解に苦しむ。[20]――

さらに、

ジェレミ・ベンサムは無知な愚か者だった。万が一、ユニバーシティ・カレッジ・ロンドンを訪れる機会があれば、あの蝋の頭をもぎ取ってテムズ川に投げ捨ててやる。

最後の文章は冗談だ。これはラッセルが書いたものではない。だが、どういうことかはわかるだろう。彼は功利主義を嫌っており、その不満について、次のようにまとめている。

どんなものも欲望の対象となりうる。[21] マゾヒストは苦痛を望むかもしれない……。欲望という理由以外は個人的に影響のないものを望む者もいる。たとえば、祖国が中立の立場を取る戦争で、一方の勝利を願うなどだ。一般的幸福の増大もしくは一般的苦痛の軽減を望むかもしれない……。人によって欲望が異なるように、快楽も異なるのだ。

この部分を書くあいだ、ラッセルが折れそうになるくらい万年筆を握りしめていたことは想像に難くない。だが、彼の指摘はもっともだ。快楽や苦痛の総量にのみ注目する功利主義では、快楽や苦痛を味わう人々に大きな個人差がある可能性が考えられていない。

前にも述べたが、私のようにごく普通で精神的に安定した人間もいれば、そうではなくて、ハワイアンピザ（知らない人のために、パイナップルとハムがトッピングされたピザのこと）を好んで食べる人もいる。もし私がピザ屋を経営していて、あなたみたいにハワイアンピザが大好きな変わり者がやってきたとしたら？

あなたはハワイアンピザが**死ぬほど**大好きで、それを食べたときの快楽は計り知れない。1切れだけで天にも昇る心地になり、ヘドンが額から滴り落ちるほど。だから、あなたがハワイアンピザ1切れを食べたときの「快楽の総量」は、ほかの人が普通のピザを食べたときの快楽の総量よりも多い。

私が真面目な功利主義者だったら、普通の（おいしい）ピザをつくるのをやめて、より多くの快楽を生み出すべく、もっぱらあなたのために（邪道な）ハワイアンピザをつくるべきなのか？[*17]

功利主義は、しばしばこの種の問題に出くわす。というのも、人間は**奇妙な**生き物で、最大の「快楽の総量」を生み出す行為を探すと、突拍子もない状況が生まれかねないからだ。1人のハワイアンピザ病的愛好家の大きな快楽を、穏やかでまともな（ハムとパイナップルは、それぞれサンドイッチとフルーツサラダに使うのが適しているとわかっている）大勢の人の小さな快楽よりも優先するのは、何かが間違っているような気がする。

かと思えば、功利主義者はまったく逆のこともする。

個人の特性を取り除き、すべての人間の幸福や不幸を大きなかたまりにするようなルールをつくっているのだ。それも受け入れ難い。幸せは人それぞれで、その多様性こそが私たちを**かけがえのない存在**にする。

一部の批評家に言わせると、功利主義は倫理学ですらなく、ただの数学だ。誰かが結果に不満を示すと、功利主義者は多くの人が幸せである事実を指摘する。その姿は、酔っぱらったアメフトファンがスコアボードを指さして、自分の応援するチームが勝っていることを見せつけるかのようだ。

ここで、私が気に入っている反功利主義の思考実験を紹介しよう。

これはトロッコ問題をすっきり説明するのにとても役立つ。考えたのは、やはりイギリス人[*18]の哲学者バーナード・ウィリアムズ（1929〜2003）だ。

「スティーヴESPN電気椅子」や「トロッコ問題」によく似ているが、ラッセルの批判よりも問題を的確にとらえている。

ジムが片田舎の小さな町で休暇を過ごしていると、地元の保安官ピートが10人の住民[*19]に銃を向けているところに出くわす。[22] ピートの説明によると、それは町の治安を維持するゲームで、誰がボスかを知らしめるために、手当たり次第に10人を殺すのだという。

だが、ジムが住民の**1人**を撃てば、特例として、それを今週の「戒め」とする（あらかじめ言っておくと、ジムには銃を奪い取って、ジェイソン・ボーンさながらにピートをやっつけて全員を逃がすなどという早業は無理だ)。

功利主義者の解決策は言うまでもない。ジムは1人の住民を殺して、残りの9人の命を救うべきだ。けれどもウィリアムズは、この功利主義者の答えが**ジム**を無視していることを問題視する。

散歩を楽しんでいる途中、ヘドンとドロアの理想的割合を達成するためだけに、無実の人を平然と殺さなければならない状況に遭遇した男はどうなるのか? ジムはどうやって普通の生活に戻るのか?

ウィリアムズは「インテグリティ」(「誠実で道徳的正しさ」という意味で「完全性」もしくは「連続性」よりも劣る)という言葉を用いて功利主義者を批判している。

いわく、功利主義者の世界観は、「それぞれが他人の行為よりも、とりわけ自身の行為に責任を持つ[23]」という個人の基盤を揺るがす。保安官ピートが大量殺人は治安を維持するよい方法だと考えた結果、10人が死ぬ。

だが、それはあくまでピートの責任だ。ジムが1人を殺せば、たとえ「公共の利益」のためでも**ジムの責任**となる。ジムのインテグリティを少しは考慮しなければならない。ひとりの完全な人間として、彼は自分を分裂させる行為によって体面を傷つける必要はないはずだ。分裂した自分の一部は、もはや自分自身と認識することはできなくなる。

ジムが考えるべきなのは、9人を救うために1人の無実の人間を撃つことを、「誰か」のためだけでなく、**自分**にとって許容できるかどうかだ。暴走するトロッコを止めるために重量挙げ選手を陸橋から突き落とすという行為にも、同じことが言える。

道徳的に正しい行為は、実際には1人の住民を殺すことかもしれない。

だが、功利主義の考え方は単なる数当てゲームに過ぎず、ウィリアムズにとって、数字は唯一の要素とはなりえない。

トロッコ問題は次章でふたたび取り上げる(矛盾する答えを詳しく解説する)が、とりあえずこのように考えてほしい。

道徳的ジレンマに直面したとき、とくに自分の行為の結果、大きな痛みや苦しみが生じる場合には、功利主義の考えのみに頼ると、深刻な問題を引き起こす恐れがある。

そこにはその他の要素(とりわけ我々の**インテグリティ**)も含まれ、そうした要素を考慮しなければ、自分が正しいとは思えない行為をする結果になりかねない。

それに、たとえ自分にとっての正しい行為が功利主義の考え方と一致しても、それが、かならずしも行為の正当性を示す**根拠**になるとはかぎらない。

あら探しはここまでにして、ポジティブな面に目を向けよう

帰結主義を攻撃するために考えられた思考実験の多くは、**さらに**恐ろしいことが起こるのを防ぐために、恐ろしいことをしなければならない状況に設定されている。「数当てゲーム」理論の欠点をうまく利用するには、何を選んでも不快な経験をするシナリオをつくるのが一番だ。

だが、功利主義者に救いの手を差し伸べるのであれば、単純に善を最大とする考え方が、きわめて説得力を持つことに注目する必要がある。暴走トロッコも殺人保安官もひとまずおいて、より現実の生活に即した状況を考えてみよう。

ハリケーンがある町を襲い、フードバンクが1000人分の食料の分配方法を決めなければならないとする。功利主義者はできるかぎり多くの人に配ることを目指し、まずは大きな被害を受けた人や最も困っている人を優先する。そうした人々に食料を配るほうが、それほど不自由していない人に配るよりも多くの快楽を生み出せるからだ。

なるほど、理にかなっている。

ところが、快楽オバケが登場したとたん、やっかいな事態となる。

たとえば、ラーズという名の男が100人分の食料を要求する。彼は映画『アバター』を原案にしたエモロック・オペラを作曲しており、作品が完成するまでの数カ月間、創造力をキープするために食料が必要だと主張している。困ったことになった。

功利主義者は、ラーズがオペラを完成させることで得る快楽と、世間の人がそれを聴いて得る快楽の量を計算しなければならない。[*20] 単純なはずの分配モデルが突如、行きづまった（他の要素がないかぎり）。[*21]

ジェームズ・キャメロンを崇拝する〈フォール・アウト・ボーイ〉の大ファンに10分の1の食料を与えるほうが倫理的に望ましいとは思えない。けれども功利主義者の立場では、全体を考え、どちらが困難で迷惑であるかを再計算しなければならない。

最近になって、帰結主義は道徳哲学の世界でふたたび注目を浴びている。

これには、学者が資本の不正流用に目を向けるきっかけとなった空前の所得格差など、現代社会特有の問題が関係している。あるいは、世界の問題があまりにも大きくなり、人口があまりにも増え、人間関係の疑問が切羽詰まったものになったために、困っている人をできるかぎり多く助けることを目的とした哲学が、もっと単純で人口の少なかった時代に比べて道徳的に理にかなっているのかもしれない。

まさしく**私が本書を執筆している最中**に、世界各国の政府が新型コロナワクチンの接種方法を決定している。各社のワクチンとも（少なくとも最初は）供給量が不足していた。

この場合の計算方法は、間違いなく功利主義に基づいている。重症化もしくは死亡の危険が高い人や、職業柄、高いリスクを伴う人を優先する。その結果、ワクチンを打つたびに、起こる可能性の高い苦痛や不幸が軽減されるため、1回ごとの「善」が最大となる。

疫病を予防するワクチン接種については、より的確に説明できる哲学をただちに探したほうがいいが、結果のみを踏まえた哲学には問題が多い一方で、結果として快楽がどれだけ多く、苦痛がどれだけ少ないかに着目することで大いに役立つ状況があるのも確かだ。[*22]

だが、結果にのみ基づいて行為の道徳的価値を決めるのは不可能か、判断を誤るか、計算が難しいか、その3つがすべて当てはまるかのいずれかだ。

だとしたら……、結果を気にしなければどうだろう？　何かをする**前に**、その行為の道徳的価値を決められるとしたら？　1人を殺すか、5人を殺すかの選択を迫られたときに、自分は**結果に関係なく**正しい行動をしたと保証するルールのようなものがあったら？

私たちの得た悪い結果に舌打ちをした、「はじめに」の「宇宙『善』計算局」に戻って、「善行の日が台無しになったってかまわない。いいことをする**つもり**で、道徳的価値を決めるのは自分の**意思**だけなんだから」と断言することができたら？　計算の担当者に少しばかり思い知らせてやれれば、いい気分ではないか？

さあ、お待ちかね、次はカントの登場だ。

＊1　ただし「トロッコ問題」と名づけられたのは、ジュディス・ジャーヴィス・トムソンによってフットの論文が議論されてからだった。この人物については後述するが、腹立たしいほどの派生問題の多くが彼女によって提起された。[24] トロッコ問題の長い歴史において、フットはつねに名を取り上げられてきたが、トムソンも大いに注目に値する（ちなみにフットはイギリス人なので、「トロッコ」ではなく「トラム」と呼んだが、「トラム問題」ではいまいち語呂が悪い）。

＊2　もともとの出典は、ジュディス・トムソンが1985年に発表したトロッコ問題に関する画期的な論文で、そこでは「太った男」となっている。だが、「首の太い重量挙げ選手」のほうが批判を招かないだろう。

＊3　UCLカルチャー・ブログに、オートアイコンが展示ケースから出される類まれな機会について、いくつかおもしろい情報が載っている。「ベンサムの骸骨は椅子に固定され、椅子ごと移動させなければならないため、3人がかりの作業となる。2人で椅子と身体を運び、3人目は足を押さえて動かないようにする。骸骨は関節部分を銅線と蝶番で結合されている。つまり、理論上オートアイコンは生きている人間のように動ける。しかし実際には、足が地面から離れようとせず、持ち上げると椅子からぶらぶらする。慎重に運ぼうとする者にとっては、悪夢としか言いようがない。もう1つ、できるだけ動かしたくない理由は、ベンサムの服が虫食いで穴だらけになっていることだ。そのせいで肌着は1939年に交換しなければならず、1980年以降、虫の大量発生で二度も繕うはめになった」。何ともおもしろい。

＊4　『女性の解放』は大学時代に読んだ。『グッド・プレイス』を書きはじめたときに、実家で古い本を引っ張り出して、驚くと同時におかしくなった。何と表紙は……、ピンク色だった。[25] もちろん「女の子」についての本だから。

＊5　帰結主義は、おもにその目的あるいは目標によって分類される。つまり、意思を決定することで何を最大とするのか、ということだ。功利主義は幸福を目的とするが、親切、経済的平等、ローストビーツの消費量など、さまざまなものを目的とする立場もある。私は「帰結主義」と「功利主義」を区別なく使用しているので、おそらく哲学の博士課程では怒鳴られるだろう。とはいうものの、ささいなことにこだわるには人生は短かすぎる。

＊6　アリストテレスも幸福を最大にすることに関心があったのは明らかだが、絶え間なく徳を探しつづけ、その結果、適量の徳を示すことで開花するという彼の定義のほうが、「幸福を最大にしよう！」とだけ言うベンサムよりも、一見、理屈に合っているようだ。

＊7　かつて自制していた人は、いまごろ冗談めかして言い触らしているにちがいない。

＊8　この問題を含め、ミルはベンサムの考えの修正に多大な時間を費やし、次のように書いた。「いくら最大限の快楽が保証されるからといっても、下等動物に生まれ変わりたいと思う人など、ほとんどいないだろう……。満足した豚より、不

満があっても人間でいるほうがいい[26]」

*9 元となっているのは、アメリカの哲学者T・M・スキャンロンが著書『What We Owe to Each Other（我々がお互いにすべきこと）』で考えた思考実験である。[27]私はやや異なる文脈で用いているので、少しばかり手を加えた。スキャンロンについては第4章で取り上げる。

*10 本当に苦手なのは「飛行機が少しばかり遅れたときに冷静さを保つこと」だ。でも、正確な結果を引き出すことも僅差で2位である。

*11 にもかかわらず、私はそうした迷信に文字どおり何千回もはまった。2004年のメジャーリーグのプレーオフでは毎試合、妻のJ・Jを隣に座らせた。最初に彼女がそこに座ったときに（ア・リーグ・チャンピオンシップ・シリーズの第4戦目）、ボストン・レッドソックスが勝ったからだ。それ以来、連勝し、ついには86年ぶりにワールドシリーズを制した。だから、もちろん効果はある。

*12 たしか1996年だったと思うが、ニューヨーク・ニックスの選手たちがプレーオフの前に頭を剃ったのを見て、私も剃った。が、効果は**なかった**（トッドによる補足）。

*13 2021年に本書を編集中、ニックスはチーム結成以来はじめてプレーオフに進出した。トッドが頭を剃ってから**きっかり25年後**のことだ。これが偶然だと思うか？ ありえない。ぜったいにトッドのおかげだ。おめでとう、トッド！（マイクによる補足）。

*14 ドン・チードルは定年を半年後に控えた「頑固オヤジ」エディ・グレイ刑事、マクアダムスは家出少女だった過去を隠し、非の打ちどころがない捜査官として活躍するジョエル・〝ジョーイ〟・グッドハートを演じる。そんな映画があれば、観たくてたまらないはずだ。

*15 そもそも口を開いたのであればの話。1926年に出版されたウィリアム・グレイ・ダラントの700ページに及ぶ大作『哲学の話』では、功利主義については1段落も記されていない。ベンサムとミルの名は話のついでに、おもに脚注に登場するのみだ。なかなかの強硬派である。

*16 ラッセルは歴史上、最もイギリス人らしい人物の1人と言える。本名はバートランド・アーサー・ウィリアム・ラッセル[28]、第3代ラッセル伯爵、メリット勲章を受章し、王立学会の会員である。いかにもイギリスらしい地名であるモンマスシャー、トレレックのラヴェンスクロフトで貴族の家に生まれた。祖父ジョン・ラッセル卿は、恐れ多くもイギリスの首相を務めた人物である。バートランドは4回結婚している。アリス・パーサル・スミス、ドーラ・ブラック、パト

リシア・スペンス、エディス・フィンチ……。いずれも典型的なイギリス女性の名前だ。よって彼は、まぎれもなくイギリス人である。

＊17　もちろん、この場合には他の計算方法もある。私がハワイアンピザをつくったら、他の客が悲しまないか？　だとしたら、どれくらい悲しむか？　私のピザ屋がつぶれたら、私自身も家族も不幸にならないか？　けれども肝心なのは、ピザにパイナップルをのせるなということだ。水っぽくなってしまうではないか。ピザに水っぽい具をのせるべきではない。正直、皆さんがこの本でそのことしか学ばなかったとしても、私は自分の役目を果たしたと感じるだろう。

＊18　バートランド・ラッセルに比べると、ウィリアムズはあまりイギリス人らしくないが、生まれたのはエセックスのウエストクリフ・オン・シーという、いかにもイギリスらしい地名[29]なので、「モンマスシャー」がオハイオ州アクロンみたいに聞こえる。

＊19　ウィリアムズが実際に使っているのは、1973年にはごく当たり前の、だが2022年にはきわめて差別的な「インディアン」という表現なので、勝手ながら変更した。また、もともとの舞台が南米のとある村に設定されていることも差別的である。文化においては、多くのことが短期間のうちに差別的となる（詳しくは後述）。

＊20　予想される答えは「それほど多くない」。たとえ**大量の**快楽が生じるとしても、たとえばラーズがフィリップ・グラス・タイプの天才で、『アバター』に基づいたエモロック・オペラがミュージカル『ハミルトン』さながらに世界を夢中にさせるとしても、ベンサムは「どれくらい早く快楽がもたらされるか」という基準を設けている。エモロック・オペラは作曲にもリハーサルにも長時間かかると思われるため、おそらく功利主義者は、より多くの人が**食べる**ことで生じる**即時の**快楽を選択するだろう。

＊21　別の非現実的な功利主義の思考実験を体験したければ、ラーズはアマチュアのエモロック・オペラの作曲家ではなく農場主で、他人に分け与えることのできる食べ物を育てている。あるいはワクチンを開発した医師でもいい。もしくは気候学者で、地球温暖化を抑制し、ハリケーンを防ぐ研究を行っている。**彼**にもっと食料を配るべきか？　答えは読者自身の解釈にゆだねる。＊

＊これは**古典的な**哲学のトリックで、大きな問いを投げかけて、あとは「著者は答えを読者の判断に任せる」と言えばいい。哲学の教師の常套手段だ。どう考えてもズルい。教育者としての責任放棄だ。では、なぜそんなことをするのか？　答えは読者の判断に任せよう。

＊22　あいかわらず頭の中でジョークを言っている。やめられない、止まらない。

第3章

厳格すぎるルールでも、よいことなのか？

友人に嘘をついてまでして
趣味の悪いブラウスを褒めるべきか？

わずらわしい付き合いを避けるために使ったことのある言い訳は？

- 「ごめん、メッセージが届かなかったみたい。最近、携帯の調子が悪くて」
- 「今夜の食事は行けないわ。ベビーシッターが急に都合悪くなったの」
- 「お嬢さんの中学校のオーケストラの演奏会、**ぜひとも**おうかがいしたいのですが、ペットのトカゲが元気ないんです。お気に入りの石にも上がらないし、レタスも食べなくて。心配なので、そばにいてあげないと」[*1]

「真実を話すべきか？」というのは、私たちの直面する道徳的ジレンマで最もよくある問題の1つだ。たいていの人は、**好きこのんで**他人を欺くことはないが、罪のない嘘という潤滑油をさしてやると、社会の歯車はもっと滑らかに回転する。

「あなたの子どもの演奏会には行きたくありません。たぶん退屈だから」と言うよりは、病気のトカゲの看病を理由にするほうが害はない（かつ礼儀正しい）だろう。あるいは、**実際に演奏会に行く**よりは……。

でも、嘘をつくと道徳的コストがかかるのではないか。嘘をつくべきでないことはわかっている。そして嘘をつくたび、間違ったことをしているような気がする。**罪悪感**を覚えたり、少なくとも心が**モヤモヤ**する。

もっとも、そうした感情はすぐに消えて、私たちは何ごともなかったかのように日常生活を続ける。そしてほとんどの場合、誰も傷ついてはいないようだ。

だとしたら……、それは本当に悪いことなのか？

そうした状況に出くわすと、私たちはまず帰結主義の計算を行うかもしれない。

たとえば、就職の面接用に趣味の悪いブラウスを買った友人に、どう思うか尋ねられたとき。

素敵なブラウスだと嘘をつくことのメリット

1——友人の気持ちを傷つけない
2——それどころか、相手を**幸せ**にする
3——自分が悪者にならずにすむ
4——友情がとどこおりなく続く

ダサいブラウスだと正直に言うことのデメリット

1——友人を悲しませる
2——難しい会話になり、真の友情はつねに正直になることだと主張するはめになりかねない。正直であることに相手が腹を立てている場合、説得は困難だ
3——自分が悪者になってしまう
4——友人が反撃に出て、あなたが間違っているとあくまで言い張り、そのダサいブラウスを着て面接に行き、面接官がそれほどダサいブラウスを買う人物の意思決定能力を疑問視したせいで不採用となり、ひどく落ちこみ、家族や友だちとの縁を切って凶悪犯罪の世界に飛びこみ、重罪刑務所で25年の懲役に服するかもしれな

い[*2]

律儀な帰結主義者であれば、より広く結果を予想しようとするかもしれない。親友がかならずしも本当のことを言わない世界で生きるのは、どういうことなのか? そして、そうした世界は**すでに存在する**。しかもそれほど悪くないと判断し、衝突を避け、レースの襟はすごくおしゃれで、黄緑色の大きなボタンは会話のきっかけになると褒める。

けれども、すでに見たように、帰結主義者の計算方法は曖昧で不正確だ。おまけに、少しばかり後ろ暗い気もする。というのも、いままであげたメリットは、おもに**自分自身**に関するものだからだ。

私たちは、嘘をつけば、苦痛(友人との難しい会話、友人の気持ちを傷つけること)を避けることができ、正直に話せば、その苦痛を味わう。通常は、できるだけ苦痛を避けるものなので、この時点で私たちの判断はゆがめられる可能性がある。

一般に、最もよいとされる道徳的決定は「私利私欲に基づいて安易な道を選ぶ」ことではないはずだ。もしそうなら、とんでもないことになる。

また、こうした功利主義の考え方は中途半端でもある。嘘をつくことから生じる善・快楽と、正直に話すことの悪・苦痛については考えたが、正直に話すことの善・快楽や、嘘をつくことの悪・苦痛については考慮していない。

理由は、そちらのほうが不透明だからだ。正直さの社会的**利益**や、罪のない嘘の社会的**損害**など、どうやって計算するというのか？　それが可能なのは、そうした行為から具体的な結果が生じる場合に限られる。

たとえば、趣味の悪いブラウスを無理やり褒めて、自信を持った友人がそれを着て面接に臨むが、そのブラウスのせいで不採用となって落ちこみ、凶悪犯罪の世界に飛びこんで、重罪刑務所で25年の懲役に服する場合など。[*3]

功利計算には数えきれないほどの「もし〜だったらどうなるか」が含まれており、それが根拠に欠ける印象を与えている。それなら、ほかに役に立つ考え方はあるのか？　道徳的成功が**保証される**確かなルールが定められていれば、なおよい。

私たちに必要なのは、細かい点にこだわる人物かもしれない。曖昧な表現を使うと、顔をしかめて腕組みするような頑固者。私たちの道徳の通知表にAが5つとAマイナスが1つ並んでいるのを見て、「Aマイナスとはどういうことだ？」と問いただす、石頭のドイツ人。というわけで、イマヌエル・カントと、彼の唱えた義務論という道徳論にご登場願おう。

定言命法　それは最もドイツ的な思想

義務論とは、義務もしくは責務の学問である。この言葉を耳にしたことがある人は、(a)哲学を勉強したことがあるか、(b)カクテルパーティで、日本のウイスキーを飲みながらデヴィッド・フォスター・ウォレス[*4]について熱く語る、おそらくジョナスという大学院生とうんざりする会話を交わしたにちがいない。

イマヌエル・カント(1724~1804)は**義務論**の名を世に広めた哲学者で、もっぱら**純粋理性だけ**で道徳的行為のルールを見きわめ、そのルールに従う義務に基づいて行動すべきだと考えていた。

なんらかの状況が起こると、私たちが従わなければならない特定の「行動原則」を探し出し、それに従うだけで完了する。大事なのは、とにかく定められたルールに従う義務だけなので、行為の**結果**は関係ない。正しいルールに**従う**=道徳的に行動する。ルールに**従わない**=道徳的に行動しない。以上。自由裁量も抜け穴も言い訳もなし。

きわめて柔軟性に欠ける考え方で、ご推察のとおり、カントはきわめて柔軟性に欠ける人物である。言い伝えによると、彼の日課はこのうえなく予測可能かつ正確だったため、東プロイセンの店主は皆、彼が店の前を通るのを見て時計を合わせていたという。[1]

真偽のほどは怪しいものの、このエピソードは、道徳や一般知識に対する徹底した考えから生み出された数々の神話を証明している。

つまり、「純粋理性」を背景にすべての道徳論を確立した人物は、いかにも学者らしくなる運命にあった。道徳哲学に足を踏み入れる以前のカントは、歴史と科学に傾倒していた。それについて、バートランド・ラッセルは次のように記している。

リスボン地震が発生すると、彼は地震の理論について書き、風に関する論文と、ヨーロッパの西風は大西洋を横切るため湿気を含んでいるのかどうかという問題について小論文を書いた。[2]

18世紀の哲学者の著作には、ユーモアはあまり多く見られないが、正直なところ、個人的にはイマヌエル・カントの「風に関する論文」を想像するほどおもしろいことはない。考えられるかぎり退屈な文章を思い浮かべてほしい。1976年のアイダホ州コールドウェルの営業登録簿、あるいは900ページにも及ぶホースの歴史。いずれもイマヌエル・カントの風に関する論文の10分の1も退屈ではないはずだ。

だが、周囲を動きまわる空気に対する強い興味が冷めると、カントは道徳に関して目覚ましい思考力を発揮し、西洋哲学の世界では、こんにちもなお高く評価されている。おそらく、誰も彼の風に関する論文を読んだことがないからだ。

カントの義務論の解釈は、難解なことで知られている。私が思うに、功利主義やアリストテレスの徳理論よりもはるかに難しい。[*5]

ジェレミ・ベンサムは、おぞましい死後の**かかし**のせいで評判を落としたかもしれないが、少なくとも道徳の著作に愉快な詩を挿入している。それに対してカントは、愉快な詩などいっさい書かなかった。彼の文章は、愉快な詩の**対極**にある。具体的に見てみよう。

完全に切り離された人倫の形而上学は……、理論上、正当かつ明白な義務のあらゆる知識の不可欠な基質であるのみならず、その教えの遂行に対して最も重要かつ必要なものでもある。[3]

適当に目についた部分を引用したが、すべてがこんな感じだ。海辺で読んで楽しい本ではない。とはいうものの、カントの倫理学でいちばん重要な考えは比較的わかりやすい。それは定言命法と呼ばれるもので、『人倫の形而上学の基礎付け』という、ちっとも近寄りがたくないタイトルの本で紹介されている。

―

汝の意志の格律が、つねに同時に普遍的法則となるように行為せよ。[4]

―

この言葉はしっかり理解する必要がある。というのも、西洋哲学思想において間違いなく最も有名な一文だからだ。

　これに匹敵するのは、ルネ・デカルトの「我思う、ゆえに我あり」、トマス・ホッブズの「人間は孤独で、貧しく、卑劣で、残酷で、短い人生を送るであろう」、そしてもちろん〈インセイン・クラウン・ポッシー〉（訳注：過激な音楽活動で知られるアメリカのホラーコア・デュオ。全米PTAが子どもに聞かせたくない音楽グループの第1位に選ばれている）の「水、火、空気、土（すごい磁石）、いったいどうなってるんだ？」[5]くらいだろう。

　定言命法によると、私たちは**自分**がどう振る舞うべきかを定めるルールだけでなく、**皆も従うと想定される**ルールを見つけなければならない。行動を起こす前に、**全員**がそうしたらどうなるかということを判断するのだ。そして、全員がそうした結果、世界が混乱するのであれば、**私たち**はそうすることは許されない。

　では、友人に嘘をつくべきか？　答えはノーだ。

　なぜなら、まず**皆**が嘘をつく世界を想像する。そうした世界では、誰も他人を信用せず、コミュニケーションが機能しなくなり、人々の交流は不信に満ち、嘘をつくこと（自分がするつもりのこと）も意味を失う。だから、誰に対しても、たとえどんな理由でも、嘘をつくことはできない（やっぱりカントは筋金入りだ）。

　そして正直に言うときには、「友人のことを思って」でも、「嘘がばれるのが怖いから」

でもない。正直に言うのは、私たちの考え出した普遍的法則に従う義務があるからだ。たとえば、「世界の窮状を悲しく思って」寄付をするのは、いいことかもしれない。けれども、その行為に道徳的価値はない。道徳的価値があるのは、「可能なかぎり、不幸な人を助けるべきだ」など、**世界中の人**が従うと思われる法則を守っている場合のみだ。

忠実なカント哲学者となるためには、どんな行為でも、「普遍的法則に従う義務感で行動する」という動機から1ミリたりとも外れてはならない。例外は、いっさいない。

基本的に、カントは純粋理性を用いる（それにより、そうすることができる唯一の生き物として特殊性を確かめる）**人間**と、感情が幅を利かせ、より劣った情熱によって出来事が起こる下位の動物界に生息する**獣**を区別しようとした。

動機を考える際に、幸福や恐怖といった要素を除外せざるをえないのはそのためである。つまり、幸福や恐怖は牛でもヤマアラシでも感じることができる。私たちは小枝をガリガリかじるヤマアラシよりも優れた存在でなければならないのだ。だからカントは、同情や悲しみによる寄付は**称賛に値する**が、**道徳的価値**はないと考える。

頭を使う人間の能力を高く評価するカントは、やや鼻持ちならない。けれども、そうしたエリート気取りのおかげで、彼はすばらしい哲学の環境に身を置くことができた。

古代から現代に至るまで、ほとんどの思想学派では、とりわけ優秀で教養のある人物を称賛し、私たちが考え、判断し、思索することができるという理由で人間が他の生き物より優れていると認めている。
そうした議論が意味をなすのは、春休みにスピードボートを乗りまわし、散弾銃みたいな形のアイスリュージュからウォッカを一気飲みする若者たちを目にするまでだ。そして彼らに比べたら、カワウソや蝶のほうが道理をわきまえていると思うようになるかもしれない。

だが、カントの厳格な考え方に気が楽になるのも事実だ。道徳的な「成功」は、普遍的法則に従う義務感による行為でのみ達成できるということは、自身の行為の結果、「悪い」ことが起こっても自分の**責任**ではない。だって、正しく行動したのだから。

そういった意味では、カントの義務論は功利主義と正反対だ。[*5] 功利主義の倫理がすべて最大幸福に基づいているのに対して、カントは**幸福**は無関係だと考えている。

厳密な意味では、幸福を生み出す行為を命じるルールは存在しない。幸福は理性ではなく想像の産物で、結果の完全性（事実上、計り知れない）を達成可能な行為の判断を求めても役に立たない経験的見地にのみ頼っている。[6]

このカントの説明は、私の「ハワイアンピザと〈レッド・ホット・チリ・ペッパーズ〉」問題にも当てはまる。従うことが可能な法則で「幸福」の創出を伴うものはない。

「幸福」はあくまで主観的で、自分に対してしか定義できないからだ。どれだけ単純な世界でも、全員を幸せにするものなど存在しない。私の娘のアイヴィは**ケーキ**が嫌いで、息子のウィリアムは**アイスクリーム**が好きではない。だから、「人々を幸せにする」ためのルールで全員が従えるものを考えることは不可能だ。

自分を幸せにするものは、他人を深く悲しませるか、何とも思わないか、あるいは幸せになるにしても、方法も程度も異なるかもしれない。だから、カントが自身の哲学を説明するために、ベンサムのように楽しい詩を書いていたとしたら、きっと次のようになるにちがいない。

普遍的法則に従う義務感からのみ行動せよ
その法則は純粋理性によって導き出せ
幸福は関係ない　以上

まったくもって、つまらない。

定言命法2　オリジナルを超える稀有な続編

というわけで、カントは「あなたの世界観vs私の世界観」といったことには関心がない。ただ感情や気持ちを排除したいだけなのだ。これがカントの持ち味である……。いわく、道徳とは、主観的な感情や判断から逃れてたどり着くものにほかならない。

アリストテレスの試行錯誤や、帰結主義者による幸福・不幸の当て推量とは異なる。私たちは理性的な頭脳を用いなければならない。理性的な**頭脳だけ**を用いて、合理的な行為に対する合理的な結果につながる合理的なルールをつくる必要がある。

好むと好まざるとにかかわらず、カントの徹底した頭脳ベースの理論は、西洋哲学においては劇的な出来事だった。同時代の哲学者たちがどれだけ彼の考えを参考にしているのかを見れば、そのきわめて大きな影響力を理解できるだろう。

映画界で言えばヒッチコック、ヒップホップではRun–DMCのような存在だ。後に続く者に与えた影響は計り知れない。

だが、義務論では新たな問題も発生する。おもなものを見てみよう。

感情や個人的判断を自身で見きわめて従うべき厳格な普遍的法則に置き換えると、いったい何をすればいいのかを理解するまでに途方もなく時間がかかる。道徳的に行動することは「直感を信じろ」タイプの訓練にもなりかねない。そこにカントが登場し、直感などばかげている、そんなものに耳をかたむけてはいけないと命じるのだ。

それに対して、よく耳にする批判は、そのとおりにすることは完全に知的な訓練であり、**とんでもなく難しい**、というものだ。『グッド・プレイス』に登場するチディ・アナゴンエは厳格なカント哲学者で、厳密なカントの法則を考えようとするあまり、優柔不断で手も足も出ず、ごく単純な状況でも行動を起こすのに苦労する。

あるときチディは、定言命法に反しないために、どうにか嘘を避けようとして、あろうことか彼や友人たちを破滅させようとしている**悪魔**に嘘をついてしまう（チディの内なる葛藤にさんざん悩まされてきたテッド・ダンソン演じるマイケルが「ひどく面倒くさいヤツだって誰かに言われたことはないか？」と尋ねると、「みんなに。いつも」と答える）。

だが、批判はそれだけではない。私が個人的に気に入っているのは、19世紀のドイツの気難し屋フリードリヒ・ニーチェの言葉だ。彼はカントを過剰に道徳的で、堅苦しく口やかましい人物だと評している。

人類に対して自身の力や独創的な思いつきを見せつけたい倫理学者もいれば、おそらくカントのように、自身の道徳規範によって「私の中で尊敬に値するのは、従うことができる点だ。だから、あなたは私を見習う**べき**である」ということを

示唆する倫理学者もいる。[7]

簡単に言うと、「おいおい、うぬぼれるなよ、カント」ということだ。[*7]

だが、定言命法にはもう1つの定式化がある。これは「実践的命令」と訳されることもあり、誰でも従うことができるルールをカントの哲学に付け加えている。

> 人間は人格として、自分のことも他人のことも手段としてのみ扱ってはならず、つねに同時に、目的として扱わなくてはいけない。[8]

言い換えれば、自分の欲しいものを手に入れるために他人を利用してはならないということだ。友人に嘘をつくことは、まさしくこれに当たる。難しい会話を避けるために、あるいは嫌なヤツになりたくなくて、そうしているのだから。友人自体が目的なのではなく、単に目的を達成するための手段になっている。

定言命法のこの定式化を用いれば、前述の哀れなESPN技術者スティーヴの例について、ひどく不快に感じた理由を別の角度から説明することができる。ワールドカップを観戦するためにスティーヴを感電させれば、自分が快楽を味わうために、（文字どおり）苦痛を吸収させる媒体として彼を利用することになる。

カントの考え方は厳密で明快であると同時に、この2つめの定式化については人間らしいやさしさも感じる。カントは人間に対してできるかぎりの敬意を払い、品位を落としたり、他の目的を達成するための手段に用いる道具とすることを拒んでいる。

といっても、我が子がリトルリーグの試合で三振したときに慰める父親役を期待されても困る。ただ、この考え方は、純粋理性の下で心臓が鼓動している証しではないだろうか。

正しい法則を見つける？　それは不可能だ

では、カントの視点から、あらためてトロッコ問題について考えてみよう。

彼は功利主義の「1＜5だから1人を殺せ」という結果重視の乱暴な計算に異を唱えている。行為の結果は関係ないため、ドイツの立派な義務論の要塞に「4人の命を救ったぞ！」という勝ち誇った声がこだましても、カントはこう問いかけるだけだ。

目の前の選択肢を考えると、どのような法則が普遍的となるのか？

義務に従うのは、どのような**行為**か？

たとえば、「つねに同胞の命を救おうとするべきだ」という法則はどうだろう。それなら確かに普遍的となりうる。皆がそうしたルールに従う世界は、ぜったい、いいに決まっている。だとしたら、トロッコのレバーを引くべきなのか？

そうすれば命を救うことができる……。でも、もう1人の作業員を死なせることになってしまう。それは法則に反する……。よし、こうなったら別の法則を考えよう。「罪のない人を故意に死なせるべきではない」[*8]（これも普遍化は簡単だ）。レバーを引けば人が死ぬのだから、引かないほうがいいのか？　何もしなければ、**自分**は5人を死なせたことにはならない。悪いのは故障したトロッコのブレーキだ。

だが、待てよ。ブレーキが故障した瞬間、「何かを引き起こすもの」は、トロッコのブレーキから自分に変わる。トロッコに影響を与える力を持つのは自分だけなのだから。つまり、「何もしない」のは、実際には5人の死を**引き起こす**こととイコールだ。とはいうものの、レバーを引けば、**間違いなく**もう1人を死なせることになる。自分がレバーを引かなければ、その作業員は死なずにすむのだから、これが許されるのはおかしくないか？

この問題がいかに難しいか、おわかりだろう。カントは道徳的問題に対して明確な答えを用意しているものの、これをトロッコ問題に当てはめると、私たちは困った状況になる（カントについては、**つねに**困っている。いつでも私たちの背後で舌打ちして、どんなにひどい失敗をしたかを指摘するのだから）。

あらためて考えると、トロッコ問題ほど人間の生死に関わるような状況は、現実にはほとんどない。たいていは、「友人に嘘をついて、趣味の悪いブラウスを褒めるべきか？」といったごく平凡な問題ばかりだ。

だから、もっと簡単にカント流の正しい答えを考えることができるだろう。けれども、トロッコ問題は義務論における多くのもどかしさを浮き彫りにする。法則は考えるのに時間がかかり、義務感からの行為が正しいと思えないこともある。その場合、ふたたび新たな法則を考えなければならない。よくも悪くも、厳格な功利主義者なら反射的に「5人は1人より多い」と宣言し、ためらうことなくレバーを引くだろう。

カント哲学者は純粋理性を用いて普遍的ルールを考え、もっぱらそのルールを守る義務感によって行動する。しかもこの場合、悲鳴をあげる乗客や恐怖におののく老婦人たちとともに暴走するトロッコに乗り、いまだ差し迫った運命に気づかない6人の作業員の命がかかった状況で成し遂げなければならないのだ。

いったい、どうやって即座にレバーを引くつもりなのか？

この問題について、多くのページを割いて熟考してきても、どうすべきか、**依然として**明確な答えが出ていないというのに。

だが、ひとまず実用性は置いておくとして、（a）普遍化することが可能で、（b）5人を救うこともできる（こちらのほうがよい結果だと直感的に察した）法則を考える方法は、かならずあるはずだ。

思い出してほしい。ここで大事なのは私たちの**意思**だ。自分が何もしなければ轢き殺されてしまう**5人の命を救うつもり**であることを示す法則があればいい。つまり、もう1人の作業員を轢き殺すことは道徳的な負担にはならない。なぜなら、**彼**を轢き殺す**意思**がないからだ。

というわけで、「可能なかぎり、罪のない人の命を救うべきだ」という法則に戻るが、少しだけ修正してみよう。「可能なかぎり、**できるだけ多くの罪のない人**の命を救うべきだ」（となると、今度は功利主義の計算に戻ることになるが、ここではいったん保留にして後述する）。

5人の罪のない人の命がかかっているのだから、その法則に対する義務に従う行為は「レバーを引く」ことだと判断する。進路を切り替えた先の線路に誰もいなければレバーを引いていた、と冷静に主張することもできる。だから法則に従った結果、「1人が轢き殺される」のであれば、気の毒だが、それは私たちの**意思**ではなかった。

まさにその点について、フィリッパ・フットが最初の論文で言及している。

引き合いに出されたのは、はるか昔の13世紀に聖トマス・アクィナスが提唱した「二重結果の原理」という考えだ。それによると、基本的に、行為の際に**意図した**かどうかによって、結果が道徳的に許されるかどうかが決まる。

たとえば、正当防衛で誰かを殺した場合、自分の罪のない命を守ることだけを**意図し**、**結果**として相手が死んだ。故意に作業員を轢き殺すことを**意図して**レバーを引くのは……、すばらしいこととは言えない。

だが、5人の命を救うつもりで、その作業員が**轢き殺された**のであれば、自分に責任はない。解釈の問題、さらに言えば抜け穴のようにも思えるが、カントにとって重要なのは意思だけなので、うまくやればケーキを食べて（より多くの命を救う）、同時に手元に保管しておく（イマヌエル・カントを失望させない）こともできるかもしれない。

実際、カントの考え方を当てはめれば、トロッコ問題は曖昧な部分がなくなり、より明確となる。さまざまなバリエーションに対して、私たちがとっさに異なった反応を示す理由を、バーナード・ウィリアムズの「インテグリティ」よりもわかりやすく説明できるのだ。

ほとんどの人が、レバーを引くのはよくても、陸橋から重量挙げ選手を突き落とすのはよくないと感じることを思い出してほしい。これまでは、「間違っているような気がする」や「自身のインテグリティは大切にすべき」といったふうにしか説明できなかった。

それも**妥当な**説明だが、カントの義務論を用いれば、このばかげた問題にはるかに鋭いナイフで切りこむことができる。

つい先ほど、「**できるだけ多くの罪のない人**」を法則に付け加えることで、ふたたび功利主義の計算に戻っていくと述べた。言ってみれば、義務論のシチューに功利主義を投入してかき混ぜているような状態だ。

となると、功利主義とカント哲学が混ざり合うのなら、そもそも従うのが難しくてやっかいなカントのルールブックがなぜ必要なのか、と疑問に思うかもしれない。もっとわかりやすい、最大幸福原理だけではだめなのだろうか？

とはいっても、功利主義の方式を使えば、道徳的には正しい答えにたどり着くが、動機は不純だという考えに逆戻りしてしまう。

そこで、義務論の視点からオリジナルのトロッコ問題を見て、「可能なかぎり、できるだけ多くの罪のない人の命を救うべきだ」という法則に従うことにする。その法則に従う義務感から取った行動は、レバーを引くことだった。

レバーを引くこと自体は中間的で、「間違っている」行為でも「悪い」行為でもない。一方、「陸橋から重量挙げ選手を突き落とす」バージョンでは、その行為は明らかに**中間的ではない**。まさしく人を殺している。

だから、「可能なかぎり、できるだけ多くの罪のない人の命を救うべきだ」という法則に従う義務は、「5人は1人より多い」という功利主義の主張をオブラートに包んだだけのように思えても、定言命法の第2の定式化を取り入れると、この2つは似ても似つかなくなる。すなわち「人は目的に対する手段としてではなく、目的そのものとして扱うべき」なのだ。

ドンを陸橋から突き落とすことは、明らかに彼を目的に対する手段として利用している。突き落とされたドンは、もはや人間ではなくなり、**文字どおり**他の目的を達するための道具となる（この場合、「人間トロッコ停止装置」）。

オリジナルのトロッコ問題では、功利主義の計算と義務論の義務は部分的に重なっており、どちらを選んでも、おそらく同じ結果になるだろう（レバーを引いて5人を助ける）。けれども、功利主義の計算はカントの考えほど手がこんでいない。問題の細部が変わっても、厳格な功利主義は「1人を殺して5人を助けろ」[*9]と命じる。たとえ「1人を殺す」ことに気が進まなくても。それに対して義務論は、容認できる「1人を殺す」行為と、容認できない「1人を殺す」行為をはっきりと区別している。

もう一度言うが、功利主義者はこの計算が間違っていると言い張るかもしれない。暴走するトロッコを止めるために、誰かを陸橋から突き落とすような世界に生きることは、激しい精神的苦痛を引き起こし、そうした行為の「苦しみ」が、より多くの命を救う「喜び」を上回ってしまうと指摘するだろう。

だが、細部まで行き届いたカントのプレーブックでは、ドンを陸橋から突き落とすべきではない確かな理由が説明されているのだ。

殺人犯にも、嘘をついてはいけないのか？

カントの魅力は、道徳的生活を送るための信頼できるガイドブックを提供してくれていることだ。彼の言うとおりにすれば、このテストでAが取れると請け合っている。

けれども、功利主義の限界を示す思考実験があるように、義務論のあら探しをするような仮説も存在する。そのなかで、おもしろいものを紹介しよう。[*10]

殺人犯があなたの家の2階に隠れている兄のジェフを殺そうとしている。殺人犯はドアをノックして（礼儀正しく、いきなり押し入ったりしない）、「こんにちは、私は殺人犯です。あなたのお兄さんのジェフを殺したいのですが、ひょっとしてご在宅ですか？」と尋ねる。

ここで思い出してほしい。カントは**嘘をついてはいけない**と説いている。

嘘をつくことは普遍化できないから、誰もが嘘をつけるのなら、人間のコミュニケーションはすべて無意味になってしまうから、などなど……。だから、**殺人犯にも嘘をついてはいけない**ことになる。たとえ相手が**自分の兄弟を殺しに来た**と言ったとしても。

カントの教えに従えば、ジェフの運は尽きた。かわいそうに。でも、どうかわかってほしい。普遍的法則に反するわけにはいかないのだ。両親が離婚してから、ずっと僕の面倒を見てくれてありがとう。殺されるのは本当に残念だ。

とはいっても、この状況から無理やり別の法則を導き出して（トロッコ問題でやったように）、小さな抜け穴を見つけることができるかもしれない。そうすれば、友人と趣味の悪いブラウスの問題にも応用できるだろう。殺人犯に嘘をつくのではなく、ジェフを見つけるのに役立たない**事実**で応じたら？

「礼儀正しい殺人犯さん、じつは今朝、食料品店で兄を見かけたんです……。兄は毎週火曜には公園に行って、カモに餌をやっています」

それが事実で、私たちが緊張を隠せるほどの演技派で、殺人犯がそれ以上何も尋ねず、ホラー映画みたいに、ジェフがタイミング悪く2階で床を軋《きし》ませなければ、殺人犯は階段を上って彼を殺す代わりに、カモの池を見にいくかもしれない。このようにちょっと言葉をにごすだけで、定言命法に背かずに、ジェフの命を救うこともできる。

カントの哲学は、時としてゲームのようだ。従う法則を適切に表現する方法を見つけるか、そうでなければ、彼のルールに矛盾せずに望みどおりの結果を達成するには、法則に**従わない**ことを避ける方法を見つけなければならない。

こうした考えには、正直なところ、ついていけない。殺人犯が兄を殺そうとして玄関に現れたら、「誰にも兄を殺させない」以外の普遍的法則を守っている余裕などないはずだ。言うまでもなく、カントの本質はそこにある。すなわち、従うタイミングを自分で選べるものは普遍的法則ではない（「ほぼ普遍的だが困難な状況では**完全に**普遍的でなくてもかまわない」法則と呼ばれないのは、それが理由だ）。

そうはいっても、この状況でみずからの判断が許されないのは腹が立つ。なんと言うか……、人間らしくないのだ。

それに対してアリストテレスは、基本的に試行錯誤という経験に基づいた方法で徳を探し求めるよう説いている。そのほうが思いやりを感じる。あたかも私たちを**信頼**し、どうしても避けられない過ちに対しても理解があるようだ。

普遍的に命じられた義務というのは、理論上は申し分ないが、もしカントが屋根裏に隠れているときに、礼儀正しい殺人犯が**自分**を捜しにきたら、いったいどう感じるだろう。私たちが彼の著作には目もくれず、もっとアリストテレスを読んでほしいと願ったのではないか（これほど強硬だったにもかかわらず、私たちが定言命法を守ったせいで死ぬとわかれば、がく然とするにちがいない）。

友人と趣味の悪いブラウスの問題では、カントの教えに従って、「そのブラウスはみっともない」とはっきり言っても、友人を傷つけたり悲しませたりしない方法はあるかもしれない。もちろん、「正直言ってセンスがない」と言えて、友人もその言葉を冷静に受け止めるような関係を築くのが理想だ。

友人がもっと傷つきやすかったり、面接で緊張していたりすれば、「あなたの持っている、あの青いブラウスはとても素敵だから、あれを着ていったら？」とも提案できる。あるいは、「今回の面接はとても大事だから、一緒に買い物に行って、もっとよく似合うものを選んであげる」と申し出るのもいいだろう。

もしくは、友人がそのブラウスを本当に気に入っていて、それを着ていけば自信を持って面接に臨めそうだと感じ、そのせいで人生が台無しになることも、耐え難いほど辛く苦しい思いをすることもないはずだと思えば、「いつでも格好よく見えるから、面接官に多少なりとも常識があれば、何を着ていてもきっと採用されるよ」と言ってあげればいい。

これまでの章で、この2400年における西洋の三大道徳思想、すなわちアリストテレスの徳倫理学、功利主義、義務論について学んだ。けれども日常生活では、ごくありふれた状況で判断を迫られる場面にも出くわす。

そうしたときに、何が正しいのかを理解するために、できることならとてつもなくスケールの大きな道徳理論など引っ張り出したくない。ただ誰かに、その場で、どうすればいいのかを教えてほしいだけだ。カントが示すような**ルール**があれば助かる。といっても、**もっと単純な**ルールだ。たとえば、ショッピングカートを食料品店の入口の置き場に戻すべきか、それとも駐車場に置きっぱなしでかまわないのかといったことを説明してほしい。そうすべきかどうかだけ、誰か教えてくれないだろうか。

純粋理性から生成される、やっかいな普遍的法則も、一筋縄ではいかない功利主義のヘドンとドロアの計算も用いないで。

それは贅沢《ぜいたく》な望みなのか?

＊1 これとは少し違う表現だったが、中学3年生のときに女の子をデートに誘ったら似たようなことを言われ、たぶん百

パーセント真実ではないと気づくのに1週間ほどかかった。

*2 極端な例。

*3 別の極端な例。

*4 デヴィッド・フォスター・ウォレスは**大好き**だが、自分でもうんざりすることに、1995年から……、去年の3月まで、彼について熱く語りすぎていた。

*5 私にとって、カントはゲオルク・ヘーゲル（2分で挫折した）や、あのファシストのハイデガーほど難解ではないが、難しいのは事実だ。それでも思いきって挑戦するというのなら、注釈付きの版をおすすめする。ちょうどいい機会だから、オンラインの『スタンフォード哲学百科事典』を宣伝させてもらおう。よく書けていて、この分野のあらゆる出来事をわかりやすく説明している。しかも無料だ。『グッド・プレイス』の執筆陣は、途方に暮れたときや、何かの再教育講座が必要なときには（つまり、しょっちゅう）いつも参考にしていた。ちなみに、私がこれまで挑もうとしたなかで最難関は、ルートヴィヒ・ウィトゲンシュタインの『論理哲学論考』で、つまり挑んでもいない。ウィトゲンシュタインは専門の哲学者の基準でも広く天才と見なされており、あの75ページの偏頭痛のタネは、生前出版された唯一の本である。想像してみてほしい。頭脳明晰のあまり、75ページの本を1冊書いただけで、世の中で最も賢い人たちから「あの男は**天才**だ」と言われる人物を。

*6 ちなみに、カントとベンサムはほぼ同世代であるのに対して、ミルはかなり後の時代に生まれた。したがって厳密に言うと、功利主義は義務論に対する答えであり、本書では先に功利主義を取り上げているが、その逆は成り立たない。

*7 言うまでもなく、皮肉にもニーチェとカントには共通点がある。とりわけニーチェは**根っからの**俗物だったという点だ。その世界観は、ほとんどの人は能力が劣って頭が悪く、すばらしく優秀なのはごく一部の人間に限られ、**その**人々は好きに振る舞っても許されるべきだという考えに基づいている。咳払いをして自分を指さす「賢者」を褒め称えるギリシャ人のように、自分自身にやけにそっくりな人を崇拝すべきだと主張する哲学者のもう1つの例だ。また、カントとニーチェの哲学論争の勝敗を決めるとすれば、少なくともカントの俗物根性は、はからずもナチスの誕生に貢献することはなかった。

*8 昔ながらの「哲学は無理」のスタイルで、自己防衛に関する反論を避けるために「罪のない」人とせざるをえなかった。トッドも「正戦論」[9]と呼ばれるものを指摘する。戦争を正当化するのに必要な特定の基準を論じた理論である。極端に制約された状況では、罪のない人を殺すことも許される場合があるからだ。繰り返すが、私たちはそうした、**でも、**

やっぱり、とはいえの悪循環に陥り、どこぞの哲学者が手を上げて、いろいろな事情があると言い張ることができない26の理由を指摘する前に「いろいろな事情があることを認めようじゃないか」と言い出すこともできない。『グッド・プレイス』では、誰かがチディに対して「だからみんな、倫理学者が大嫌いなんだ」と言う場面が何度かあった。その台詞の本当のおもしろさに気づいたのは、本書を書きはじめてからだ。

＊9 この問題について、ジョン・タウレクという哲学者が論文を書いており、功利主義を厳しく非難している。タイトルは『はたして数は重要か？』[10]。タウレクは、左右の辺に人数を当てはめた不等式に基づいて人間の生死を決断するという考えに唖然としている。そうすることは、それぞれの命は**本人**にとって最も価値のあるものだという事実を無視することにほかならないからだ。それに、単に5人の命の価値を数学的に足しても、1人の命の価値より「大きな合計値」にはならない。タウレクの基本的な主張は、100万人の命を救うか（たとえば100万錠の特効薬）、1人の命を救うか（100万錠の薬が治療に必要な1人にすべてを与える）を選ぶ場合には……、コインを投げるしかない、ということだ。かなり極端である。たしかにタウレクは真剣に考えてはいるが、1人に100万錠の薬を与え、100万人を見殺しにするのは耐え難い選択ではないか。それに、もし自分がその1人だったら、たぶん「私は遠慮するから100万人を助けてほしい」と思うだろう。

＊10 皮肉なことに、義務論の致命的な欠点を見つけようとして行われるこの思考実験は、カント自身が考えたものである。[11]いわゆる「オウンゴール」というヤツだ。

第4章

信頼できる、道徳ガイドは存在するのか？

ショッピングカートを（はるか向こうの）置き場に戻さないとだめか？

他人のために、日ごろ心がけているちょっとしたことはなんだろう？「他人」といっても、親友やきょうだいではなく、まったく知らない人だ。存在には気づいているものの、映画館で騒いでいたり、自分のスムージーにマンゴーがあまり入っていなくて〈ジャンバ・ジュース〉（訳注：カリフォルニア州発祥のスムージーの全米チェーン店）でわめき散らしてでもいないかぎり、ちっとも気にかけることはない名もなき大勢の一人ひとり。

通りに車を停める際に、ほかの人も駐車できるように、自分の車と前の車のあいだに1台分のスペースを空けるかもしれない（中途半端に空けるのではなく。自分がその状況に出くわすと、はらわたが煮えくり返るから）。

あるいは、夜の通りで前方に女性がひとりで歩いているのに気づいたら、背後から聞こえる足音で不安にさせないように、通りの反対側に移動する。それは、祖父から思いやりを持つよう教えられたから、あるいは、誰かに同じようにしてもらってうれしかったからだろう。そして、そうした「他人」へのちょっとした気遣いによって、自分が幸せになれる。

「僕は善人だ。一日一善の日課をこなしたぞ」と得意になる。

けれども実際には、どれも**とても悪い**ことだと気づいていない。

というのは冗談だ。もちろん、いいに決まっている。なぜ悪いというのか？　思いやりがあって心の温まる、すばらしい行為なのに。ちょっとからかってみただけだ。

私は、そうした小さな親切が大好きだ。もっぱら他人のために行い、私たちの暮らす世界をほんの少しだけよくするような行為だ。

たとえば、私が2車線の道路で難しい左折をしなければならないときに、対向車線の車が停まって、先に行くよう合図してくれると、**半端なく**うれしい。それはつまり、周りの人が他者の生活や気持ちを考えている証拠だ。そうした思いやりが、社会をまとめる接着剤の役割を果たしていると信じたい。

一方で正反対のことも起こる。ラッシュアワーで、午後4〜7時まで左折禁止の標識を無視し、左に曲がるために左車線で停止して待っている人がいるとする。そのせいで何百台もの後続車が停まっていることは、まるで気にかけずに。ここで左折したいという**彼の**欲望が、**他の大勢**の目的地に着きたいという欲望の**合計**よりも**はるかに重要**だから。

そんなヤツに出くわすと、目から炎を吹き出して、彼の車をどろどろに溶かしてやりたくなる。

ささやかな親切の何がすごいかというと、それらが基本的に無料だということだ。**どこか**に車を停めなければならない。だったら、ほかの車のスペースも確保して駐車したらどうだろう？　**どこか**を歩かなければならない。だったら、ちょっと通りの反対側に渡って、自分は不審者ではないと示し、前を歩く女性の不安を取り除いてあげたらどうだろう？　こうした小さな判断は、実行するのにほんの一瞬、考えるだけでいい。しかも他人のためになる。

では、それが無料**ではない**場合は？　つまり、少し余分な手間がかかるとしたら？

たとえば、買いこんだ食料品を車に積み、空になったショッピングカートが駐車場にある。カートの置き場は**はるか向こう**、40メートルも離れている。

早く家に帰りたいのに……。

でも、はたして早く**帰らなければならない**のか？

そう、私たちは常識を持つべきだ

『グッド・プレイス』を書きはじめたとき、私は文字どおり「善人」と「悪人」の違いを理解するところから始めたが、実際の哲学の専門家に協力してもらえば話が早いと気づいた（やはりアリストテレスの言うとおりだった。誰にも師は必要だ）。

そこでUCLAのパメラ・ヒエロニーミ教授にメールを書いて、お茶に誘った。渋滞を避けるために、きっちり90分で道徳哲学について残らず解説してもらおうと思ったのだ。[*1] ドラマの設定を説明し、アドバイスを求めたところ、最初にT・M・スキャンロンの著書『What We Owe to Each Other（我々がお互いにすべきこと）』を読むよう勧められた。だから、そのとおりにした。

というか、正確にははじめの90ページを読み、ちっとも理解できずに本を置き、1カ月後にふたたび手に取ったが、またしても理解できず、さらにもう一度挑戦したが、挫折して、それっきりだ。

とはいっても、要点は理解したと思っている。それにパメラがとても丁寧に説明してくれた。だから、私が理解していないと勝手に決めつけないでほしい。[*2]

スキャンロンは自身の説を「契約主義」と呼んでいる。御三家に比べると、哲学の歴史の中心となるわけではないが、基本的な考え方はとても共感できる。なんといっても心強い道徳上の規準が示されている。

言ってみれば、私たちが毎日の生活で、道を歩いていて人にぶつかったり、〈ジャンバ・ジュース〉で気まずいやりとりに出くわしたりしたときに、とっさに助けを求めることができる、標準化された普遍的なルールブックのようなものだ。

スキャンロンの考えは、カントの「ルールに基づいた」倫理学から生まれたものだが、それほど難解ではない。この2つの関係をたとえるなら、食器洗浄機やBluetoothスピーカーといった電化製品を買うともれなくついてくる、50カ国語で印刷された300ページのマニュアルと、それとは別に、電源の入れ方や接続方法など、基本的な操作が書かれた2ページの「クイックスタート・ガイド」だ。

ルールに基づいた倫理学はカントが書いた300ページのマニュアルで、契約主義はクイックスタート・ガイドに相当する。カントの考えは、比較的簡潔な定言命法によって導き出すことができるが、それでも純粋理性を用いて、やっかいな普遍的法則を抽象的に考えなければならない。

すでに見たように、それは面倒で時間もかかる作業だ。私にとっては、スキャンロンの道徳ルール決定プロセスのほうが、はるかにわかりやすくて実行しやすい。

ハーバード大学でスキャンロンの教えを受けたヒエロニーミは、契約主義を次のように説明してくれた。

自分たちのグループが他のグループと何年間も戦争状態だとする。密林の中で、30メートル離れた互いの塹壕《ざんごう》から銃撃戦を繰り広げている。戦況は明らかに膠着《こうちゃく》状態だ。一進一退の攻防が続き、どちらも優位に立つことができない。

力を使い果たした私たちは停戦協定を申し入れ、どうにか互いに共生可能な社会を築かなければならない。そのためには、それぞれの意見がどれだけ大きく異なっていようと（大きく異なっているのは明らかだ。だから塹壕戦がいつまでも終わらない）、双方に受け入れられるルールが必要となる。

そこでスキャンロンは提案する……。両陣営に対して、あらゆるルールを拒否する権利を与え、そのうえでルールを考えるのだ[1]。全員がなんらかのルールをつくることに前向き（全員に**分別がある**）だと仮定すれば、承認されるルールは誰も拒否できないことになる。そうすれば、互いに納得するルールを作成できる。

ルールをつくらなければ、それはルールにはならないからだ。私たちをつなぎ止める社会の**接着剤**を見つけるには、これが最も手っ取り早い方法だろう。

ただし、そのためには大きな前提条件が必要となる。全員に「分別がある」ことだ。哲学ではよくあることだが、自分が話していることを理解するためには、いったん手を止めて、別のことを定義しなければならない。

スキャンロンは「分別がある」の明快な定義を示していない。ひとつには……、さまざまな意味があるからだ。だが、基本的にはこのように述べている……。

あなたと私の意見が異なる場合、あなたが押し通すか、**自分の**利益の追求を修正するのと同じ程度に、私が押し通すか、自分の利益の追求を修正するつもりがあれば、私たちは分別があると言える。[2] 双方が協力してルールを提案すれば、「自分本位」から脱却するだけでなく、互いの要求を受け入れる世界を**ともに**築こうとする。

そうすれば、たとえ意見が一致しなくても、一定の調和を保って共存する道を探し求めることが最優先事項となる。

スキャンロンが求めているのは、「他者も受け入れる理由がある正当化の基準を見つけるために、個人的な要求を修正する共有の意志[3]」だ。これは契約のようなもので、私たちが署名すると、皆が同じレベルの意欲を得ることができる。

大事なのは、衝突するたびに相手の判断にゆだねる必要はないということだ。

スキャンロンの世界では、**彼ら**は**私たち**に対して自分を正当化するために、**彼ら**の利益を修正するつもりで衝突に臨んでいるからだ。その結果、動的張力のようなものが生じ、私たちは他の全員の利益を自身の利益と同等に見なす。つまり、**より**大事なのではなく、**等しく**大事だということになる。

これで、ヒエロニーミがいつ終わるとも知れない悲惨な膠着状態の戦争の例を引き合いに出した理由がわかっただろう。双方の疲弊した状態と、事態の打開を願う気持ちによって、全員が分別を**持つはず**だと確信する。誰もがこの窮地を抜け出そうという意欲を持ち、他の全員も同じように意欲を持っていると認めているからだ。[*3]

スキャンロンの考えを、数えきれないほどささいな瞬間、判断、やりとりに満ちた現実の世界に当てはめてみると、契約主義は、悪い行いや不正行為を発見する**占い棒**の役割を果たす。

例をあげると、「緊急事態でなければ、いかなる道路も路肩を走行してはならない」というルールが提案された場合、もちろん誰も拒むことはできない。このルールは、正しく適用されれば全員を平等に扱い、[*4]公共の安全に役立つ。

だが、もしランボルギーニを運転するウェインが「俺もルールを考えた……。ランボルギーニ**以外**は路肩を走行できない。ランボルギーニを運転するヤツは好きな場所を走れる。なぜならランボは最高だからさ」と言い出しても、当然、そのルールは拒むことが**できる**（おそらく拒むだろう）。

スキャンロンの考え方では、不正もしくは自己中心的だと感じる行為はすぐに識別することができる。たとえば渋滞にはまっているときに、見るからに中年の危機をこじらせた金持ち野郎が黄色いランボルギーニで路肩に乗り入れ、またたく間にわきを通り過ぎていく場合などだ。

さらに、この章で取り上げた、ちょっとした「無料」の判断に契約主義を当てはめてみると、期待どおりの答えが得られる。

「駐車する際には、できるかぎり他の車のためのスペースを空けて停めるべき」というルールを拒む者はいるのか？　いない。分別のある者は拒んだりしない。

では、「どこでも好きな場所に車を停めることができる。他人がどうなろうと知ったことではない」というのはどうか？　これは間違いなく拒否される。

スキャンロンは、何も私たちを開花した高潔なスーパーマンに仕立て上げようとしているわけではない。ただ、人柄や信仰、政治的傾向、ピザのトッピングの好みにかかわらず、相手の目を見て、生き方の基本的なルールを納得させることができるようになってほしいだけだ。

私がカントの義務論よりも契約主義に魅力を感じるのは、それが理由でもある。

カントが求めているのは、問題に出くわしたときに、一時停止して、ひとりで瞑想ゾーンに入り、純粋理性を用いて問題に当てはまる普遍的法則を見つけて説明し、その法則に従う義務感から行動することだ。

それに対してスキャンロンは、その法則を**互いに**発見することを望んでいる。つまり向かい合って座り、「このルールが正しいと思いますか？」と相手に率直に尋ねる。スキャンロンは抽象的な思考ではなく、私たちに欠かせない人間関係に信頼を置いている。

ただし、これはリスクを伴うかもしれない。多くの人にとって、みずからの運命を他人の手にゆだねるのは安心安全な方策ではないはずだ。生き方のルールを見つけるだけでも、十分難しいのに、リスに向かって真顔で話しかける隣人のシンディや、飛び込み台からカチカチに凍ったプールに飛びこんで尾てい骨を骨折した従兄弟のデレクのような人物に、自分の選んだルールが否定されるかもしれないのだ。

もっと身近な例で言えば、2022年の世界では、陰謀論を吹聴するFacebookの**荒らし**や、人種差別のひどい大叔父といった、どうしても受け入れがたい人物の「分別」に頼っているのが現実だ。

そうした連中も、許される行為を定めるルールを拒否できるというのか？　正直なところ……、できる。ただし、**彼らの異議が理にかなっていて**、私たちと同じ程度に自分の要求を抑えられればの話だ（しかも彼らの極端な意見の多くは合理的ではないため、**私たち**が拒否するだろう）。

周りには変わり者、やっかい者、何をしでかすかわからない人がいて、**私たちは彼らとともに生きていかなければならない**ことを考えると、彼らの協力を得て自分たちの世界の道徳的な境界を引くほうが、彼ら抜きで曖昧にしておくよりも賢いやり方ではないか。そして**彼ら**にとっても、**私たちの**協力を得るほうがいいと思う。

前置きはこれくらいにして、カートを置き場に戻さなくてはいけないのか、とにかく教えてほしい

何度も言うようだが、これまでの例（通りに駐車する際に、どこに停めるべきかなど）は、私たちの行為に関する、いわば「無料」の判断である。だから、それがどんなことであろうと、最善を尽くすまでもない。

でも、判断になんらかの**コストがかかる**としたら？　時間、労力、エネルギー、犠牲といったコストが。たとえば、この章の冒頭にあげた「ショッピングカートを置き場に戻すべきか？」という質問の場合はどうだろう。

さらに複雑な要素が、この問題を……、ますます複雑にしている。

まず、私はショッピングカート返却のルールを理解していない。戻す**ことになっているの**か、それとも店側は私たちが駐車場に置きっぱなしにしても問題ないのか？

食料品店によっては、カートを回収する係がいる。ということは、車のそばに置いたままでかまわない気もするが……。ひょっとしたら、そうした従業員を**雇わなければならない**のかもしれない。何しろ世間の人は自分勝手で、たとえ店が迷惑していても、駐車場に

カートを置きっぱなしにする。

あるいは置きっぱなしにするほうが**いい**のか。そうすれば、次に来た客が車から降りてドアを閉めると、目の前にカートがある。けれども、車のドアを開けた拍子に放置されたカートにぶつかって、目も当てられない事態になりかねない。

おまけに、食料品店の入口に向かい、置き場からカートを取って買い物をして、カートを車まで押していって……、そのまま置き去りにするのは、どうも気が引ける。

やはり戻すのが正しいようだ……。とはいうものの、元の場所に戻すには、最後にもう少し身体に鞭打つ必要がある。距離にして40メートルの遠足。駐車場を横切るあいだ、不安定なカートのタイヤがアスファルトに擦れて耳障りな音を立て、そうするうちにも食料品は暑い[*5]車の中でしなびかけ、最後に力を振り絞ってカートを押しこむと、大きな音とともにマトリョーシカのように連なった列の定位置に戻る。

そしていよいよ遠足の帰り。行き交う人を避けつつ40メートル向こうの車に戻り、キーを探し、もう一度ドアを開け、道徳など無視していたなら3分前に気分よく座っていたはずの座席に乗りこむ。

こうしたことに対して、スキャンロンはなんと言うだろう？

ルールを提案するとしたら、「ショッピングカートを使ったら、次の人が使えるように元の場所に戻す」というような感じになるはずだ。分別のある人なら、まず拒むことはないだろう。では、「ショッピングカートを使ったら元の場所に戻すべきだが、駐車場にカート回収係がいる場合には置いたままでよい」は？

それも拒否できないように思える。つまり……、安全ベストを着た係員が駐車場を歩きまわってカートを集めていたら、駐車スペースの前にカートを置いたまま、家に帰ってもかまわない。その行為は許されるだろう。以上、これで終わりか？

契約主義には限界がある。ルールを決めるのは、互いにうまくやっていくうえでの最低基準を見つけようと思う場合に限られるからだ。スキャンロンは、さまざまな種類の人間であふれた世界を見わたし、全員が従う行動基準を設けようとしている。彼の目的は、明らかに不愉快なひどい行為を防ぐことだ。

たとえばショッピングカートを**盗んだり**、壊して誰も使えない状態にしたり、結婚式帰りで酔っぱらった私たちが道端でカートを見つけて**乗りこみ**、友人のニックに猛スピードで歩道を走らせ、（ニックも酔っぱらっていてコントロールを失ったせいで）ひっくり返って道に放り出されるなど。[*6] このようなショッピングカートの使い方が許されるルールは、言うまでもなく拒まれるだろう。

したがってスキャンロンのルールは、暮らしやすい社会のために、こうした最低基準をつくるのに役立つが、道徳的判断の手段は、ほかにもあるかもしれない。

私たちは単に「最低条件」を満たしたいのではない。このテストで及第点を目指しているわけでもない。「全員が賛成するルール」というバーを軽々と飛び越えて、道徳界のロックスターになりたいのだ。それが夢ではないこともわかっている。つまり、全員が賛成する契約主義のルールに従う**必要がある**と同時に、もっと努力す**べき**ではないのか。だとしたら契約主義から**始めて**、そのまま続けるべきかもしれない……。

では、さっそく試してみよう。

ここは、駐車場に置きっぱなしのカートを回収して入口横の置き場に戻す係を雇っている食料品店だ。買いこんだ食料品をカートから降ろしたあと、いつものように、T・M・スキャンロンの契約主義に従って次の行為を決める。

「ショッピングカートの回収係として働く従業員がいる店では、駐車場にカートを置いたままでかまわない」というルールを拒む人がいるとは思えないので、そうしようとする。

ところが、そのとき別の考えが頭に浮かぶ。

「カートの置き場までは**そんなに**遠くない」。さらに「自分は**実際に**このカートを使った。物を使ったら、かならず元の場所に戻すように、いつも父さんに言われていたじゃないか」。そして「このカートはほかの人も使う。買い物客が**みんな**駐車場にカートを置きっぱなしにしたら、回収係は手が回らなくなって、これから来る客が置き場に行ったらカートがないという事態になりかねない。自分がそんな目にあったら困る」[*7]。

続いて「駐車場にカートを置きっぱなしにするのは迷惑だ。車に接触したり、駐車スペースを塞ぐこともある。自分が車を降りるときに、ドアをぶつけてしまうかもしれない」。さらに「確かに、駐車場からカートを回収する仕事を任された従業員がいる。だけど退屈で疲れるし、単純な作業だ。それに、暑い日も寒い日も外にいて、たぶん給料もそれほどよくない。だから、彼らの仕事ではあるけれど、自分が少し楽にしてあげることもできる」。カートを40メートル離れた置き場に戻して生じる「善」の総量はささやかなものだが、それは本物であり、多くの人の暮らしを少しでも向上させるかもしれない。

従業員（私たちの散らかしたあとを片づけなくてすむ）、これから来る買い物客（最も便利な入口横の置き場にカートがある）、これから駐車場に車を入れる客（風で押し流されてくるカートで車がへこんだり、ドアをカートにぶつけたり、駐車スペースが塞がれたりすることがない）、これだけ多くの人を、ほんのわずかな労力で助けることができるのだ。

というわけで、カートを置き場に**戻さなければならない**のか？

いや、たぶんその必要はない。だけど戻すべきだろうか？

個人的には、そう思う。可能なかぎり、契約主義の「最低条件」だけでなく、少しばかり余分な労力を割くべきだ[*8]（日ごろ、その余分な労力を割かない人間として、あえて言わせてもらう。誰でも余分な労力など割きたくないものだ）。必要な労力や検討は取るに足りないほどでも、かなりの人数にとって、そこそこの幸福、便利、ストレス軽減を生み出す可能性がある。

他人を**助ける**ことができる。それは私たちが共有する目標にほかならない。

「人助け」というのは漠然としているが、その考えがなければ「道徳」は成り立たない。だから、契約主義の最低条件を満たすだけでなく、「人助け」を新たな目標とするからには、その内容を具体的に理解したほうがよい。

人助けの文字どおりの意味はイメージしやすい。友人が引っ越すときに荷物を運んだり、無料食堂に50ドルを寄付したり……。けれども、「他人を大切にする」「思いやりを持つ」「私利私欲を捨てて行動する」といった雲をつかむような概念をはっきり定義するのは難しい。少なくとも、この広い地球でさまざまな人に出くわすたびに、**何をすべきか**を理解するための実用的な方法はすぐには思いつかないだろう。

だが、難しいからといって理解するのをあきらめることはない。実際、「他人」の存在の大切さを最もよく言い表している考え方がある。それはアフリカ南部の「ウブントゥ」という概念だ。

ウブントゥ「私たちがいるから、私がいる」

ウブントゥを説明するのに時間はかからない。（私の知るかぎり）完全な要約はなく、私はズールー語やコサ語はもちろん、アフリカの言語はいっさいわからないので、参考にできるのは曖昧な英語の翻訳のみだからだ。

多くの場合、ウブントゥの説明には格言、逸話、ことわざが用いられているが、南アフリカの政治哲学者ヨハン・ブルードリクは次のように定義している。

深い人間らしさ、思いやり、分かち合い、敬意、同情および関連した価値に基づき、家族の精神で幸福かつ質の高い人間社会を保証する、古代アフリカの包括的な世界観。[4]

ブルードリクは続く質問を予期し、「すべての文化は基本的にこうした肯定的な価値に基づいているため、この概念は固有なのか疑問に思われるかもしれない」[5]と書いている。もちろん、そのとおりだ。ウブントゥを「人間の相関性」と考えるなら、仏教やヒンドゥー教の徳の概念にも似たようなものがある。

異なるのは、アフリカでは「こうした価値は、もっと深いレベルで実践される。それは他のどんな問題よりも、人間らしさが生きることの第一の理由であるかのように、真に情熱的な人間の暮らしである」[6]とブルードリクは述べている。

一方、神学者のムルレキ・ムニャカはさらに踏みこんでウブントゥを倫理体系と見なし、「善行と悪行に関して、アフリカ社会の……、見識の形成……、における決定要因の役割を果たす」と解釈している。どうやらアフリカ哲学のルーツで、人間どうしの結びつきに関連した世界観で、価値や善行を説明する人間主義的精神ということらしい……。

それにしても、「ウブントゥ」という言葉は実際に何を意味するのだろうか？

答えは、やや言い訳めいているかもしれないが、「ウブントゥ」にはさまざまな意味があり、いずれも翻訳では直接、あるいは簡単に説明することはできない。実際、コミュニティに固有の倫理上のガイドラインを要約しているため、どこの出身で、どのアフリカ言語を話すかによって意味は異なるだろう。

ブルードリクによれば、そもそもこの言葉自体も変化し、ズールー語では「ウブントゥ」、スワヒリ語では「ウトゥ」、ショナ語では「ウヌ」のようになる。[7]とはいっても基本的な考えは同じで、**人間らしさ**もしくは「人間であることの理想」に関連する。

私が最初に耳にしたのは、明らかに学問の場ではなかった。2008年、ボストン・セルティックス（私の応援するバスケットチーム）がNBAファイナルで優勝し、コーチのドック・リバースが、スター選手の集団に個々の栄誉ではなく集団の目標（チームの優勝）に集中させる方法として、ウブントゥを用いたと発言した。[8]

その言葉が実際に何を「意味する」のかにこだわるよりも、その考えの核心に注目したい。全体の要約に近いと思われることわざがある。

人は他人を通じて人となる。[9]

ウブントゥはスキャンロンの契約主義を一段と強力にしたものである。私たちは他人に**借りがある**だけでなく、**他人を通じて存在する**というのだ。彼らの健康は私たちの健康、彼らの幸福は私たちの幸福、彼らの利益は私たちの利益、彼らが傷ついたり弱ったりしていれば、**私たち**も傷ついたり弱ったりしている。[10]

政治学者マイケル・オニェブチ・エゼがウブントゥの特徴としてあげる徳は、アリストテレスの「寛大さ、分かち合い、思いやり」[11]を連想させるが、こちらは個人ではなく**共同**に重きを置いている。2006年、ネルソン・マンデラがウブントゥの定義を尋ねられ、次のように答えた。

私たちが若かったころは、外国人旅行者が村を訪れても、食べ物や水を求める必要はなかった。村に来ると、人々が食べ物を与えて世話をする。それがウブントゥの一面だ。しかし、ほかにもさまざまな面がある……。ウブントゥは金持ちになるべきではないという意味ではない。大事なのは、そうするのは周囲の地域社会を向上させるためかどうか[12]かということだ。[*9]

では、なぜショッピングカートを置き場に戻すべきなのか？

それは他人を助ける行為で、**私たち**は**他人を通じて**しか立派な人間になれないからだ。

自分の世界で暮らし、自身の問題や悩みや心配事を抱えて毎日を過ごしていると、ともすれば自分のことで頭がいっぱいになり、自分の生活を向上させて苦痛を減らすことにしか目がいかなくなるし、そうしたくもなる。

だが……、それは感心しない。私たちはひとりで生きているわけではない。大きな全体のちっぽけな一部でしかないのだ。ケニアの哲学者で神学者のジョン・S・ムビティは次のように書いている。

個人はひとりでは存在せず、存在できない……。その存在は、過去の世代や同世代を含むほかの人々のおかげである。個人は全体の一部にすぎない……。個人の身に起こることは、すべて全体のグループに起こる。そして全体のグループに起こることは、すべて個人に起こる。個人に言えるのは、「私がいるのは、私たちがいるからだ。私たちがいる結果として私がいる」ということだけだ。[13]

私たちは他人に**借りがある**だけではない。**自身の存在そのもの**が彼らのおかげなのだ。「他人」をそのように考えると、「互いに対して負っている」最低限の義務を果たすだけではだめだ。周りの人々の負担を減らそうと考えて、ショッピングカートを置き場に戻さなければ罰が当たる。

そして、自身の行動を決める際に参照するチェックリストで、「地域社会の健康と幸福」がうれしい副産物ではなく、最優先事項となっていることを確かめるのを忘れてはならない。

アフリカ南部では、昔からこれが哲学の基本精神だったが、西洋哲学では、道徳生活が他人との相互関係に依存するという契約主義の考えは、どちらかというと異端である。

本書ではルネ・デカルトを取り上げるつもりはないが、西洋思想の礎《いしずえ》の1つである「Cogito ergo sum」（前述の「我思う、ゆえに我あり」）という有名な命題を思い出してほしい。ウブントゥの「私たちがいるから、私がいる」と比べてみると、まるで違うことがわかる。デカルトは、自身の唯一の意識を存在の証明と見なしている。それに対してウブントゥの実践者は、**他人の**存在を自身の存在の条件とする。両者の主張から出現する文明、法律、市民の性質をテーマにすれば、かなりおもしろい本が書けるにちがいない。残念ながら私には書けない。とてもではないが難しすぎる。だから、ぜひとも**誰か**に書いてほしい。

とにかく、これまで契約主義の考えをかなり事務的かつ冷静に説明してきた。あたかも真面目にルールを提案し、投票で決める重役会議のように。だが、ヒエロニーミが指摘したように[14]、もっと人間味のある見方もある。

スキャンロンは、この世界でともに生きる人々に対して、「あなたは私を社会における拒否権を持つ重要な人物として扱っている。私もあなたを同じように扱っている。私たちはお互いに相手がそれを理解していることを知っている」と宣言するよう求めている。「相互尊重が相互に承認される」道徳社会を築くことを望んでいるのだ。その方向転換はウブントゥの足元にも及ばないものの、私たちの生まれながらのエゴイズムを監視し、知人も見知らぬ人も含めた人間関係を個人の善計測メーターの中心に据える役割を果たすのは間違いない。そのことを忘れなければ、クソ野郎（もっとよい言葉があればいいのだが）になるのは、ほとんど不可能に近い。

必要最低限のことをするのも、人によってはまだまだ多すぎる

新型コロナウイルスの大流行から1年あまりのあいだ、きわめてやっかいな問題がくすぶりつづけていた。誰もマスクをつけたがらなかったのだ。正確には、誰も**つけたがらなかった**が、実際につけないマヌケは何百万人もいた。

スキャンロンが著書を発表したのは1998年だが、もし現在書いていたとしたら、そうしたマヌケどもに言いたいことが山のようにあったにちがいない。

マスクをつけることは、荷物を降ろしてからショッピングカートを元の場所に戻すのと同じくらい面倒なことだ。何もしないのに比べて労力がかかる。とはいっても、たいした

労力ではない。それに、マスクをつけることのメリットとデメリットを比較すると、つけないのはばかげていることがわかる。

私たちに要求されたのは、2ドルのマスクを買って、外出の際に使うこと。それによって利益を得るのは、地球上のすべての人間。どのような利益かというと、**社会がずっと早く通常に戻り、感染して死亡する人がいなくなる。**

世界規模のパンデミックは、皮肉なことに、契約主義を説明する格好のシナリオである。この場合、私たちが互いに負っている義務は、確認しやすいだけでなく、きわめてささいなもので、結果として得られる利益は**想像もつかないほど大きい。**

契約主義では、理不尽や利己的だと感じる行為をただちに、しかも効果的に見つけることができると述べた。

だが、〈タコベル〉でマスクをつけるのは一種の弾圧だ、と叫ぶ人物の動画を見るたびに、「おまえは理不尽だ。おまえのルールは受け入れられない」と思わずにはいられない（言うまでもなく、ウブントゥの実践者にとっては、全員がマスクをつける必要はないと主張することはばかげている。マスクのおもな機能は、自分の身を守るよりも、万が一**自分**が病気になった場合に**他人**にうつさないことだ。その意味で、マスクはウブントゥの化身である）。

スキャンロンの本は手ごわいかもしれないが、彼の考えは明快でシンプルだ。実際、あまりにもシンプルすぎて、私が彼に会った際に[*10]、指導教授のデレク・パーフィットに納得してもらえなかったというエピソードを教えてくれた。

この50年間で、おそらく最も重要な哲学者であるパーフィットは、以前からスキャンロンに本を書くよう、しきりに勧めていた。そして、ようやくスキャンロンが契約主義について書いた初期の文章を見せると、パーフィットはこう評したそうだ。

「ティム、これは道徳論じゃない。単にきみ自身の人格を説明しただけだ」[15]（哲学者というのは、時にクソ野郎[*11]になる）。

けれども、私はそうは思わない。自身の判断や反応を他人と比べているときに、契約主義は信頼できる道徳ガイドとなる。とはいうものの、あくまで暮らしやすい社会をつくるための最低限の基準を示すだけだ。自分自身も世界も本気で向上させるつもりであれば、その基準を決め、もう少しだけ努力するかどうかはあなた次第だ。

これで矢筒にはたくさんの矢がそろった。徳倫理学、功利主義、義務論、契約主義、ウブントゥ……。ぎっしりだ。けれども、これまでの疑問は素朴なものばかりだった。理由もなく暴力を振るってもいいのか？　嘘をつくべきか？　使ったものを元に戻すべきか？　次はもっとややこしくて、微妙なニュアンスを含む疑問を取り上げる。

いままで紹介した、さまざまな考え方に加えて、新たな視点も取り入れるが、それでも答えを考えるのはますます難しくなるだろう。

だが、いまさら後には引けまい。

*1 待ち合わせ場所に着くと、彼女は……、いなかった。1時間が過ぎ、メールで日付を間違えたかどうか尋ねたが、結局、彼女は研究と論文の執筆に夢中になるあまり、約束をすっかり忘れていたことがわかった。私は喜んだ。**それこそ**哲学の相談相手に望むことだから。*

*トッドによる滑稽なほど受動攻撃的な補助注釈……、あなたのメールに即座に返信して申し訳ない、マイク。

*2 『グッド・プレイス』の最終回で、エレノアは（文字どおり）無限の挑戦ののちに本を読み終えた。

*3 **分別のない**人がいたらどうなるか、と思うのは当然だろう。答えは簡単だ。そういう人はカウントされない。パメラが「都合のいいヤツ」と「ろくでなし」の例を説明してくれた[16]。都合のいいヤツに対してルールを提案すると、どんなルールでも賛成する。自分の利益を過小評価しているからだ。一方のろくでなしは、どんなルールにも反対する。自分の利益を**過大評価**しているからだ。したがって、こうした分別のない者はどちらも、言ってみればルール作成のテーブルにつくチャンスはない。さらに重要なのは、架空のテーブルではなく、現実の人間とやりとりする現実の世界では、（こうした人たちに出くわした場合）**分別を彼らに投影する**のは私たちの判断にゆだねられることもある。都合のいいヤツを利用することは許されない。たとえば、相手がこちらの提案を何でも受け入れることに気づき、相手を犠牲にして自身の利益となるルールを山ほど提案するなど論外だ。むしろ、そうした都合のいいヤツやろくでなしと、分別のある人の行為には**ずれ**があることを認めて**自制**し、仮に彼らに分別があれば従うはずのルールを提案するしかない。

*4 これは**統治組織**が全員を平等に扱うことを前提としている。多くの国では伝統的に当てはまらないが、ここでは架空の公平な社会を取り上げているので、そのままにする。現実の社会のルールを考えるのであれば、まずは統治組織そのものに対するルールから始めたい。例として「人種差別撤廃」「性別にかかわらず、すべての人が平等な権利を有する」など、地球上のほぼすべての国家の建国文書から抜けている基本的なもの。

*5 車が暑いとは限らないが、私の住むロサンゼルスでは、いつでも暑い。うんざりする。

*6 あくまで仮定の話だ。私自身、こんな経験はない。2005年には。もしそんなことをしていたら、一張羅のスーツに大きな穴を開け、翌月に出席予定だった別の結婚式用に新調するはめになったからだ。ばかばかしいにもほどがある。ましてや、ひっくり返ったあとにすぐ起き上がって、今度はニックをショッピングカートに乗せ、やはりひっくり返して彼の脛《すね》にあざをつくらせたなどということは**ぜったいに**ない。すべてたとえ話だ。2005年には私は30歳だった。30歳のいい大人がやるようなことではない。

*7 **全員**がそうしたら、めちゃくちゃになるという考えは、前章で見たように、言うまでもなくカントの哲学の本質だ。カ

ントは本当によく姿を現す。倫理的ジレンマをどれだけ細かく切り刻もうと、かならずや義務論のこだまが聞こえてくるだろう。

＊8　予想どおり、この結論に達するや否や新たな問題に突き当たる。意図しない結果が頭をもたげはじめるのだ。ショッピングカートを置き場に戻すことにして、仕事を失った1000人の従業員が加盟する食料品店の労働組合に抗議されたら？　その場合、まずは深呼吸して、自分がそんな害を及ぼすつもりはなかったことを思い出し、すぐにやめる。そして、最初に受け入れることを決めた「回収係の従業員がいなければカートを戻す」という契約主義の最低条件のルールに戻る。

＊9　ここで意味することについて、マンデラは詳しく述べていない。そこで「地域社会を向上させる」というのを精神的なものとして解釈することにした。つまり、財産を増やす場合、地域社会を**犠牲**にしたり、周囲の人に損害を与えるような方法で増やすべきではない。地域社会全体の健康と繁栄を優先する方法を選ぶべきである。また、もっと文字どおりに解釈すれば、つまるところ「私たちがお金を稼ぐことができるのは、他の全員もお金を稼ぐときだけだ」と言っているとも受け取れる。このあとの章で、ジョン・ロールズを紹介するが、彼はこの考えを別の表現で説明している。ロールズは社会を「相互利益の共同事業[17]」と呼び、（どの社会にもある）限られた資源を**均等に**、厳密に分配するのではなく、1人がもう少し多く得れば、ほとんど持たない者にも利益をもたらすように分配する方法を模索した。

＊10　哲学者の知人の自慢話はハリウッドセレブより下品だろうか？　いままで気づかなかったが、そうかもしれない。でも、このままにしておく。実際にT・M・スキャンロンに会って、すばらしい体験をしたからだ。申し訳ないが。

＊11　道徳規範については、パーフィットは客観主義者で、物ごとに対する反応に左右されない客観的な善悪があると考えていた。一方、契約主義者のスキャンロンは、善や悪は私たちの（分別ある）判断に根差すと考えている。したがってパーフィットから見ると、スキャンロンが道徳規範のよりどころとしているものは主観的すぎるというわけだ。それでもクソ野郎に変わりはない（トッドによる補足）。

PART

2

解決すべき問題

中級

学んだことをすべて理解し、
さらなる難問に挑み、
知識を総動員して答えを出し、
もっと役立つことを学ぶ

第5章

他人の幸福のための、自己犠牲はよいことか？

炎に包まれたビルに飛びこんで、閉じこめられた人を残らず救うべきか？

アメリカが第二次世界大戦に参戦したとき、ジャック・ルーカスは13歳だった。[1]その2年後、彼は年齢を偽り、母親の署名を偽造してアメリカ海兵隊に入隊し、1945年に硫黄島に上陸した部隊に加わった。

17歳になって1週間もたたないころ、塹壕のそばに手榴弾が2発落ちてきた。ただひとり気づいたジャックは、仲間の兵士を押しのけ、1発の手榴弾におおいかぶさって、**もう1発も自分の身体の下に抱えこんだ。**ジャックは爆発で吹き飛ばされ、仰向けに倒れたまま、死亡したと見なされて放置された。ところが、250もの金属片が身体に突き刺さったものの、彼は奇跡的に一命を取りとめ、やがて回復して、勇敢な行為に対して名誉勲章を受章した。[*1]

すばらしい武勇伝ではあるが、軍人の英雄的行為が私たちに与える影響は……、ごく限られたものだ。勇敢に戦う兵士は普通の人には**見えない**。もっとも、多くの場合はごく普通の人で、私たちには想像もつかない特殊な状況に置かれただけだ。

その一方で、より**身近**な、私たちの**生活圏**で勇敢に行動した人物の話も耳にしたことがあるだろう。地下鉄のホームから転落した人を助けるために線路に飛び降りたり、高速道路を渡ろうとした気まぐれなカメを救おうと車道に飛び出したり……。

こうした話については時間をかけて考え、より深く心を動かされるかもしれない。なぜなら、私たち自身の経験に近いからだ。同じ状況で、自分に同じことができるかどうかを考えるかもしれない。

あるいは、「**あの**女性が助けてくれてよかった。方向音痴ののろまなカメのために自分の命を危険にさらすのはまっぴらだ」とひそかに胸を撫でおろしてから、自分が勇敢ではないことに気づいて、ちょっぴり自己嫌悪に陥るかもしれない。

とはいっても、すぐにきれいさっぱり忘れて、どこかの若者が新型コロナの隔離期間中につくった「ルーブ・ゴールドバーグ・マシン」（訳注：アメリカの漫画家ルーブ・ゴールドバーグが発案した、普通にすれば簡単にできることを、あえて手のこんだからくりの連鎖によって実行する装置。日本ではNHKの『ピタゴラスイッチ』に登場する）のYouTubeでも見ているだろう。[*2]

すばらしいことに、私たち人間は他の人間の優れた美徳を知る機会に恵まれている。

1940年のロンドン大空襲で、勇気ある店主たちがくじけずに瓦礫《がれき》をかき分けて店を開けた話。天安門広場で、たったひとりで戦車の前に立ちはだかる無名の男性の映像。他の人が同じような恐ろしい目にあわないようにと、自身のキャリアやメンタルヘルスを危険にさらして、悲惨な虐待経験を語る女性たちの記事。そのおかげで、わたしたちはそうしたことが不可能ではないと知っている。

この程度の勇気、勇敢さ、不屈の精神、寛容さ、共感は**達成できる**。1マイルを4分で走ることが達成できるように。命綱なしに絶壁を登るフリーソロ・クライミングが達成できるように。幸運にも、私たちがそうした状況に出くわすことはほとんどない。高速道路でカメを救うかどうかを決断する必要すらないだろう。

それでも、善人になりたければ、万が一、極限状況に置かれたときにどう行動**すべき**かということを理論として理解しておいたほうがいい。さらに言えば、善人となるには、そうしたヒーローたちと同じような行動が**求められる**のかどうかを知る必要がある。求められる美徳の限界を理解すれば、いわば道しるべとなる北極星が手に入ったも同然だ。

善人になるという目標を達成するには、実際問題、どの程度の善を積まなければならないのか？　どのような人間の行為が**必要**善で、「あなたのしたことはすばらしいけれど、私がそれを**しなくても**悪人だとは限らない」というのはどのような行為なのか？

たとえば、炎に包まれたビルに飛びこんで、中に残っている全員を救出しなければ**悪人**だということはありえないはずだ。本書のタイトルはさておき、**善人**になるために**完璧**である必要はない、そうだろう？　……そうだろう？

道徳的完全性とその教訓

カント哲学者を目指しているのなら、答えはすでに知っているも同然だ。

私たちの行為は、ある意味では「完璧」でなければならない。西洋思想のなかで、カントの義務論は最も妥協を許さない。彼自身が絶対主義者だからだ。

カントのテストに落第するかどうかを知るためには、「炎に包まれたビル」のシナリオのような極端な例をあげるまでもない。その状況が平凡であろうが異常であろうが、普遍的な法則を見つけ、その法則に従う義務感で行動しなければ落第で、カントは顔をしかめて首を振るだろう。

だが、とにかく炎に包まれたビルについて考えてみよう。ここでも、法則に用いる表現によって、カントの要求する勇敢さのレベルが異なるように感じるかもしれない。

たとえば、「他人の命を救うチャンスがあれば、つねに自身を犠牲にすべきだ」というルールだったら……、覚悟を決め、ハンカチを口に当ててビルの中に突入する。でも、「人間の命を救うために迅速かつ断固として行動すべきだ」というルールなら、緊急通報の番号に電話して、専門の消防救助隊を呼べばいい。

では、最寄りの消防署から1時間かかるとわかっていたら？　消防救助隊の到着時間について、法則に条件分岐を設定する必要はあるのか？　あるいは他の選択肢を。

この場合も、やはり前述のカントに対する批判が当てはまる。純粋理性によって考えなければならない、このばかげた法則を実行するのは、不可能に近い。個人的には、どんな道徳の決まりも、肝心なのは**実生活において機能する**ことだ。

カントの考え方で、時間をかけて取り入れるべきものは多いが、そうでないものも少なくない。もしビルが燃えていて、適切な普遍的法則を考え出さなければならないとしたら……、それは不運な人たちに当てはまるものにほかならない。彼らが窓から叫ぶ光景が目に浮かぶ。

「助けてくれ！　閉じこめられた」

「ちょっと待ってくれ」私たちは叫び返す。「道徳的にきみたちを助けることが必要かどうか、はっきりしないんだ」

「よくわかる。とにかく義務論の法則に従う義務感で行動するんだ」
「わかってくれてありがとう。あと30～40分で答えは出るはずだ」

カント哲学者にとっては、極限状態に必要な道徳的推論は、退屈な毎日の状況と何ら変わらず、どちらも本当に難しい。だから、試しに功利主義の視点からアプローチしたらどうなるかを見てみよう。

すでに述べたように、功利主義の行動は単純な状況では簡単に決められるが、複雑な状況では難度が上がる。そして、この状況はこれ以上ないほど複雑だ。トロッコ問題と同じく人の命を救うのが目的だが、新たなハードルが立ちはだかる。

無事に救出できるかどうか**わからない**のだ。

トロッコ問題では結果は明らかで、自分の計算（1人が死ぬか5人が死ぬか）によって決まることがわかっていた。だが今度は……、誰も知らない。全員を助けられるかもしれない。全員が死んでしまうかもしれない。誰かは助かっても、**自分たち**は死ぬかもしれない。**1人も**助けられずに、自分も死ぬかもしれない。それは最悪だ。

とはいうものの、厳格な功利主義の立場では、複数の命を救うチャンスがあれば、救うべきだ……、そうだろう？

幸福が多いほどいい。たとえ自分が死んだとしても。この「燃えるビル」は現実にはめったにない状況だとしても、ビル火災がどれだけ危険なのかは想像もつかない。それに、ひょっとしたら最近は運動不足で身体がなまり、つい昨日も瓶《びん》の蓋《ふた》を開けるだけで息切れしたくらいだから、人命救助のような英雄的行為などは無理かもしれない。それは気の毒に。厳格な功利主義者は、ルールブックを片手にそう言うだろう。

この「タワーリング・インフェルノ」の恐怖から、できるだけ多くの命を救い出すために、1人の命（自分自身の命）を危険にさらすべきだ。

だが、もしそのとおりだとしたら、（良識ある功利主義者になりたければ）警察無線機を買って、たえずビル火災がないかどうかをチェックし、閉じこめられた人々を救うために駆けつけるべきではないのか？　いま何をしているにせよ、人の命を救う以上に幸福を生み出すことはあるのだろうか？

その結果、功利主義に対して新たな批判が生じる。

契約主義の考えに従って、幸福を最大化するため**だけ**に人生の終着点を迎えるとしたら、私たちは大きな罠にはまってしまう。それは「幸福ポンプ」という罠だ。

純粋な帰結主義の考え方を取り入れるとしよう。

ある日、道に5ドル札が落ちているのを見つけたが、とくにお金には困っていないので、世の中のために役立てることにする。インターネットで検索したら、5ドルで蚊帳《かや》を購入して、サハラ以南のアフリカに送る実用的な寄付先を見つけた。蚊帳があればマラリアの感染を防ぐことができ、子どもが死なずにすむかもしれない。

5ドルで人間の命を救える？　なんて手軽なんだ。うれしくなって銀行の預金額を調べると、口座には3000ドルが入っている。今月の家賃はすでに支払った。定職に就いているし、差し迫った健康不安もない。だから当面、お金は**不可欠**ではない。

3000ドルあれば、蚊帳をさらに600張り買える。つまり600人分の命だ。そこで全額を寄付する。次に家の中を見まわすと、必要のない古着、本、家具が山のようにある。それをすべて売り払い、さらに蚊帳の購入代金として寄付する。

続いて、自分にはほとんど車が**必要ない**と気づく。職場までは歩けるし、配車サービスを利用すればどこにでも行くことが**できる**。子どもたちがマラリアで次々と死んでゆくのに、なぜ**本当に**必要のない車を乗りまわさなければならないのか？　それは正しいことなのか？　もちろん違う。そこで車を売り、そのお金を蚊帳の寄付に回す。

さらには家も売り、お金を寄付し、友人の家に転がりこむ。それから気づく。「僕には腎臓が**2つ**あるじゃないか。**必要**なのは1つだけだ……」

これでおわかりだろう。

古典的な功利主義では、善人になるためのルールはシンプルだ。

「不幸や苦しみよりも幸福や快楽を多く生み出す」

ところが、自分の基本的な生活を維持するために、善をつくり出す行為をどこまで制限してもかまわないのかが具体的に示されていない。
『グッド・プレイス』には、最大幸福の原理を極端なほどに実践するダグ・フォーセットという人物が登場する。彼はみずから育てるレンズ豆しか食べない。レンズ豆はほとんど水がなくても育つからだ。ダグはどんなばかげたことでも命じたとおりにやる。そのことに気づいたガキ大将は、彼をいいようにこき使う。そしてダグは、そうすればガキ大将が幸福になるので従った。

　功利主義の考え方を徹底的に採用し、一言一句従えば、このような「幸福ポンプ」になってしまう恐れがある。自身の幸福を犠牲にして、他人の幸福にエネルギーを供給するバッテリーになるのだ。

　功利主義の行為に対する制限は任意で、個人の判断に任されている。その点が、私には行動規範として不便に思えてしまう。功利主義を発案した人物が、行為のやめどきを教えてくれなければ……、いつやめればいいのか？

　この問題について、現代の哲学者スーザン・ウルフが『モラル・セイント（道徳的聖者）』というタイトルの論文で取り上げ、「道徳的に完璧」という考えに疑問を呈している。

　道徳的聖者にとって、他者の幸福の促進は、我々のほとんどにとっては、物質的な豊かさの喜び、自身で選んだ知的および身体的活動に従事する機会、自分が愛し、尊敬し、ともに楽しむ人々の愛情、敬意、交友が果たす役割と同じかもしれない。だとすれば、道徳的聖者の幸福はまさしく他者の幸福にあり、喜んで誠心誠意他者に尽くすだろう。[2]

これは「幸福ポンプ」にほかならない。ウルフは、そうした人の初期設定は「自衛本能」ではなく「他衛本能」であると説明する。これは裏返しになった自我だ。

そう考えると、**それほど**ひどいものには思えない。むしろウブントゥを連想させる。けれども、道徳的聖者となるには、どんな状況でも**つねに**これを実行しなければならない。実際問題、そんなことは不可能だ。

たとえば、親友のカールと昼食を取っているときに、通りの向こう側にパーキングメーターの故障で困っている女性がいたら、すぐに席を立って駆けつけなければならない。そのせいでカールが気分を害さないかぎり。なぜならカールは、妹とのトラブルに関する深刻な話をしている最中だったから。

したがって、**彼**に対して引き起こす**不幸**が、パーキングメーターの女性を助けることで自分が得る幸福よりも大きくなってしまう……。

ところが、その計算をしているあいだに、たまたま何千人もの住民が避難を余儀なくされたミズーリの洪水の話が耳に飛びこんでくる。住民たちはカールやパーキングメーターの女性よりも困っている。そこで空港に急行する……。

このように、いつまでもきりがない功利主義の計算をしていると、とてもではないが普通の生活を送ることはできない。

そんな人はどうなるのか？　道徳的聖者となることが唯一の目標だとしたら、私たちはどうやって**人間らしく**生きればいいのか？

ウルフはその点についても心配している。


道徳的聖者が、空腹の人に食事を与えたり、病人を癒やしたり、「オックスファム」（訳注：貧困をなくすために90カ国以上で支援活動をしている世界的な非営利団体）のために資金を集めたりすることにすべての時間を捧げているのであれば、ヴィクトリア朝文学を読んだり、オーボエを演奏したり、テニスのバックハンドのストロークを練習したりすることはないだろう。そうした側面が**いっさいない**生活はこのうえなく味気ない。おいしい料理をつくることなどに対する関心は、道徳的聖者にとっては受け入れがたいにちがいない。どれだけ議論を尽くしても、鴨のパテ・アンクルートをつくるために人手を割くことに対しては、そうした人を他の慈悲深い目的に割り当てることに比べて、妥当だと納得させられそうにはないからだ。[3]

道徳的聖者は映画を観に行かず、テニスもせず、アラビア語も学ばず、鴨のパテ・アンクルートなるものをつくったりもしない。そのせいで貴重な道徳的聖者活動の時間が奪われるからだ。

人生を豊かにする活動とは無縁の道徳的聖者は、**クソ面白くもない**人間になる。

「道徳的聖者は、とにかくいい人でなければならない」[4]とウルフは皮肉っぽく書いている。「腹を立てたりしないことが重要となる。懸念されるのは、その結果、頭の鈍い、もしくは冗談の通じない、もしくはつまらない人間になってしまうことである」

まさにそのとおりだ。他人にはおもしろくないかもしれないと思って笑わない、あるいは他人の見方と異なることを恐れて世の中を眺めない、いわば自分がない人間は**退屈極まりない**。

言うまでもなく、1つのことにしか関心がない相手とは誰も付き合いたいとは思わない。その関心が、道徳的に完璧であることであろうが、水泳だろうが、バグパイプの演奏だろうが関係ない。個性、すなわち特徴や独自性を持った生物であるからこそ、私たちは好きなこと、経験したいと思うことを自由に追求できる。

こうした人間の小さな庭に蒔く種を発芽させようとしなければ、私たちは本当の意味で**人間**とは言えない。言い換えれば、**すべて**が道徳の決まりを目的とすることは無理であり、そうすべきでもない（「私たちが耐えられる道徳規範には限界があるようだ」[5]とウルフは述べている）。

人間が成し遂げることはすばらしく、価値があり、称賛に値する。そうした価値ある達成が道徳的聖者であることと両立しないと気づけば、聖者を単なる生き方の指針とすることもできる。逆にそうしなければ、ひたすら周囲にエネルギーを供給しつづける、個性のない退屈なバッテリーとなってしまうだろう。[*3]

「求められる善の上限は？」という質問の答えを出すのは、徳倫理がうってつけに思える。というのも、カントやミルが「自分は何をすべきか？」と問うのに対して、アリストテレスは「自分はどのような人間になるべきか？」と問いかけているからだ。

より実用的なのは、おそらく前者で、難しい選択肢を突きつけられたときに、いつでも開ける取扱説明書のような存在を目指している。とはいうものの、そうしたルールに基づく考え方が役に立たなかったり、とんでもないことやばかげたことをするよう勧めるケースもある。

それに対してアリストテレスは、道徳的な人間になることに集中できれば、賢い選択をすると主張している。彼の「継続は力なり」的アプローチには（正確には「長期継続は力に限りなく近づける」的アプローチだが、これではインパクトに欠ける）、「善人になるためには、どれくらい善を積まなければならないのか？」という問いに答えるためのヒントが含まれている。

定義上は、中庸はあらゆる徳の上限および下限を定める。それはシーソーの両端の悪徳だ。勇敢**すぎる**兵士は軽率かつ愚かとなり、単独で丘を越えて敵軍に攻撃を仕掛けるが、勇気の**ない**兵士は戦いののろしを見ただけで震えおののき、仲間を見捨てて逃げるだろう。

　繰り返すが、あらゆる徳の理想量は、超過と不足の完全な平衡である。

　そこで、今度はシーソーではなく綱引きで考えてみよう。綱の中央には旗が結びつけられ、どちらかが優位に立つたびに、旗がこちらに動いたりあちらに動いたりする。両チームは悪徳（臆病と軽はずみなど）で、旗は勇気の中庸だ。バランスが取れていれば、両側からの均等な張力のおかげで、旗は2つの悪徳のちょうど真ん中にとどまったままだ。

　ところが、どちらかの悪徳の引く力が強くなると、旗は少しずつそちらのほうに動き、**相対する悪徳によって**反対側に引き戻す必要がある。だから実際には、中庸は徳のバランスを維持するために、やや「悪寄り」の行為を見せることを**要求する**。

　たとえば、勇気の中庸を目指すのであれば、時に少しばかり臆病を取り混ぜる**必要がある**。そうしないと軽率になりすぎる恐れがあるからだ。

　ロンドン大学キングス・カレッジの古典学者イーディス・ホール教授は、アリストテレスの中庸に関して、この観点からうまく説明している。

> 　私自身の最も悪い欠点は、短気、無謀、度を越えた不愛想、極度に感情的、執念深さであるが、アリストテレスの「中庸」の考え方に従えば、これらはすべて

ほどほどであればかまわない。まったく短気ではない者は、物ごとを成し遂げることができない。危険を冒さない者は、限られた人生しか送れない。真実を避け、苦しみや喜びをまったく表さない者は、精神的および感情的に成長が止まっているか欠落している。自分を傷つけた相手に仕返しをしたいと思わない者は、勘違いをしているか自己評価が低すぎる。

言い換えれば、アリストテレスは完璧な道徳的聖者になることは求めてはいない。つねにほほ笑みを絶やさず、けっして腹を立てず、先生のご機嫌取りをするような人物になれとは言っていないのだ。むしろそうした人は、どのような徳を示そうと、ゴルディロックスのようにちょうどよい状態を見つけることに**失敗する**。おまけに、きわめてやっかいだ。しかも退屈ときている。

誰が**そんな**ヤツと付き合いたいと思うのか？

ただそこに座っていて、つねに完璧で、偉そうな顔をしている相手と。もっとひどい場合には、偉そうな顔さえして**いない**。完璧なあまり、どんな表情も**けっして**顔に出さないからだ。よくもそんな真似ができるな。**最低**なヤツだ。

失礼。肝心なのは、私たちには「不完全な」資質が**必要**だということだ。ただし、あくまで適度に示され、過剰もしくは不足の状態になるのを防ぐために、害を及ぼさない程度に。アリストテレスにとって、この**実行**、**模索**、**順応**のプロセスの目的はただひとつ……。「開花」の状態に近づくことだ。

けれども私にとっては、それ以外にもっと実用的なメリットがある。徳を求める際に、ある程度の悪寄りの行為を認める、さらには**必要とする**ことで、私たちはプレッシャーから解放される。ふたたび趣味の喩《たと》えを使わせてもらうと、徳倫理は、ボウリングのボールが溝に落ちないように子ども用に設置されたバンパーの役目を果たす。一方に偏りすぎたら、中庸を見いだそうとすることで軌道を修正できる。**非の打ちどころがないほど**勇敢でなくても、**このうえなく**親切でなくても、**申し分なく**寛大でなくてもいいとわかっていれば、よりよい人になるという困難な目標も不可能ではないと思えてくるだろう。

得体の知れない人のために、自分の全人生を犠牲にするな

次に取り上げるのは、ジュディス・ジャーヴィス・トムソンの「ヴァイオリニスト」という思考実験だ。トムソン（1929〜2020）は「トロッコ問題」の命名者としても知られているが、次のようなシナリオを考えた。

メグという名の女性が目を覚ますと、有名なヴァイオリニストのアルマンドと身体を繋がれていた。彼は腎臓を患っており、適合する腎臓の持ち主はメグしかいなかったため、音楽愛好家協会が彼女を誘拐し、アルマンドの命を救うためにチューブで繋げたのだ。

音楽愛好家協会はメグに対して告げる。いつまでかはわからないが、しばらくこのままアルマンドと繋がった状態でいてほしい。彼は世界的なヴァイオリニストで、彼の音楽は多くの人を幸せにするからだ。だから……、悪いが、メグ、きみには、この病気のヴァイオリンの巨匠のために血液浄化装置となってもらう。[*4]

これは妥当な要求だろうか？　ほとんどの人は、違うと答えるだろう。同時に、音楽愛好家協会のメンバーに対して、その名称とは裏腹に危険な連中かもしれないと警戒する。だが、厳格な帰結主義者は、メグはおとなしく命令に従い、人間血液浄化装置として新たな人生を送るべきだと主張するかもしれない。アルマンドには何百万人ものファンがいる。彼の音楽は、このうえなく多くの人にこのうえない喜びをもたらす。

それに対して、きみはこれまで何をしてきたのか、メグ？　「ガイコ」（訳注：アメリカの大手自動車保険会社）の人事担当？　それはすごい。だが、ロンドン・フィルとドヴォルザークのヴァイオリン協奏曲イ短調を演奏したことがあるか？

アルマンドは演奏した。じつに**すばらしかった**。だから文句を言わず、アルマンドの血をきれいにしてくれ（ただし、もう一度言うが、もちろん厳格な帰結主義者は、自分も同じ目にあう恐れがあると知っている人々の苦痛も考慮しなければならない）。

　カント哲学者は、言うまでもなく鼻であしらうだろう。誰かを目的ではなく手段として扱うだって？　アルマンドは生きるために、文字どおりメグの存在そのものを利用している。メグは、いわばアルマンドの人間松葉杖だ。ありえない。

　カント哲学者は音楽愛好家協会、手術を行った医師、病室を掃除する用務員、病院の自動販売機を補充する作業員にも文句をつけるだろう。誰に対しても、何かしら言わないと気がすまない。

　アリストテレスもカントと同意見で、メグは意に反してアルマンドにいつまでも腎臓を提供する必要はないと主張するが、理由は異なる。

　自己犠牲には限界がある。他人の開花のために尽力しすぎると（実質的に幸福ポンプ）、自分自身が開花できないかもしれない。ある程度の「身勝手さ」を持つことは適切で、むしろ**推奨**される。そうでないと、自分の人生を正しく評価できないからだ。

開花が人間の最終的な目的だとすれば、私たちは少しばかり自分の身を守る必要がある。「いつまでも自分の人生と幸福を犠牲にして、見知らぬヴァイオリニストに腎臓を提供する必要はない」という考えは、私たちが示すべき適量の「身勝手さ」に間違いなく収まる。[*5]

　そう書くと、私が善人になるための公式ガイドにアリストテレスを推していると思われるかもしれない。だが、それは違う。どの思想にも、私たちの役に立つヒントが含まれているはずだ（アリストテレスにも問題がある。たとえば、彼は奴隷制度に**すごく**関心を持っており、全面的に肯定していた。2400年前の話だとわかっているが、それでも……、頼むからそんなに奴隷制度に肩入れしないでくれ、アリストテレス！）。

思想に関係なく、炎に包まれたビルに飛びこんで全員を救出する行為は明らかに勇敢だが、道徳的には**求められていない**。とりわけ（自分自身も閉じこめられた人々も含めて）生存の可能性が計算できない場合には。[*6]

「他人を助けるために、**つねに**自分の命を危険にさらさなければならない」というルールが普遍化できないのは、生き延びるのが難しい状況に人々を追いこむことになるからだ。また、火事の危険を判断し、人命救助の現場を取り仕切る資格もない私たちが成功するという危険な賭けに出て、「善を最大化」していると主張するのも難しい。

そして、単独で敵陣に攻めこむアリストテレスの勇敢すぎる兵士と同じく、危険を顧みずに燃えているビルに飛びこむのは、無分別に傾いた**過剰に**勇敢な行為と見なされても無理はない。やはりこの場合も、勇敢は善で、無分別は善ではないという定理が成り立つ。

したがって結論としては、私たちに求められることには、たしかに限界がある。道徳的完全性は不可能であり、妥当な目標とは考えにくい。

けれども、実際に燃えているビルに飛びこんで、閉じこめられた人々を助け出したとしたら？

記録的な速さで普遍的法則を見つけ出して、いざ実行にうつした。あるいは最大幸福の原理を高く評価して、自身の安全を危険にさらすことにした。または、閉じこめられた人々を救い出すのは過剰な勇気の現れではないと思った……。

そして、みごとにやり遂げた。その勇敢さ（それから、おそらく普遍的法則を考えて実行したスピード）を褒め称えて、みんなが背中をたたく。炎の中から出てくるところを誰かが写真に撮る。すっかり注目の的だ。

命がけで人命救助をした現代のスーパーヒーロー。英雄的行為で顔を紅潮させて写真を眺めているうちに、Instagram が誘いをかけてくる……。

「投稿するんだ……、めちゃくちゃカッコいいぞ……、ぜったいに投稿しろ……」

＊1　それ以外にも彼は何度となく恐ろしい目にあっている。1961年、パラシュート部隊の訓練中にメインのパラシュートも予備のそれも開かなかった。[8] 1977年には妻が殺し屋を雇ってビールに薬を入れさせようとした。眠っているあいだに夫の銃で彼を殺し、自殺に見せかけるつもりだった。幸いにも警察が事前に情報をつかみ、ルーカスは薬の入ったビールを差し替え、事なきを得た。こうして再三の危機を生き延びた彼は、2008年に80年の生涯を閉じた。

＊2　そして、またしても自己嫌悪に陥るかもしれない。**私たち**には逆立ちしてもそんなものはつくれないのだから。いったいどうやったらつくれるというのか？

＊3　ウルフは優秀な書き手であり、とりわけこの部分の主張は的を射ている。彼女は道徳的聖者を理性的聖者（カント型アプローチ）と愛情たっぷり聖者（功利主義型アプローチ）の2種類に分類し、どちらも自滅的だとして一蹴している。[9] いわく、理性的な聖者は「周囲の人をできるかぎり幸せにする」法則を普遍化することはできない。全員がそうすれば、私たちはただ輪になって、誰かの身に自分の解決できる問題が起こるのを待っているばかりで、誰も何もしなくなってしまう

（また、私の「ハワイアンピザと〈レッド・ホット・チリ・ペッパーズ〉」問題で、カント自身が幸福に関する普遍的法則を却下したことも思い出してほしい。人を幸福にするものは個人によって異なるということを）。一方で、私たちが功利主義型の愛情たっぷり聖者になって、他人のために自身の幸福を否定すれば、皆がきわめて**不幸**になり、世界中の幸福の総量を**減らす**可能性もある。それでは逆効果だ。

＊4 トムソンは、アルマンドが病院のベッドで他人の腎臓に血液を浄化してもらっている状態で、どうやってヴァイオリンを弾きつづけるのかは明記していないが、それには目をつぶる。

＊5 論点の多い政治の世界に介入するのを覚悟で、トムソンは望まない妊娠の中絶問題を議論するために、この思考実験を提唱した。彼女の結論を推測するのは難しくないだろう。トロッコ問題を最初に考案したフットも、1967年に『中絶の問題と二重結果論』という論文で中絶について論じている。[10]

＊6 他の倫理学と同じく、計算は状況によって変化する。あなたは勤務中の消防士か？　だとしたらビルに飛びこむべきだ。それが職務だから。トロッコ問題に、トロッコの運転士や傍観者のバリエーションがあるように、その状況における自分の役割はきわめて重要だ。

第6章

慈善事業は、結局は自分のためなのか？

他人のために行動して、
自分にどんなメリットがある？

数年前、私はとても恥ずかしいことをしていた。

近所にスターバックスがあり、そこで毎回同じものを買っていた。ミディアムサイズのコーヒー（訳注：日本のグランデに相当）だ。値段は1・73ドル。現金で支払い、釣銭を受け取ると、レジ横のチップ箱に入れる。

でも……、ただ入れるだけではなかった。私にお釣りを渡すと、バリスタは背を向けてコーヒーを注ぐ。私は彼がもう一度こちらを向くのを待ってから、**奮発した**27セントのチップをおもむろに払ったのだ。たぶん100回くらいそうしてから、ふいに自分のしていることに気づいたとき、私の頭の中に次々と疑問がわいた。

こんなにささいな行為を、なぜわざわざ見せる必要があったのか？　この男性に27セントのチップを渡すことで、**道徳科目の単位**のようなものが欲しかったのか？　それとも、彼が見ていなかったら、私がチップを払わない人間だと思われるのが怖かったのか？（やや目的は異なるが）慈善事業への寄付と比べて、チップを払うことにはどんな意味があるのか？　匿名で寄付するほうが道徳的価値が大きいのか？　だとしたら腹立たしくないか？

寄付者一覧に名前を載せてもらわなければ、自分がどんなにいい人だか、誰にもわかってもらえないなんて。

理由はどうであれ、1つだけわかったことがある。私はとんでもなくダサい男だった。たかだか27セントのチップを払うだけでもダサいのに、わざわざそれを見せつけるのは**二重に**ダサい（この一件で、ただ1つ有意義だったのは、あれこれ考えたことが、そのまま『グッド・プレイス』のアイデアにつながったことだけだ）。

私は（またしても）胸に手を当てて考えた。いったい何をしていたのか、なぜそんなことをしていたのか。自分がこれほどダサい理由を突き止めようと、手当たり次第に調べているうちに、「道徳的功績」[*1]という言葉に出合った。

人間の金の星に対する飽くなき欲望

哲学における「desert（功績）」は、さまざまなシナリオにおけるさまざまな行為に基づいて、人々が何を与えられるのか、場合によってはどんな**権利**があるのかを理解することだ。一方で**道徳的**功績は、よい行いをすれば、それに対する報酬を得るべきだという考えで、限りない自己肯定感が生まれて心が豊かになるといった精神的な意味もあるが、文字どおり「大きなぴかぴかのトロフィー」を示すこともある。

自分にふさわしいものを得る人の道徳基準や、他人にふさわしいものを与える（少なくとも彼らの背中を押してやる）義務については、さまざまな学者が意見を述べているが、実際にはややこしくて、そう簡単には理解できない。図、グラフ、論理行列を用いた説明は、まるで数学のようだ。

ここではそうしたものは省き、最も基本的な疑問について考えてみよう。徳を持って行動した場合、私たちはボーナスのようなものを受け取るに「値する」のか？

私の場合、バリスタにチップを払ったときに、私の寛大な行いを見た彼が感謝を示すべきだと心のどこかで感じていた。チップの意味を逆にしていたのだ。その行為の目的が、本来の相手ではなく、**自分**に対する報いとなっていた。

それはどう考えても正しくない。そうだろう？

こうした感情がよくあることだと知って、私は胸を撫でおろした。

自分の善行を他人に認めてもらいたいという欲求は、昔から議論されている。しかも、友人や同僚にさりげなく尋ねてまわったところ、多くが同じ弱みを白状した。いいことをしたら褒めてもらいたい。ご褒美に小さな金の星が欲しい。いい人に見られたい（**文字どおり**見られたい）。

その気持ちはよく理解できるが、ひどく恥ずかしいものでもある（ちなみに、哲学では**しょっちゅう**人間の恥ずかしい行動や性向について調べることが必要となる。私たちは本当に奇妙な生き物だ）。どんなにささいな行いでも認めてもらいたいと、これほど強く願うのはなぜなのか？

これに対しては、いくつか見方がある。いずれも、少なくとも西洋哲学で伝統的に「倫理」と考えられているものが及ばない領域をカバーしている。自分がこのばかげた、ほとんど情けない行為（27セント分の道徳的功績を欲しがること）をしているのに気づいたとき、私は「はじめに」で取り上げた問いを自分に向けた。

「私は何を**している**のか？」

そのときまで、そんなふうに自分を問いただすことはめったになかった。コーヒーを買うといったありふれた状況で、そんなことをするはずがない。だが、それからというもの、よりよい判断をするには、日常的に自分の心に尋ねることが必要だと考えるようになった。それがティク・ナット・ハンの著作と出合うきっかけとなる。

ティク・ナット・ハン（1926～2022）はベトナム出身の僧侶で、1967年、キング牧師の推薦によりノーベル平和賞の候補となる。[1]もう一度、いまの文章を読み返してほしい。「キング牧師の推薦によりノーベル平和賞の候補となる」よりも心に残る言葉を聞いたことがあるだろうか。

だが、それよりも大事なことがある。ほかの人がやるようなこと（「キング牧師によってノーベル平和賞に推薦された」と書かれたTシャツを着て街角に立ち、「キング牧師によってノーベル平和賞に推薦された」と書かれた旗を振る）はせずに、ティク・ナット・ハンはベトナムで平和・人権運動に身を捧げた。なんとすばらしい人物だろう。

おそらく最も有名な『The Heart of the Buddha's Teaching（仏の教えの本質）』に、次のような話が紹介されている。

武帝が中国禅宗の開祖である達磨《だるま》に対して、全国に寺を建立したことで、どれだけの功徳を積んだのかと尋ねた。[2]達磨は「ちっとも」と答えた。だが、意識を集中させて1枚の皿を洗ったり、その瞬間を精いっぱい生きつつ（他の場所に行きたいと思わず、名声や評価は気にせずに）1軒の寺を建てれば、その行為による功徳は

――無限で、このうえない幸せを感じるだろう。――

「マインドフルネス」は仏教哲学の核心となる言葉で、ハンは「私たちをいま、この瞬間に引き戻すエネルギー」[3]と定義している。道徳というよりは宗教的な考えのようだが、私の例のダサい行為に当てはめてみると、道徳的な意味合いになる。

「よい」行いが認識されるまで待ってから実行するという振る舞いは、その行為に本来とは異なる機能を持たせたいという気持ちから生まれた。その行為に対する**反応**、そして**自分**が得る利益を意識していたのだ。チップを払うことが、単にチップを払う行為ではなくなり、目的を達成するための手段となった。

しかも、その手段は利己的だった。仏教哲学では、真の幸福は自分のしていることに集中し、**それをすること**以外の目的はいっさい持たない状態から生まれると説いている。西洋哲学の大部分は、この独自の美しい考えを取り入れて巧みに言い換えている。[*2]たとえば、いいことをする人だと思われたいという気持ちに屈すれば、称賛や他の道徳的功績を得るつもりで行動し、我らがストイック[*3]なプロイセンの番人、イマヌエル・カントとも衝突することになる。

彼は普遍的法則に従う義務感で行動しないことを非難し、ささやかな行為に対して相手を目的のための手段として利用していると指摘するだろう。その目的とは、よい気分を味わい、称賛や認知を得ることだ（カントのダブルパンチ。あの変わり者は、私たちが正しくないと知って、さぞ興奮しているにちがいない）。

一方、功利主義者は、気分がよくなるのが1人よりは2人のほうがいいと主張するかもしれない。だから、バリスタにチップを見せるほうが**望ましい**。そうすれば彼はうれしいし、自分も（27セント分の）寛大さを認められてうれしい。ただし、チップは**最終的に**気づかれて数えられるため、たとえ何があろうと[*4]**バリスタ**の幸福は変わらない。

つまり**自分**が感じる幸福も、その場で気づいてもらったときとほとんど同じはずだ。そうは言っても**バリスタが見ているのを見ること**によって、余分な幸福が得られる。だから結果的には、チップを受け取る人の前で払うと、幸福の量がわずかに**増える**。

では、アリストテレスは？　正直、彼がどう言うかはわからない。

この行為は「徳」のカテゴリーに収まらないからだ。わずかに過剰な自尊心、あるいは謙遜の不足ということになるだろうか（確かなのは、アリストテレスの信奉者ならこう言うはずだ。27セントのチップなんてケチくさい。1ドル出して、寛大の中庸に近づこう）[*5]。アリストテレスは私に過去の過ちを繰り返すよう促すかもしれない。過度な忠実さを発揮すべきだと。

いろいろ考えた挙句に、私はバリスタから称賛や「謝意」を得ようとしていたのは確かだが、それよりも自分がチップを**払わなかった**と思われることを恐れていたという結論に達した。というのも、アメリカのレストランでチップは「ルール」（あるいは一般的に合意した慣習）だからだ。

その結論に達したのは、妻のＪ・Ｊが新婚旅行でパリに行ったときのことを思い出させてくれたのがきっかけだった。ヨーロッパではレストランで心付けが不要だと聞いていたものの（料理の代金に含まれているため）、それでも店に入るたび、私はウエイターにチップを渡した。２つのことを心配していたのだ。

無作法で身勝手なアメリカ人に見られることと、ルールを破ること。たとえ、その「ルール」が破られていない証拠が山ほどあったとしても、心配は消えなかっただろう（私があまりにもしつこくチップを払っていたため、帰国して飛行機から降りる際に、Ｊ・Ｊが私を見て「パイロットにもチップを渡したの？」と尋ねた。穴があったら入りたかった）。

スターバックスのチップも同じだ。バリスタの頭の中の「上客チェックリスト」の、私の名前の横のボックスにチェックしてもらいたかったのだ。その昔、私が忠実すぎて周囲に迷惑をかけていたことを覚えているだろうか。またやってしまったというわけだ。

だが、ここでもう一度、前述の（かなり説得力のある）功利主義者の反論に戻ろう……。

私がチップを払うのを見て、自分の仕事ぶりが認められたことを喜ぶバリスタに「追加された善」だ。１日の終わりにチップの合計額を計算しても、喜びを感じることに変わりはない。けれど、お互いに顔を合わせたちょっとしたやりとりは、彼の１日で、そして私の１日で心が和むひとときであり、そこに価値がある。そう主張したのは、私がこの問題について話し合っていた友人だった。

では、慈善事業への寄付など、同じ一方的な金銭のやりとりでも規模が大きな場合はどうなのか。もちろんチップとは異なるが、道徳的功績にまつわる問題は両者に共通する。どちらの場合も誰かに（または何かに）お金を与え、自分のしたことに対して見返りを求めている。背中をたたいて褒めてもらって**当然**だと感じている。認めるのは恥ずかしいことだが、その感情は強力だ。つまり功績を称えられたいのだ。

スペインのユダヤ教徒の哲学者マイモーンは、12世紀の最高傑作とも言われる著作『ミシュネー・トーラー』で寄付を8段階に分類している。[4] 最高レベルは、見知らぬ人に対する匿名の寄付だ（相手にお金が必要で、寄付に値する人物であることが前提）。

リストの少し下のほうには、**知っている**人への匿名の寄付や、頼まれる以前の寄付。そして事実上の最下位は、目をぐるりと回し、「仕方ないな」と不満げにつぶやきながら、腹をすかせた子どもに25セント硬貨を放ることだ。

私が27セントのチップを払った行為は、そのわずか1レベル上だった。「額は少ないが、笑顔で喜んで渡す」（繰り返すが、スターバックスでのチップは「寄付」ではないが、ここでは功績を求めることに注目しているので行為の詳細は重要ではない）。

最高レベルの寄付が「見知らぬ人への匿名の寄付」であれば、たとえばアーカンソー州の田舎で貧困と戦う団体に多額のお金を寄付する場合、匿名で行うべきだ。ただし、匿名は（道徳的にはよくても）寄付者名簿の「匿名」の表記を目にした人にも影響を与える。

もちろん、いい影響もある。その寄付は、ティク・ナット・ハンの言葉を借りれば**マインドフル**で、感謝や名誉ではなく、純粋に寄付を目的とした行為に心を動かされる人もいるだろう。だが、なかには（私のように）「匿名」という文字を見て、「いったい誰だろう？」と疑問に思う人もいる。

私はその昔、子どもたちの遊び場に困ったときに、ロサンゼルスにある博物館に連れていったものだった。壁には**数千万ドル**もの寄付のリストが掲示されており、なかには匿名の寄付もあった。私はそれが誰なのか知りたくてたまらなかった。

理由はわからない。たぶん疑いもあっただろう……、ロサンゼルスの博物館の常連が好ましく思わない人物からの寄付なのかもしれない。それから下品なゴシップ根性……、いったい誰がこれほどの大金を払ったのか。それに道徳的な好奇心も……、**こんなすばらしいことをしたのは誰なんだ**？

それが匿名の寄付に対する反論の核心だ。有名人が寄付を公表したことで、どれだけ善が増えたのか？ジョージ・クルーニーでも、オプラ・ウィンフリーでも、レブロン・ジェームズでもいい。彼らの寄付の公共性のおかげで、そうした理念にどれだけの注目が集まったのか？　答えは言うまでもない。**たくさん**だ。

だが、かならずしも有名人である必要はない。アーカンソー州の田舎で貧困と戦う団体に1000ドルを寄付して、友人や同僚や家族がそのことを知ったら、触発されて自分も寄付しようと思うかもしれない。

「完全な匿名」と「多額の小切手を切り、#すばらしい私#あなたよりすごい#めちゃくちゃ太っ腹のハッシュタグをつけて自撮り写真を投稿する」とのあいだには、きっと中庸があるはずだ。

功利主義者に1点差しだそう!

行為そのもの以外、余計なものが何ひとつない匿名の寄付は、たしかにすばらしく、純粋で、**マインドフル**な行為だ。正直なところ、私はカントの「ルールと規則」的アプローチよりも、匿名のすばらしさに関するティク・ナット・ハンの説明に魅力を感じる。けれども、時間をかけてじっくり考えるうちに、私の頭の中では功利主義者が優位となって、勝利を宣言した(アリストテレスとは馬が合わないと言ったはずだ)。

寄付の目的は、お金を持っている人から必要とする人へできるかぎり移動させることだ。多くの場合、状況は切迫していて、寄付金は食料、避難所、医薬品の供給などの緊急災害支援に使用される。そうした場合に純粋な動機が求められると、制限を課すべきではない分野に制限を求めるかのようだ。

言い換えれば、あなたがなぜ寄付をするのか、私はちっとも気にしない。実際に寄付をしているだけで十分だ（もちろん無理のない範囲で。それについては後述）。

どうやらこの勝負は、善を最大化する功利主義が頭ひとつ抜けているようだ。

例をあげよう。以前、私はその年に活躍したハリウッドの大物の栄誉を称えて開かれる豪華チャリティ・イベントに参加したことがある。

こうした大物を称えるのは、彼らが慈善事業にすばらしい貢献をしたからではない。それどころか、多くは受賞者に選ばれるまではその慈善団体とは無関係だった。イベントの目的は、彼らの影響力を利用して、他のハリウッド関係者からの寄付を募ることだ。

スコット・パワーブローカーが皆に電話して、「チャリティ・ディナーで表彰されることになったから、チケットを買わないか？」と声をかければ、誰も断らないだろう。

あのスコット・パワーブローカーから電話があったことに舞い上がり、自分とスコットは**昔からの**友人だと仲間に自慢したいからだ（「彼とは長い付き合いなんだ。この週末もチャリティ・イベントで会うよ」と言いたい）。

私が参加した年は、有力タレント・エージェントが表彰されることになっていた。

仮にジョッシュとする。そのイベントの内情を知る友人に、なぜジョッシュが選ばれたのかと尋ねたところ、その前年に、彼の長年のライバルであるグレッグが表彰され、史上最高額の寄付金を集めたという。そこで、ジョッシュを表彰すれば本能的に闘争心が燃え上がり、ライバルに勝とうとするにちがいないと考えたというわけだ。

「効果はあったのか?」と尋ねると、友人は笑いながら答えた。ジョッシュに連絡すると、表彰の話を切り出す前に、「去年、グレッグはいくら集めたんだ?」と電話の向こうで声を張り上げたそうだ。そして、すぐさま話を受け入れて、より多くの寄付金集めに乗り出した。その結果、みごとに成果をあげた。

けれども、慈善事業への寄付金集めの動機としては、「ライバルを打ち負かし、ハリウッドのボスに君臨する」というのは……、理想的とは言えない。おそらくマイモーンのリストではかなり下位にあり、カントのテストには間違いなく落第し、仏教のマインドフルネスの状態からもはるかに遠い。

その一方で、誰が気にするというのか。ジョッシュは正当な理由があって何百万ドルも集めた。その副産物として自尊心が膨らんだのなら、それはそれで仕方がない。

現代社会において、慈善事業への寄付はナンバーズゲームのようなものだ。莫大な金額が必要とされる半面、お金を手にできるのはごく一部に限られる。そしてナンバーズゲームといえば、他の道徳論よりも功利主義が断然優位に立っている。

結果、つまり集まった寄付金の総額以外のすべてを(妥当な範囲内で)無視することで、世の中がいまより公平になるのであれば、私は何の文句もない。

だが、多くの倫理学者は笑いながら「ばかばかしい」と口をそろえるだろう。道徳の本質は、よい行為と悪い行為の線引きをすることだ。人がその行為をする理由を無視すれば、そもそも「道徳をする」ことを放棄している。だから、ここで線引きをしよう。

慈善事業への寄付の場合、私は他人の動機については、**その人をどう評価するか**ということ以上に関心がない。そして冷笑する倫理学者に対しては、私の意見を哲学的視点から擁護してくれる、ウィリアム・ジェームズの著作を紹介したい。

哲学的なジャンバラヤ（ごちゃまぜ）

ウィリアム・ジェームズ（１８４２〜１９１０）は19世紀のアリストテレスとも言うべき存在で、心理学、哲学、教育学、宗教をはじめ、その著作はバラエティーに富んでいる。「現代心理学の父」と呼ばれ、ハーバード大学には彼の名にちなんだ大きな建物があり、それに対して命名権料を支払う必要もない。
巨額の寄付をせずに、ハーバードの建物に自分の名前をつけさせるには、どれだけ目覚ましい業績をあげ、学術的な影響力を持つ必要があるか、想像がつくだろうか。[*6]
哲学におけるジェームズのおもな貢献は、プラグマティズムという理論を提唱したことだ。１９０６年から始めた講義では、「はてしなく続くであろう形而上学的論争を解決する手法[5]」と説明し、驚いたことに、**それ**がどうやら私たちにも役立ちそうなのだ。

ジェームズの講義では、初めに木の上にいるリスについて、友人どうしが交わしていた議論が紹介される。[6] 木の向こう側にいる人が、リスを見ようと木の周囲をぐるぐる走りつづけているが、リスはとてもすばしっこく同じ方向に動きまわっているため、リスとリスを見ようとしている者のあいだには、つねに木がある状態だ。

はたして、その人はリスの「周囲を回った」のか？[*7]

ジェームズの答えは、「周囲を回った」の意味によって異なる。

「人の位置がリスの北、東、南、西と変化している」のであれば、もちろん「リスの周囲を回った」ことになる。だが、「リスの前にいた人が片側に移動し、続いて背後、そして反対側に回る」のであれば、「リスの周囲を回った」ことにはならない。リスはつねに腹を人のほうに向けていたからだ（両者のあいだには木がある状態）。

けれど、それよりもジェームズがここで言いたいのは、「**どこが違うのか？**」ということだ。その様子を正確に描写することはできるが、何が起きたのかという観点では、どちらの説明も結果的には同じことを述べている。したがって、あとはただ解釈の問題だ。

それがプラグマティズムの考え方である。

そちらの考えではなく、こちらの考えが正しいからといって、実質的にどのような違いがあるというのか？　実質的な違いが見つからないのであれば、他の選

択肢も実質的に同じで、いくら議論しても意味はない。真剣に議論する際には、一方もしくは他方が正しいという事実に基づく実質的な違いを示さなければならない。[7]

ジェームズのプラグマティズムは「最初のもの、原則、〝範疇《はんちゅう》〟、想定された必要」からは顔を背け、「最後のもの、収穫、結果、事実」に目を向ける。[8] 関心があるのは真実だけで、あらゆる手段を用いて真実を見つけ出す。

ジェームズは、プラグマティズムを左右にたくさんのドアが並んだ「ホテルの廊下」[9]にたとえる。あるドアの向こうには信心深い男性、隣のドアの向こうには無神論者の女性がいる。続いて化学者、数学者、倫理学者など……。いずれも、なんらかの信頼できる事実にたどり着く方法を示している。

プラグマティストは、いつでも好きなドアを開けて、真実にたどり着くために、そこにある手段を利用することができる。いわば哲学版の具沢山のジャンバラヤだ。

これで理解できるだろう。善意に欠けたチャリティ・イベントの表彰者の場合、廊下を歩くと、ドアの向こうからさまざまな叫び声が聞こえるはずだ。

「彼が寄付金を集めるのに用いた方法は普遍的法則に基づいていない！」「寛大の中庸ではない！」「マイモーンの理想を実現していない！」「マインドフルではない！」[*8]

そうした抗議に耳をかたむけ、すべて理解し、よく考えて……、すると功利主義者の声が聞こえる。「でも、彼の自己満足の行為のおかげで、明らかな損害を及ぼさずに寄付金を大いに増やした」

プラグマティストにとって、この紛れもない事実は、他のどんな意見よりも価値があるにちがいない。

したがって、プラグマティズム自体は「功利主義者」ではないものの、この場合は、最善と思われる答えを出すために、功利主義の考え方を取り入れる可能性もある。他の状況でカントやアリストテレスと協調することがあるのと同じだ。

ただし、ここでは気をつけなければならない罠がある。

先ほど、よい結果（寄付金が最高額になる）以外は、「無理のない範囲で」すべてを無視してもかまわないと述べたのを思い出してほしい。この「無理のない範囲で」という表現には**多くの**意味がある。

慈善事業への寄付の動機は**無視できず**、プラグマティストが2つのタイプの寄付に実質的な**違いがある**と判断する状況は簡単に考えつく。犯罪者が資金洗浄のため、あるいは犯罪活動を隠すために慈善団体を利用する目的で寄付をするかもしれない。

実際、人身売買や児童買春で告発された、あのおぞましいジェフリー・エプスタインは、人脈を広げ、自身の悪評を徹底的に消し去る手段として、さまざまな慈善団体に莫大な金額を寄付した。

そのジェフリー・エプスタインについて言えば……、彼の寄付と、それほど恐ろしくはない人物の寄付とのあいだには、「実質的な違い」があるのは明らかだ。

だが、例の尊大なハリウッドの大物の場合には、犯罪活動もなければ（私たちの知るかぎり）、他人に害を及ぼすこともない……、困っている人々の手に寄付金が渡るプロセスに**実質的な違いはない**。木の周りを走る男とリスは……、どう説明しようが、誰も気にしないだろう。

ジェームズはプラグマティズムを「我々の理論を〝ほぐす〟」（個人的にお気に入りの表現）「仲介者で調停者」と呼んだ。[10] 実際、プラグマティズムは「どのような先入観も、妨げとなる定説も、根拠と見なされるものの厳格な基準もない。このうえなく穏やかで、どんな仮説も受け入れ、あらゆる反証について考慮する」。

前提となるのは、その思考が正しい事実に結びついていることだ。この場合の事実は、尊大な男の自尊心によって、困っている人々のために他の方法よりも多くの寄付金が集まったことだ。それによって誰かに明らかな害が及んだわけではない。だから、それでもかまわない。

ただし、ティク・ナット・ハンはおそらくジェームズ（と私）の意見には同意しないだろう。彼は行為の結果よりも、行為の主体者に関心があるからだ。彼の考える幸福は、**正し**

い幸福、すなわちブッダの教えに対する献身から生まれるマインドフルな幸福なのだ。具体的には、次のように記されている。

誰もが幸せになることを欲しており、我々の中には、自分を幸せにしてくれるものに向かって突き進む強いエネルギーがある。だが、そのせいで大いに苦しむかもしれない。我々は地位、報復、富、名声、財産が、しばしば幸福の障害となることを見抜く必要がある。[11]

おもに慈善事業への寄付（あるいはチップ）の結果に注目して、善が最大化されれば、行為の動機は二の次だというプラグマティズム・功利主義の結論に至った。けれどもカントと同じく、ハンは行為そのものについて考えることを望んでいる。

自分自身の幸福のために寄付をすれば、つまり称賛や感嘆を浴びることが目的であれば、カントの普遍的法則にも、ハンの（あるいはブッダの）見せかけではない**真の**幸福についての考えにも背いていることになる。

意識を集中させた行為（それを行うこと以外の目的を持たない行為）は、より多くの平穏や喜びをもたらす。ハリウッドのチャリティ・イベントを見ても、ハンは満足しないにちがいない。困っている人々の手に大金が渡るにもかかわらず、表彰者がひどく不幸な人間だと思うからだ。ベジタリアンのハンは、フランクステーキの食事にも落胆するだろう。

おそらくプラグマティストは、私たちが自身の善行に対して自画自賛するかどうかは気にしない。自己強化は「良識の有無」に比べて道徳的側面が弱いからだ。

けれども、イマヌエル・カントはその点を見逃さないだろう。もちろんティク・ナット・ハンも（カントとは別の理由で）。そして、悪い動機による善行が、いずれ道徳的トラブルを引き起こすことは容易に想像できる。

私たちは、善行に対する外部の「報い」を行為そのものよりも価値があると思いはじめるかもしれない。そのうちに、ブックマーク、「いいね」、お気に入り、お世辞のコメントのためだけに何かをするようになる。

『グッド・プレイス』のタハニ・アル＝ジャミルも、その病から抜け出せないひとりだ。有名になって注目されたいという気持ちが強すぎて、心に闇を抱えてしまう（自分よりも有名で成功した妹のカミラに嫉妬するあまり、カミラの像を倒し、その下敷きになって死ぬ）。

ここではプラグマティズムについて論じているが、私たちは善良で純粋な意図を持ったマインドフルな生活から大きく外れることは望んでいないだろう。

「X（旧Twitter）で自慢できるように寄付をする」よりもたちの悪い、邪道な理由による献身を装った究極の有害な行為もある。分不相応な子どものために、大学にお金を払って裏口入学させる富裕層。あるいは、中毒性の高い処方箋薬を売った過去を相殺しようと、美術館や博物館に巨額の寄付を行うサックラー・ファミリー。こうした例は、誰がどう見ても道徳的行為ではない。

プラグマティズムでは、道徳的審判の役割が求められる。行為をじっくり観察し、1つの結果と別の結果に違いがないかどうか、それによって議論が役に立つかどうかを判断するのだ。言うまでもなく、審判を引き受ければ新たな疑問が生じる。

いつホイッスルを吹けばいいのか？ 誰かが悪いこと、世間に対して明らかにマイナスの影響を及ぼすようなことをしたら、はっきり指摘すべきか？ 誰かが道徳に背く振る舞いをしていると判断したら、どのタイミングで非難すればいいのか？

次に、私の妻が時速1・6キロで走行中に前の車に追突し、私たちの生活が一変したエピソードを紹介しよう。

＊1 まぎらわしいが、この「desert」は、ラクダが歩きまわっている乾燥した砂地（＝砂漠）ではなく、発音は同じでも、アイスクリームなどの「dessert（デザート）」でもない。語源的には「deserve（〜に値する）」とつながりがある。私はXをする、だからYに**値する**といったふうに用いる。ちなみに、「アイスクリーム」バージョンも「さやいんげんを食べ終えたらデザートをあげる」という使い方ができる。もっとも、これは哲学用語ではないが。このテーマについて書かれた有名な本に、シェリー・ケーガンの『功績の幾何学』がある。一見すると、円柱を教えるのに積み重ねたオレオを使う、すばらしい数学教師が書いた本のようだ。

＊2 ティク・ナット・ハンは、『グッド・プレイス』の最終回で、チディがエレノアに用いた死のたとえの元となった文章も書いている[12]。人生は、波が押し寄せ（個別の大きさ、特性、質）、また元の海に戻っていく様子に似ている。水は変わるこ

となく、波は一定の期間、水が姿を変えただけなので、波でなくなって海に戻ると、私たちは幸せになるはずだ。悲しくなるのではなく。美しく穏やかな描写は、思い出すたびに涙がこぼれる。

*3 「ストイック」という言葉は、古代ギリシャ、ローマ、シリアの哲学者による「ストア派」も指す。[13] 彼らはソクラテスを敬愛し、より大きな自由を得るために、ラッセルの言う「ありふれた欲望」(物欲など)から人々を解放しようと試みた。ストア派について触れたのは、ここでは「ストイック」を「快楽にも苦痛にも無関心」という辞書の意味で使っているが、哲学に詳しい読者が「ストイック」がカントを形容しているのを見て、私が誤解していると誤解して、本全体に対して長々と反論を始めるかもしれないと思ったからだ。だが、あらためてラッセルのストア派に関する記述を読み返して、カントが「彼らに似ている」と書いているのを見つけたので、前言を撤回する。じつは、ちょっぴり哲学的な掛詞《かけことば》として使った。なぜなら私は超賢くて、このトピックに精通しているからだ。

*4 とはいうものの、ベンサムにとっては「近接性」が重要なので、バリスタが早くチップに気づくほどよい。これについては、このあとすぐ説明する……。

*5 これは、あくまでこの文脈での話であると言っておく。私は高給取りのコメディ脚本家で、妻も同じく高給取りのコメディ脚本家だ。だから私にとって、27セントは残念な額のチップだ。社会経済的に異なる立場の人は、同じ額でもかなり寛大となるかもしれない。この問題については第12章で詳しく見ていく。

*6 きわめて多くの。

*7 おそらく私しか関心を持たない余談……。ジェームズがここで述べているのは、地球と月の関係にほぼ当てはまる。月は地球の周りを回りながら、ゆっくり自転している。したがって、私たちにはつねに同じ面が向けられており、「影になっている部分」はけっして見えない。ジェームズが月と地球ではなく、リスと木を用いていることに、私はいささか驚いた。ジェームズの哲学がすべて否応なく、ある意味では美しく科学および科学理論の劇的な変化に結びついているからだ。ここでは歴史的に注目すべきことも起きており、ジェームズは人間の宇宙に対する理解が大きく変化した直後に講義を行っている。その前年の１９０５年は、アルベルト・アインシュタインの「奇跡の年」とも呼ばれ[14]、特殊相対性理論や光の粒子説が物理学の世界を打ち砕き、世界中の科学者が基本的にゼロからの再出発を余儀なくされた。証明可能だと思われていた理論に基づいた世界観が、ある日とつぜん**完全に間違っている**と気づくのが、理性的にも感情的にもどれだけ困難なことか想像してほしい。１９０６年、68歳にして、40年にわたって行っていた講義をすべて放棄せざるをえなくなった物理学者がどんな状況だったのか。そこに登場したのが、哲学者かつ(両立不可能ではないと思う)心

理学者のウィリアム・ジェームズだ。彼の確立した理論は、人々の考え方を古く凡庸なものから新しい優れたものへと移行させるのに役立つ。ジェームズは新たな意見が形成されるプロセスを次のように説明する。「新しい経験が人を緊張させ[15]」「内面の葛藤」を引き起こすが、「それまでの意見を修正することでどうにか逃れようとする」。近年の科学的な飛躍に反して、彼は私たちが新たな真実を理解するのに必要な柔軟性を指摘している。それまで信じていた真実に基づいて拒否するのではなく、それはもはや重要ではない、場合によっては正確ではないと認めなければならない（詳しくは後述）。とにかく私が言いたいのは、ジェームズにはリスではなく、自転しながら地球の周囲を公転する月の話を引用してほしかったということだ。科学的な比喩のほうが彼の主張に沿っているように思える。そうはいっても、小さなリスが木をよじ登る姿を想像すると心が和む。だから、たぶんどちらでもかまわないのだろう。

＊8　このドアの向こうにこのうえなく穏やかなティク・ナット・ハンが立ち、精いっぱい大声で叫んでいる姿を想像するだけで楽しい。

第7章

すべてを、大災害のせいにできるか？

確かに衝突事故を起こした。
でもハリケーン・カトリーナの被害はどうでもいいのか？

2005年、J・J（当時はまだ婚約者）が渋滞中のノロノロ運転で前の車に追突した。近くにいた警察官が詳しく点検したが、とくに目立った傷は見つからなかった。それでも彼女は相手の男性と連絡先を交換して別れた。数日後、私たちのもとに836ドルの請求書が送られてきた。バンパーを丸ごと交換する必要があるという。

重要なのは、これがハリケーン・カトリーナの最中の出来事だったことだ。ニューオーリンズは文字どおり水没し、何千もの犠牲者が出た。大きな都市が消滅したかのような惨状を、私を含めた誰もが目の当たりにして呆然とした。ニューオーリンズで生まれ育った友人は父親を亡くした。葬儀だけでも辛かったのに、その直後、自宅が大きな損害を受けた。[*1] まさに絶望のどん底だった。

そんななか、私は男性の車を見に行った。よくよく目を凝らすと、リアバンパーに15センチほどの鉛筆で書いたような線がかろうじて見えた。私はムッとして、サーブ・セダンのリアバンパーに運悪く傷がつくに至った出来事について異議を唱えるつもりはないが、この**染み**に836ドルも支払うのはばかげていると告げた。

こんなだからロサンゼルスの自動車保険はバカ高いんだ。そして、こう提案した。836ドルを彼の名前で赤十字のカトリーナ救援活動に寄付して、高性能の顕微鏡がなければ見えないようなリアバンパーの傷はこのままにしておくのはどうか。

考えてみる、と彼は答えた。

自分が道徳的に優位に立っていることを疑わない私は、怒りに任せてこの話を友人や同僚に話すと、みるみる話は広まった。みんな私に賛同して、その男性がバンパーを修理しないことに同意すれば、自分も赤十字に寄付をすると約束してくれた（ちなみに、男性はこのような事態になっていることを知らなかった）。

金額はどんどん増えた。2000ドル……、5000ドル……、ちょうどインターネットで口コミが普及しはじめたころで、48時間もたたないうちに、何百人もの人が総額およそ2万ドルを寄付することになった。

私は記録をつけるためにブログを開設し、随時、最新の状況を投稿した。いくつかの大手ニュースサイトから取材も受けた。あたかもキーボードと、みごとな道徳的思考を駆使して、独力でニューオーリンズを救うヒーローになった気分だった。

ところが、ふいに気が滅入るようになった。J・Jも同じだった。

しかもちょうど同じタイミングで。最新の状況、寄付の申し出、メディアの取材について興奮気味に話していたとき、互いに相手の顔を見て、すぐに自分と同じ沈んだ表情に気づいた。私たちのしていることは何かが**間違っている**……。でも、それがなんなのか、はっきりとはわからなかった。

どうしていいのかわからずに、とりあえず倫理に関する記事や本を読みはじめた。哲学の教授に電話をかけまくり、その多くが丁寧に説明してくれた(のちに、哲学者は哲学について話すのが大好きだと判明)。自分のしていることが道徳的かどうか、はっきりとした見解が聞きたかったのかもしれない。

けれども哲学のご多分にもれず、私が相談した相手の答えはみごとにばらばらだった。その男性の行動を公然と非難するのは**よい**かもしれない。そうすれば、より重要な問題に注意を促し、変化をもたらすことができる。

いや、公然と非難するのは**よくない**。正当な権利と、事故とは関係のない共通善のどちらかを選ばせるのはフェアではない。そもそもこれは道徳上の問題とは関係ないと言いきった教授もいた。私はその男性にとって単なる嫌なヤツにすぎない。嫌な態度を取らないよう忠告するのに道徳哲学は必要ないと。おっしゃるとおり。

このように結論は食い違ったものの、おかげで、私たちが不安を覚えた理由は哲学的に説明ができることに気づいた。私はその男性に**恥をかかせていた**のだ。

ところが、私の行為の問題点をあげることで、いくらか安心すると同時に新たな悩みが生じた。腹部に違和感を覚えて病院へ行ったら、医者に虫垂が破裂していると言われるようなものだ。つまり、よい知らせ（自分の感覚が正しかった）と悪い知らせ（入院しないといけない）が同時に舞いこんできた。

道徳的な影響は複雑で、説明するのが難しい。けれども一般的に言えば、J・Jが男性の車に衝突したのは事実で、836ドルはバンパーの交換代金としては目玉が飛び出るほど高いが、彼が決めた金額ではなく、したがって彼は何ひとつ悪いことはしていない。微妙なニュアンス、相違、複雑さを考える必要はあるが、私はこの事実を行動の指針とすることにした。何も悪いことをしていない相手に恥をかかせる（少なくとも、相手の行為に不釣り合いなほど恥をかかせる）のは、どうやらよくないことである。

結局、私はグッとこらえて男性に連絡した。そして事情をすべて打ち明け、自身の過ちを認めて謝罪した。さらに、すでに小切手を切って送付したことも伝えた。男性はちっとも腹を立てず、そのお金の一部を赤十字に寄付したいとまで言ってくれた。

それから私は、募金に賛同してくれた人々にメッセージを書き、いずれにしても寄付はしてほしいと頼んだ。ハリケーンの被災者を援助するのはよいことだからだ。ほとんどの人は（全員ではないが）この結果に満足し、最終的には2万7000ドル以上がカトリーナの被災者に渡った。

私は大失敗した。だが、誰にでもある経験ではないのか？

妻があの男性のバンパーに傷をつけるまで、私は恥と罪悪感の違いについて、じっくり考えたことがなかった。基本的には、罪悪感は自分が悪いことをしたという内なる感情で、自身の失敗に対する不快な個人的感覚である。

それに対して恥は、**自分の存在**を恥ずかしく思う気持ちで、他人による外部からの評価が反映されたものだ（『ゲーム・オブ・スローンズ』で忘れられない場面がある。長きにわたって中世の王族のような悪行を繰り返してきた悪女サーセイが、城までの道を全裸で歩かされ、民衆が「恥を知れ、恥を知れ！」と野次を飛ばす。サーセイの独り言のおかげで、彼女が常識を超えた数々の行為に対して、**罪悪感**をまったく感じていないことがわかる。そして、文字どおり恥辱の道を歩き終えると、彼女は自分を陥れた人々に復讐を始める)。

私はサーブの運転手の価値観が間違っていると考え、彼に恥をかかせていた。ニューオーリンズが水浸しになっているというのに、バンパーのささいなかすり傷のことなど、どうして気にしていられるのか?

そして、私は彼が注目を浴びるよう仕向け、彼の選択を全員に評価させようとしたのだ。J・Jと私が嫌な気持ちになったのは、私たちの行為(正確には、ほとんど**私の**行為)から罪悪感が生まれたからだ。はっきりとはわからなかったものの、何か悪いことをしているという感情が拭いきれなかった。

恥と見なされる状況は数えたらきりがない。毎日、隅々まで新聞を読んでいれば、恥ずかしい行為はいくらでも目につく。汚職、蔓延する偽善行為、権力の乱用、職務怠慢、人種差別、不正行為……。すべてテッド・クルーズだ。[*2]

私たちは、悪事を働いた人に恥をかかせることを本能的に肯定する。そうした悪人に自分の悪行を後悔させること、あるいは少なくとも**善人**に、悪いことをした人は悪いと気づかせることは重要だと考えるだろう。

だが、恥を道徳的抑止力として機能させるには、悪人のしたことと、彼らに感じさせようとする恥とのあいだに因果関係が求められる。サーブのバンパーの場合……、因果関係はない。バンパーのかすり傷は、ハリケーン・カトリーナとはまったく無関係だった。同じタイミングで起こったということ以外は。街が破壊されることはバンパーの傷より重要だろうか？　もちろん。異を唱える人は誰ひとりいないだろう。[*3][*4]

けれども、私の行為の問題点は（正確には問題点の1つ。問題点は複数あった）、思いつきで道徳的な攻撃を仕掛けるのは単にフェアではないということだ。世の中では、どんな内容にせよ、2人の人間が文句を言うことよりも重要な出来事が**つねに**起きている。

たとえば、姉から50ドルを借りて、1週間で返す約束をしたとしよう。1週間後、姉がやってきてお金を返してほしいと言ったら、ニュースに目をやり、悲惨な状況が報道されているのを見て、こう言い返す。「南スーダンで子どもたちが飢え死にしかけているというのに、金を返せだなんてよくも言えたものだな」

無関係な事象Yが切迫しているときに、事象Xを気にかけていることで相手に恥をかかせるのは理屈に合わない。これは、インターネットで使われるスラングでは「ホワットアバウティズム（そっちこそどうなんだ主義）」という。

ホワットアバウティズムは、おもに自身の身を守る論法として用いられる。

何か悪いこと（実際の犯罪から、インターネットでやや攻撃的な発言をすることまで）をしているのが見つかってしまったとき、それを認める代わりに、「だったら、○○（最悪の事象X）はどうなんだ？」とか「おまえがしでかしたあれはどうなんだ？」とか「俺は××（よい事象Y）もやったんだぞ」と開き直る。攻撃してきた人の目に砂を投げつけ、相手がひるん[*5]

だ隙に逃げ出すという寸法だ。

だが、ほとんどの場合、身を守ることはできない。悪い行為の道徳上の欠点に対処していないからだ。たとえば、ティムが女性蔑視のジョークを飛ばしたとする。友人のジョーがそれを咎め、自分の発言を恥じるべきだと言う。するとティムは「そういうおまえは聖人君子なのか？　昔、ふれあい動物園からアルパカを盗んだくせに」と応じる。

たとえそれが事実でも、ティムの行為とは関係がない。相手の犯した道徳的な悪を利用して、ティムは自分を責めてもメリットはない、むしろ間違っていると仄めかしているのだ。まったくばかげている。

確かなのは、ジョーはアルパカを盗むべきではなかったことと、ティムのジョークは女性蔑視だったということ。そして最も重要なのは、ジョーがかつてアルパカを盗んだからといって、ティムの不快な発言を指摘する権利を奪われる筋合いはないということだ。

もう1つ例をあげる。アメリカ同時多発テロ事件の直後、ニューヨークのグラウンド・ゼロの近くにモスクを建設するという提案について議論が巻き起こった。反対派の言い分は、「奴らがサウジアラビアにシナゴーグを建てたら、グラウンド・ゼロにモスクを建ててやる[1]」だ。

それに対して疑問が生じる。なぜアメリカ人の行動がサウジアラビアの意向に左右されるのか？　あれほど人権問題が「うやむや」な国なのに。信教の自由では、アメリカはサウジアラビアの**かなり上**を目指しているのではなかったのか。正当な理由もなく、一国の行為を他国の行為に関連づけるのは単にズルいだけだ。

子どもを持つ親なら身に覚えがあるだろう。「もうテレビを消しなさい」と子どもに言ったら、「マディソンの両親は1日15時間見せてくれるのに」と反論される。すると「マディソンはとんでもない子だし、両親は学校のイベントで酔いつぶれて、配車サービスの車まで肩にかつがれて運ばれたのよ」と答える（実際にそんなふうに言ったりはしない。ただ、「あなたはマディソンじゃないし、私たちは彼女の両親じゃない」と言いたいだけだ）。

「誰かが悪いことをしたから、**自分も**悪いことをしてもかまわない」というのは、道徳的議論としては薄っぺらい。

失敗をしたときに、まったく無関係の行為に注意をそらすのは的外れだ。つまり、**大失敗をしたことになる**。これまで見てきた哲学は、それぞれ基本的な違いはあるものの、自身の行為については各個人に責任があるという点では（「わざわざ言うまでもないほど」明らかに）反対意見は出ないはずだ。

行動を起こす際の道徳計算は違っても、自分の行為はまったく無関係の**他人の行為**に基づいて評価されるべきだとは主張していない。それは誰の目にも明らかだ。なのに、いまだに私たちは、自分とはいっさい無関係のものを利用して、何ごともうまく切り抜けようとする人々に囲まれている。私自身のホワットアバウティズムがいい例だ。自分の車を修理しようとしただけの男性に恥をかかせるために、ハリケーンを利用したのだ。

誰か……、私の味方はいないのか？

「公の恥」という考えは聖書の時代からあった。人々の罪を罰し、おそらく報復の意欲を削ぐために、さらし台や足枷《あしかせ》などに拘束され、拷問されたり、罵声を浴びせられたり、くすぐられたりする。[*6]

足枷は19世紀にはほとんど使われなくなったが、新たな形でよみがえった。少しでも有名な人物が攻撃的な態度を取ると、毎日のようにデバイスから目に飛びこんでくる、ソーシャルメディアの「引き回しの刑」として。言っておくが、たびたび引き回される人には、それなりの理由がある。何か悪いことを言ったりしたりして、それを暴露され、報いを受けているのだ。

これは、言うまでもなく公共善の考え方に基づいている。ひどいことをした人が、それまでになかった方法で公の場に引きずり出される。個人的な意見では、現代版「見せしめの刑」は、害を与える以上に利益をもたらした。

けれども、ここで大きな疑問が生まれる。はたして恥は、道徳にかなった結果を達成するための生産的な方法と言えるのか。ひとつには、人は恥をかくと行動を改めようとはしなくなる。多くの場合、自己弁護をしようとして自分の意見を曲げない。それでは逆効果になりかねない。[*7]

私たちは、表向きには彼らが自分のしたことの結果に苦しみ、さらには将来に向けて行動を**変えて**ほしいと願っている。とはいっても実際には、弱っている状態で、公衆の面前でサンドバッグのようにたたかれているときに、そうした決断を下すのは難しい。

私の場合、初期の段階で賢い判断を下した。サーブの運転手の名前は公表せず、ナンバープレートの写真もアップしなかった。そうしたことはすべきではないと、はっきり考えたのを覚えている。

ひょっとしたら、例の頭の中のささやき声が、かろうじてその小さな勝利を引き寄せたのかもしれない(もし私たちがそうした行動に出ていたら、男性はどう感じたのかは知る由もないが、おそらく怒りと恥が入り混じった気持ちになったにちがいない。それがプラスに働いたとは思えない)。ただし、それと同時にいくつか判断ミスもした。

そこで、いつものように三大哲学の観点から「バンパー事件」(もしくは「サーブ物語?・」)を振り返ってみよう。

哲学的な弁護を求めているのなら、一番のおすすめは帰結主義だ。なんといっても、私はささいな追突事故を、ひどく困っている人々に対する大規模な富の再分配に変えたのだから。男性に恥をかかせ、どれだけ悲しませたにせよ、寄付の約束を取りつけたことで増えた幸福で、十分お釣りがくるだろう。

でも、帰結主義者は請求書に私の行為の社会的損害も含める必要がある。いまや私たちは、どんなささいなことでも、その是非を国民投票にかけるような世界で暮らしていかなければならないのだ。とても幸せな社会とは思えない。

ESPNの変圧器修理工のスティーヴを覚えているだろうか？

同じことが自分の身にも起こりうるとわかっている世界で生じる全員の苦痛をプラスして、再計算を行った結果、苦痛は**それほど多くない**ことがわかった。ほとんどの人が、自分はスティーヴの立場にはならないと知っているため、そうした世界を本当に恐れてはいないからだ。

だが、それはここでは当てはまらない。ちょっとした争いが、より大きなほかの問題のせいで歪曲されるかもしれない状況は他人事ではないと、多くの人が気づいている。**誰もが**ちょっとしたことで他人と争い、より大きな問題は**つねに**どこかで起きている。この功利主義の「再計算」は、それほど難しくはない。合計に莫大な金額を足すだけだ。

では、カント哲学者は私に対してどんなふうに失望するだろうか？

さまざまな状況をあげてみよう。「ささいな事故に巻きこまれた人に、車の修理と、補償金を受け取る前の全国的な大災害による困窮の重要性を比較させる」のは、定言命法に反するにちがいない。このルールをつくって、全員がいつでも使えるようにすることはできるか？　まさか、とんでもない。

それでもカント哲学者は引き下がらない。私が定言命法の第2の定式化にも背いていると指摘するだろう。なぜなら、その男性を複数の目的の手段として利用したからだ。

事故とは無関係の人々を助けること。ニューオーリンズのハリケーン被災者の処遇に対する自分の怒りを和らげること。ロサンゼルスの不合理な自動車保険に対して声を上げることなどだ。

あなたがカント哲学者で、私の行動を批判する方法を探しているとしたら、世界はあなたの思いのままだろう（ちなみに、契約主義者の反応については考えたくもない。この話を聞いたら、T・M・スキャンロンはさぞ私に失望するはずだ。だから黙っていてほしい）。

アリストテレスは、決断**直後**の私の状態、つまり自分の行為に罪悪感を覚えたことに対してては褒めてくれるにちがいない。ゴルフ場でトーナメント中にあえて静かに行うような拍手で。

罪悪感に**欠けた**人は、自分の行為の影響に無神経になって、行動を改めないかもしれない。**過剰な**罪悪感を覚える人は、自己肯定感が低くなるか、他人を傷つける恐怖から世捨て人になるかもしれない。その中間が中庸で、とりあえず「自己認識」と呼ぶ。

だから……、でかしたぞ、マイク。決断の直後、適度な罪悪感のおかげで欠如から離れ、中庸に近づくことができた。でも、私が男性に対して**自身の**行為への罪悪感から感じさせた恥は？　アリストテレスはそれも褒めてくれるのか？　だといいが……。

いや、それはない。

繰り返すが、他人が悪いことをしたときに、私たちは彼らに対して、ある程度の恥を感じさせるべきだろう。健全な世界では、恥は役に立つ。悪行に対する戦いで私たちに武器を与えてくれるからだ。

恥を感じることができなければ、人は公共の場で自身の評判が傷つく心配をせず、やりたい放題がまかり通ってしまう。だから同じ社会に暮らす人間に対して、道徳に反する行為や考えを指摘して恥ずかしい思いをさせるのはかまわない。これは私の個人的な意見ではなく、恥そのものは徳ではないとしながらも、アリストテレスも認めていることだ。

過度に恥を感じ、あらゆることを恥じる者は過剰と呼ばれる。羞恥心に欠けたり、けっして恥を感じない者は面目を失う感覚がない。[2]

だが、アリストテレスの温和へのアプローチを思い出してほしい。中庸とは、**適量**の怒りが、**それに値する人**にのみ向けられた状態を指す。サーブの運転手に関する失態では、それが肝心な点だ。彼は私が煽り立てた恥の嵐には**値しなかった**。

彼が車の傷を気にしすぎることには納得がいかないが、ハリケーン・カトリーナを方程式の項に加えることで、ささいな事故を処理するために彼と私が行っていた計算をぶち壊してしまった。

甚大な被害と苦痛を伴った、まったく場違いで無関係な災害を持ち出したために、とてもズルい行為だった。それが大々的に広まったときに、ふいに罪悪感を覚えたのも当然だ。もしアリストテレスが一部始終を目撃していたら、「おいおい、とんでもない失敗をやらかしたな」と言ったにちがいない。[*8]

自分の役に立つ罪悪感や、他人の助けになる恥があるとすれば、役に立つ罪悪感の量は恥に比べて格段に多いはずだ。罪悪感は自分について考えたときに生じる。しかも私たちは、他人の声よりも自身の心の声に耳をかたむける（そして反応する）傾向にある。

いまでもときどき考える。あのとき、J・Jと私が自分たちは失態を演じていると気づかずに、第三者に怒鳴りつけられていたら、そして誰かに恥をかかせた行為のせいで恥をかかされていたら（超恥ずかしい）、どうなっていただろう。

冷静に対処して、自分たちの行動を振り返ることができたか？　それとも自分たちの意見を曲げず、慈善事業への寄付と、836ドルのバンパーのかすり傷のばかばかしさを強調して反論しただろうか。

もし非難されて、ひたすら自己弁護をしていたとすれば、いまごろ私はまったく違う本を書いていたかもしれない。『#後悔なしの行為を判定する最高の審判になる方法』などというタイトルで。

J・Jと私は、心の声に耳をかたむけて生まれた罪悪感のおかげで、自分たちの進むべき道を大幅に修正することができた。けれども問題は、そうした心の声はかならずしも頼りにはならないということだ。とりわけ、微妙なニュアンスを含んだ複雑でやっかいな問題の場合には不安が残る。

いま思うと、最も役に立ったのは哲学でも理屈でもなかった。J・Jと私が自分たちの失態に気づいたのは、ふたりで**話し合った**おかげである。自分のしていることを声に出して言うという単純な行為によって、問題を発見することができた。[*9]

もちろん当時は道徳計算をよく理解していなかった。安っぽいロマンチック・コメディの予告編みたいだが、私たちは互いに相手のことしか見えていなかった。[*10] よりよい人間になりたければ、会話という単純な行為の持つ力を心に留めておくべきだ。荒波を乗り越えるのに、かならず役に立つだろう。

この一件を振り返ることで、私はジュリア・アナスの言葉の真価もあらためて理解した。「(何かを練習することの) 成果は、単なる習慣に匹敵するスピードおよび直接的な反応である。ただし、学んだ教訓のおかげで柔軟かつ創造力に富んだものになったという点で習慣とは異なる[3]」

これでわかったと思う。それまで哲学を学んだ経験がなく、めったにない条件が重なったせいで、私は自分でも理解していない状況に足を踏み入れた。そうかと思うと、たちまち法曹倫理、自動車保険の相場、義務、責任、ハリケーン、恥、罪悪感、最新モデルのサーブ・セダンのバンパー修理の経済学といった問題と格闘するはめになった。

そんなときに、どうすべきかなどわかるはずもない。よっぽどさまざまな徳に慣れていて、新しいやっかいな状況に余裕しゃくしゃくで対処できる人なら話は別だが。すでに時間をかけて徳を磨き、柔軟かつ創造力に富んだ状態であれば、J・Jも私も罪悪感をたっぷり節約できて、他人にたっぷり恥をかかせることもなかったかもしれない（それでも失敗したかもしれないが、きちんと理解するチャンスだっただろう）。

最終的に、その小さな追突事故は大いに役立った。

まず、道徳哲学に対する私の個人的関心に火をつけた。そして多額の寄付金が集まり、功利主義者からの称賛が期待できる。また、自分の行為について深く考え、謝罪せざるをえなかった。これについては、私たちが日ごろからもっと頻繁に行うべきことだと思う（詳しくは第13章で述べる）。それから、自分の人生が大幅に、混乱するほどに……、**よくなった**。この経験を通して、私はよりよい人間になった。

なんともいい気分だ。昨日の自分よりも一歩前に進んだのだ。元気が出て、毎日を笑顔で自信たっぷりに過ごすことができる。そこで、そうしたすばらしい気分で、ずっと後回しにしていた用を片づけようとして、食料品店に向かい、入口まで行くあいだに駐車場に放置されていたカートをいくつか置き場に戻し（ご推察のとおり、私たちはこんなにすばらしい人になった。**他人のカート**を戻しているのだから）、「おひとりさま1切れ限り」と書かれたチーズの試食の皿を見つけた。なんとまあ、大好物の燻製《くんせい》ゴーダチーズではないか。それで、「おひとりさま1切れ限り」とはっきり書いてあるにもかかわらず、ある考えが思い浮かぶ。

「私は善人だ。道徳銀行の口座の残高は1週間前よりも増えている。この小さなルールを破る**権利を得た**。1切れだけでなく、**3切れ**もらおう」

もちろんかまわないだろう？

＊1　この友人から、自宅の損害が街の多くの家や建物ほどひどくはなかったことを付け加えてほしいと言われた（彼はいい人で、他人を気遣うことができる）。

＊2　不当な当てつけかもしれないが、私がこれを書いているのは、2021年のクルーズ上院議員の「この猛吹雪のなかカンクンに飛んだのは娘を降ろすためで、翌朝には戻るつもりだった、（みんなよくやるように）荷物を詰めた大きなスーツケースは無視してほしい。どこからか漏れた、妻が友人たちをカンクンのリッツ・カールトンに1週間招待しているグループメッセージも無視してほしい。すべて無関係だから。紛れもない事実は、私は子どもたちを降ろすために前々からひと晩だけカンクンに行くつもりだったことで（正直に言えば、すべて娘たちの落ち度だ）、それからすぐに戻って絶望した有権者たちを支援する予定だった。いまカメラマンの前で人々の車に飲料水を積んでいるように。ほら、このとおり支援している！」スキャンダルの真っ最中だ。本書が出版されるころには忘れられているかもしれないが、おそらく現代アメリカの政治家の厚顔無恥ぶりを示す最適な例だろう。

＊3　例外として、スコットランドの哲学者デイヴィッド・ヒュームは疑問を呈したにちがいない。彼によれば、理屈に合わ

ない欲望などは存在せず、世界の生存よりも**ささくれを剥く**ことに価値を置くのは理不尽ではないと考えていた（トッドによる補足）。

＊4 だから道徳哲学の教授は嫌われるのだ（マイクによる補足）。

＊5 ラテン語オタクなら、これを「人身攻撃」と考えるかもしれない。主張そのものに反論するのではなく、主張をする人を攻撃すること。

＊6 本当にくすぐられる。どういうわけか。

＊7 明らかに心理学の領域に足を踏み入れているが、「バックファイア効果」という現象に関する興味深い研究がある。自分の信念と矛盾する情報を前にすると、それが明らかに事実で疑う余地がなくても、新たな情報を受け入れるよりも、もともとの信念をさらに強めてしまう。恥を避けようとする人間の本能は、きわめて強力だ。

＊8 哲学者が友人みたいにしゃべっているところを想像すると、哲学を理解しやすくなる。

＊9 これこそセラピーの本質で、余裕があればぜひともセラピーを受けてほしい理由もここにある。

＊10 パメラ・ヒエロニーミがJ・S・ミルのエピソードを紹介している。[4] 彼がうつ状態から立ち直ったのは、ロマンチックな詩を読んでいたからだけでなく、実生活における愛の力も大きかった。ハリエット・テイラーに出会ったとき、彼女は既婚者で2人の子どもがいたが、彼らは親交を深め、20年後、ハリエットの夫が亡くなると、ほどなく2人は結婚し、彼女ミルは彼女の影響を受けて優れた著作を次々と発表した（ハリエット自身も文章を書いていた）。つまり私が言いたいのは、J・Jと私は現代版ハリエット・テイラーとJ・S・ミルだということだ。ただし、哲学に対する貢献は彼らの足元にも及ばないが。

第8章

よいことをすれば、特別な存在になれるのか？

よいことをして、多額の寄付金も集め、
道徳的に意識の高い立派な人間になった私は、
「1人1切れ」のチーズの試食で、
3切れ取っても許されるか？

私の父には持論があった。母と離婚してから音楽に夢中になり（40歳の独身男にありがち）、膨大な数のCDを集めはじめた。1週間に2〜4回、2〜4枚のCDを買っていた。それほど経済的に余裕があったわけでもないのに、いったいいくら音楽につぎこんでいるのかとあきれる私に向かって、こう言い放った。

「いいか、俺はU2が好きじゃない。彼らはアルバムを10枚くらい出している。それは**いっさい**買うつもりはない。つまり150ドル節約したってことだ。だから、これから買う150ドル分のCDが実質的にタダになるんだ！」

　もちろん冗談だったが、ある意味では抜け穴のようなお金の使い方が私の頭から離れなかった。**買わなかった**ものの代金を「積立金」のようにして、それを気兼ねなく使うことができるのだ[*1]。

　道徳的責任についても、同じように考える人がいる。よいことをたくさんすれば、銀行口座に道徳通貨が貯まり、何か……、あまり褒められたものではないことをする際に引き出して「使う」ことができる。

　たとえば、「畜産業は環境を破壊しているから、ハンバーガーを食べるべきでないのはわかっている。でも、僕は電気自動車に乗っている。だから肉を焼いてくれ！」といった具合に。

　私たちの生活には、学校、職場、交通、社会、家庭などで数えきれないほどのルールがあり、どういうわけか、破ってもかまわないと感じるときもある。そのルールをバカらしい、あるいは時代遅れだと思う。もしくは、自分は善人で、これまでさんざんいいことをしてきたからフリーパスを持っていると思っている。

　あらゆるルールを守る人などいない。たとえ私みたいにルールにこだわる石頭でも。そんなのは無理だ。でも、本当にいい人になりたければ、自分があえてよくないことをしたときにどうすればいいのかを知っておく必要がある。

「道徳的疲労」これが、本書で学ぶ最も重要なことだ

これまでよいことをしてきたのだから、たまにはルールを破っても（あるいは、一般的な道徳観に反する選択をしても）かまわないと考えるのは理解できる。

何を隠そう、私自身もそうだから。ルールにこだわる堅物の私でさえも。

最近、私は自分が当座預金で利用している銀行についてよく知らないことに気づいた。気になって、創業者や現在のＣＥＯ、さまざまな取締役について少し調べてみた。

すると、衝撃的な事実が判明した。どいつもこいつも、とんでもない奴らだった（少なくとも私から見たら）。政治社会的に無慈悲で、下手したら極悪非道だ。虫唾《むしず》が走るような政治家や団体に何百万ドルも寄付をしている。

２０２１年１月６日に起きた国会議事堂襲撃事件の中心人物に資金を提供している者もいた。彼らは公の場で差別的な発言もしていた。感謝祭のディナーの席で自分の子どもたちが口にしたら、その場がきわめて気まずくなるようなことだ。

当座預金口座は別の銀行に移そう、と私は考えた。

ところが、しばらくして現実を理解しはじめた。

何よりも、多国籍銀行は**どこも**（私から見たら）とんでもない奴らばかりだった。ほかの銀行もざっと調べてみたところ、そうした連中は（「連中」で十分）基本的にどれも似たり寄ったりだったのだ。

私と同じく、選挙資金法改正の必要を感じているアメリカン・バンクのCEOなど、はたして存在するのか？

だが、銀行預金に代わる合理的な方法はない。いまはマットレスに穴を開けてお金を隠すような時代ではないのだ。それに、口座を移すのは**面倒**だ。小切手の振り出し、毎月の自動引き落とし、キャッシュカード……、それらをすべて整理して、別の口座に移すための手続きやら何やらをしなければならないのは、**あまりにも煩わしくてハードルが高すぎる**。考えただけで、うんざりだ。

だったら……、銀行口座はそのままにしておこうか？　私はおおむね善人だ。だから、これくらいは……、目をつぶるわけにはいかないだろうか？

ここで問題となっているのは、いわゆる「道徳的疲労」だ。[*2][*3] つねに正しいことをしようとするのは（かなり過激な哲学用語を使うので、我慢して付き合ってほしい）**クソウザい**。

私たちは毎日、たくさんの道徳的および倫理的決断を迫られる。どの商品を買おうか、使おうか。どの政治家候補を応援しようか。どうしたらシンプルな生活ができるか。

さまざまな選択肢のなかで、かならず他よりもよいものがある。

環境に「最もやさしい」歯磨き粉を買い、シャワーを浴びるときに湯を流すのは「理想的な」時間にとどめ、「最もエコ」な車を運転し、そもそも運転しないことが「よりよい」選択だ。食料品を買う際には「最も信頼できる」方法を選び、「最低の」ソーシャルメディア企業は利用せず、「最も非難に値する」スポーツチームのオーナーは支持せず、「最も労働者にやさしい」アパレル企業を支持する。高価なソーラーパネルを屋根に取りつけ、節水トイレを設置し、安い報酬でジャーナリストを酷使するマスメディアとは距離を置く。

こうしたことに余計にうんざりするのは（申し訳ないが、またしても高度に学問的な用語を使わせてもらうと）、私たちはただでさえ**クソ忙しい**からだ。

家族サービス、男女のいざこざ、学校の保護者会、友人に隠すべき、もしくは隠してはならない秘密、車の修理、トースターの修理、ドアの蝶番の修理（なぜ何もかもすぐに壊れるのか?）などなど……、やることは無限にある。

それも、すべてが**順調**に運んでいればの話だ。いつなんどき、もっと深刻な問題に直面するかわからない。病気、失業、家庭の危機、修理しなかったトースターが故障して火を噴いた……、**つねにたくさんのことが起こっている**。

そういった日常のくだらないことや、より深刻な問題のせいで、貧困や他の苦しみに喘《あえ》いでいる人は言うまでもなく、最も幸運な人々にとっても、生きるという仕事は信じられないほど難しくなる。

だから、善人を目指そうとしても、片づけなければならない雑用を片づけ、やっとその目標を達成しようと思うころには、内臓バッテリーは残り約5パーセントになっている(そういえば、それも片づけなければならない雑用だった。日ごろ使っている文字どおりすべてのデバイスのバッテリーが、つねに切れかかっている)。[*4]

そうしたストレスに追い打ちをかけるように、「正しい」ことをするのは、怠惰なこと、いい加減なことをするよりも難しく、不屈の精神を(そしてお金も)要する。

しかもとどめの一撃(いわばこの胸クソ悪いサンデーにトッピングする腐ったチェリー)は、「はじめに」で見たように、たとえ日々のストレス、深刻な問題、状況の三連山を登り切り、(5パーセントのバッテリー残存量で)より難しく、よりよいことをするのに全力を尽くしたとしても、**あえなく失敗する**ことが多い。

まさに精も根も尽き果てる。

だから……、たまには「正しい」ことを**しない**のは、自分へのささやかなプレゼントのようなものではないか。調べて、行動して、自分を変えて向上させるのに必要な時間と労力を節約できるのだから。言ってみれば、それまでのよい行いによって**手に入れた**贅沢だ。

誤った情報を拡散させると知っていながらも、Facebookを使いつづけるべきか？　たぶん使うべきではない。でも、家族とつながるのに便利だ。それについこのあいだ、友人が参加する過敏性腸症候群のための5㎞チャリティマラソン大会に100ドルを寄付したばかりだ。だから大目に見てほしい。私たちは善人なのだから。

それとは別に、**ルールがくだらない**という理由で破りたくなる状況もある。

2年前、私たちはとてもかわいらしい、けれども弱りきった迷い犬を引き取って、ヘンリーと名づけた。ヘンリーは体重10キロ弱の雑種犬で、生まれてから1年ほど過酷な環境にいたにもかかわらず、穏やかでやさしい性格だ。しばらく世話をして元気になると、近所に散歩に連れ出すようになった。

ところがリードをつけると、とんでもないことになる。大声で吠え、歯をむき出してうなり、ハーネスから逃れようとするのだ。まるで気が狂ったようだった。リードを外せば、かわいらしい子犬なのに、リードをつけると、映画『プレデター』のプレデターとなる。[*5]

そういうわけで、家族の誰かがヘンリーを散歩に連れていく際には選択を迫られる……。リードをつけるか、それともつけないべきか。つけないのは、この近隣のルールに反する。

「ルール命」の私は、いつでも「リードをつける」派だ。

とはいうものの、認めなければならない。ルールを守れば、私たちは不幸になる。ほかの人も皆、不幸になる。ヘンリーも不幸になる。子どもたちは怖がる。それでも……、ルールを破るべきではないのだろうか？

ルールを破るとしたら、2通りの状況が考えられる。

まず、びっくりハウスの歪んだ鏡に映ったような道徳的功績の場合……。よいことをして報われるべきだと思うのではなく、**これまでに積み重ねた善行**のおかげで、**悪い**ことをしても**かまわない**と感じる。こうした考えには論理的にも倫理的にも根拠はないが、心をそそられる。何度も言うが、人生は困難の連続で、時には道徳計算を休むことも必要だ。

もう1つは、そのルールがばかげている、間違っている、あるいは有害だと知っていて、当然無視すべきだと思う場合……。だが、いずれの理由でルールを却下したいと考えても、頭蓋骨を射貫くようなイマヌエル・カントの冷たく厳しい視線を感じるかもしれない。ルールはルールだ、と彼らしい淡々とした無表情なドイツ語で指摘する。[*6]

何かが間違っていれば、それは間違っている。皆が自分のルールを選び、それに従えば、世の中は無法状態となってしまう。カイネ・アウスレーデン（Keine Ausreden）[*7]！

道徳的な信号無視はありか、なしか？

けれども、ここでは頭蓋骨を射貫かれるのを覚悟でカントに異を唱え、「暑い日は横断禁止無視」ルールを紹介しよう。

通りの反対側にある店に行くために横断しなければならないとする。横断歩道は1ブロック先。気温は39℃で、ここまで乗ってきた自動車のエンジンルームは90℃を超えている。見たところ車も来ない……。よし、ここで渡ろう。厳密に言えば、これは犯罪だが、

たいした犯罪ではないし、十分に理解できる。それに、少しは苦痛から逃れられる。

カントは見逃してくれるだろうか？　だめだ。定言命法、普遍的法則……。おいおい、いいかげんにしてくれ、カント。**外はめちゃくちゃ暑い**し、ちょっと薬局で処方薬を受け取るだけだ。ほんの2秒ですむ。見てくれ、この滝のような汗を。僕たちは完璧じゃない。訴えるなら訴えろ。疲労困憊《こんぱい》しているときは、自分のしようとしている行為が「悪い」という認識のない（または、なんとなく「悪い」気がする）程度であれば、個人的には、これくらいのささいなルールは破っても大丈夫だと考えている。

自分勝手だと思われるかもしれない。あるいは、（適切な状況下での）道徳的横断禁止無視について議論することで、私のジキル＆ハイド犬をリードなしで散歩させたり、口座を別の銀行に移す（繰り返すが、**こんなに面倒なことはない**）のをやめることに対して、もっともらしい言い訳を考えたいだけだと思われるかもしれない。

でも、けっして自分勝手ではない。まず、スーザン・ウルフの「道徳的聖者」や、ルールにこだわりすぎて周囲に迷惑をかけた男（私）のエピソードから学んだように、**あらゆるシナリオ**で、**つねに**、**すべての**ルールを守るのは、かならずしもいいことではない。

実際、政治学者のジェームズ・C・スコットは、たまにルールを破るのは道徳的に必要なことだと主張している。

いつか、正義や合理性の名において、大きな法律を破ることが求められるだろう。それによってすべてが決まる……。その大きな意味を持つ日のために、どう備えるつもりなのか？　いつ重要な日が来てもいいように、「体型を維持」しなければならない。必要なのは「無政府主義の自重トレーニング」だ。毎日、意味のない些末《さまつ》な法を破る。交通規則を無視して道路を横断するといった程度でもかまわない。その法が公正かどうか、妥当かどうか、自分の頭で判断する。そうすればスリムな体型を保ち、重要な日が来ても慌てずにすむだろう。

スコットの考えでは、そうしたささいな違反によって倫理的筋肉が鍛えられ、より重要な道徳エクササイズに備えることができる。だが、なかにはほとんど意味がなく、役にも立たないルールもあるのではないか。「すべての犬にリードをつけなければならない」や「歩行者は横断歩道のないところを渡ることはできない」などがそうだ。

さらに、この社会での暮らしがひどく疲れることを考えれば、善人になるためには、「道徳的疲労」のせいで理性を失わないように、ちょっとした休憩をとってもかまわないのではないか（むしろ必要だと思う）。

ただし、その場合のルール違反は、次の2つの条件を前提とする。

その1　違反するルールが他者にとって明らかに有害ではない

たとえば、あなたが動物好きだとする。アメリカ動物虐待防止協会に寄付をして、道に迷い出たカメを助けるために車を停めたこともある（そう、前述の例はあなたのことだった。動物が大好きな証拠）。ペットはブリーダーから買うのではなく、保護施設から引き取るべきだとも考えている。

そんなある日、友人から相談を受けた。ブリーダーからイエローラブの子犬を買ってウォルナットと名づけたが、引っ越すことになり、飼えなくなってしまったという。

ウォルナットを引き取るのは、保護施設からの譲渡を支持するあなたのルールに反することになる。でも、もう1人の自分が訴えかける。ウォルナットの耳を見てみろ、あんなに垂れていてかわいいのに！　だから今回は大目に見て、ウォルナットを引き取るんだ！

横断禁止の道路を渡っても、善人になる計画そのものが中止になるわけではない。ウォルナットを家に連れ帰っても、長年にわたって保護施設を支援してきた活動が水の泡になるわけではない。

ただし、あなたの違反するルールが、「事故現場から逃げてはいけない」とか「偽りの大義名分に基づいて中東で戦争を始めてはならない」というようなものだったら、「善行」銀行の口座には、あなたの行為を正当化するだけの残高はない。

その2　自分の行為が理想的ではないと認めることが必要

そのちょっとした悪い行いから生じる小さな害は、何もしていないふりをすることで大きくなる。自分自身に対する考え方が変わり、いずれは自分という人間まで変わってしまうからだ。

公共政策で「オヴァートンの窓」という概念がある。考案者のジョセフ・オヴァートン＝ウィンドウ[*8]に因んで名づけられたもので、そのときどきに世間に受け入れられる政治的思想の範囲を示すのに用いられる。

たとえば同性婚など、最初はきわめて可能性が低い、あるいは想像もできない考えでも、時代とともに文化にさまざまな要因が生まれ（ＬＧＢＴＱ＋の積極的な受け入れ、人気テレビ番組でのゲイの活躍など）、だんだんと窓が移動して、同性婚が政治的に可能となる。

文化基準が発展するにつれ（若い政治家が台頭し、支持者が効果的な活動に従事して、人々が周りに少なくとも１人はＬＧＢＴＱ＋に当てはまる人がいると気づく）、オヴァートンの窓は移動し、ついには窓が示す受け入れ可能な範囲に、実際に国法で認められはじめた同性婚が含まれるようになる。

かつては考えられなかったことが可能となり、最終的に現実となるのだ。

ただし、ささいな違反については潜在的な問題がある。オヴァートンの窓は、自分にとって容認できる行為も含めて、あらゆる範囲を枠に収めることが可能だ。横断禁止の道路を渡るのは悪いことだとわかっていながら、渡ってしまう……。そして「ときどき規則を無視して横断する人」となる。

それ自体はたいしたことではない。だが、いったんそうなると、「**いつも**規則を無視して横断する人」になるのは時間の問題だ。やがて、ある日ゴミ箱が見つからないと、「ガムの紙を道端に捨てても、道路を横断することに比べたら**そんなに**悪いことじゃない」と考え、そうしてしまう……。

そしてすぐになんでもかんでもポイ捨てするようになり、ポイ捨てに抵抗がなくなると、今度は違法駐車を始め、次第に請負業者に支払いをしないことも窓の枠に収まり、そこまでくれば脱税は目と鼻の先だ。あとは横領、浮気、インドから絶滅危惧種のサイを密輸、国際テロ組織に非合法の武器を売るまでまっしぐら。

本当にそんなことになるのか？　まさか。あくまでばかげた仮定にすぎない。1980年代の公共広告で、「1本の煙草がヘロイン中毒まで一直線」と警察官が子どもたちに警告していたみたいに。

とはいっても、見逃せない点もある。多くの場合、オヴァートンの窓は徐々に移動して、私たちは新たな枠にすぐに慣れる。[*9]だから、悪いとわかっていることを、ただやりたいからという理由で認めてしまうのは危険だ。

実際、善意に基づいて分別のある行動をとる人でも、よくない衝動に屈することが多くなれば、「闇市場の武器の密売人になる」ほどではなくても、好ましくない結果が待ち受けている可能性が高い。それは**利己的**になることだ。

やりたいことをやりたいときにする「権利」が何よりも重要だと思いこみ、道徳観は**自身の**幸福や苦痛だけが対象となる……。

それではアイン・ランドになってしまう。

ひどい作家、さらにひどい哲学者

アイン・ランド（1905〜1982）は作家、哲学者で、生涯に数多くの著作を残した。「合理的エゴイズム」または「合理的利己主義」と呼ばれる19世紀の思想を提唱し、道徳的および社会的進歩への真の道には、自身の幸福のみを求める人々が必要だと主張した。

みずからの考えを「客観主義」と名づけたが、これは基本的に功利主義の正反対に位置する。**全員**のために幸福を最大化し、苦痛を最小化するのではなく、これを**自分自身**のためだけに行う。あるいは、ランドは著書『肩をすくめるアトラス』のあとがきで次のように書いている。

> 突き詰めると、私の哲学は、みずからの幸福を人生の道徳的目的とし、生産的達成を最も高潔な活動とし、理性を唯一絶対不変のものとする英雄的存在として人間を捉えている。[2]

驚くべき哲学だ。しかも、いい意味ではなく。みずからの幸福が人生の道徳的目的だとしたら、とりわけ**他人の**幸福を含む、他のすべてのことを犠牲にして最大化しなければならない。

アイン・ランドの世界では、ＥＳＰＮの変圧器の裏側から出られなくなったスティーヴが１０００人いて、テレビでワールドカップを観戦しているのは私**ひとり**だが、**それでも**スティーヴたちを電気椅子の刑に処す。なぜなら**私**は幸せで、**彼ら**は私の幸福の障害物になりかねないから。どう考えても狂っている。

私がよく引用する文章があるが、そのなかで彼女は大胆にも「親切であること」に異を唱えている。

> 利他主義を親切、善意、他者の権利に対する敬意と混同してはならない……。
> 利他主義で譲れない最優先事項、基本的な絶対基準は**自己犠牲**、すなわち自滅、自己抑制、自己否定、自己破壊であり、**自己**が悪の基準で、**無私無欲**が善の基準

となる。物乞いに10セント硬貨を与えるべきか否かといった表面的なことを盾にとってはいけない。それは問題ではない。問題は、物乞いに10セント硬貨を**与えずに**存在する権利が**ある**か**ない**かだ。物乞いがあなたに近づこうとするたびに、10セントずつ、自分の人生を買いつづけなければならないのかどうか。（中略）自尊心のある者は「ノー」と答え、利他主義者は「イエス」と答える。[3]

あるいは、別の言い方をすると「みんなクソくらえ」になる。

極端な身勝手さと、自分以外の全員に対する完全な軽蔑を主張していた女性が、なぜ世界の舞台から退場させられなかったのか。正直なところ、私は落胆を隠せない。

こんにちでもランドには多くの信奉者がおり、とりわけリバタリアンを名乗る者たちのあいだで人気が高い（アメリカ連邦議会にもランド支持者は少なくない。元下院議長ポール・ライアンは、全スタッフにランドの著書を読むよう命じたという[4]。その長さと難解さを考えれば、ジュネーヴ諸条約に違反していた恐れがある）。

おそらく、ある程度は驚くべきことではないのだろう。ランドは基本的に読者に対して、道徳的に純粋でいるために必要なのは、自身の利益を貪欲に守ることだけだと訴えている。ピーカンパイを食べて、チェリー味のマウンテンデューを飲めば痩せるなどと書かれたダイエット本は、ほとんど売れないはずだ。

権力を手に入れて維持することに関心のある読者にとって、彼女の理論の魅力とは、実際の才能ではなく、その揺るぎない立場を説明することにあるにちがいない。ランドの小説ははてしなく長く、手術前の麻酔薬の倍は効き目がありそうな仰々しい文体で書かれている。ある有名な学者に言わせると、「アイン・ランドの問題は2つだけ。考えられないことと、書けないことだ[*10]」。

これまで取り上げてきた道徳論と同じく、大ざっぱに見ると、客観主義は燃え上がる歴史のゴミ箱にまっすぐ向かっているようにしか思えない。功利主義の正反対で……、まったく役に立たないのだ。

イマヌエル・カントが1172ページにも及ぶ『肩をすくめるアトラス[*11]』と格闘し、無限の身勝手さが確かな普遍的法則であると宣言するとは思えない。T・M・スキャンロンはかなり冷静で思慮深い人物に見えるが、彼がアイン・ランドを読んで、こぶしで壁に穴を開けるのを想像するのは難しくない。そして中庸を求めるアリストテレス派は、まさしく中庸の概念を湖に飛びこませるような考えに腹を立てるだろう。

それにもかかわらず、私たちの生きている世界では、どういうわけか「できるかぎり身勝手になれ!」が道徳論の主流となり、何でも好きなことをできる、他人の人生の価値は無視しろ、周囲の人間は自分の目的を果たすための手段として扱え、**自分は誰にもなんの借りもない**と信じろ[*12]と私たちをたきつける。

そして、ちょっとした道徳的違反なら害はなくても、アイン・ランドのばかげた「合理的な身勝手さ」がもっともらしく思える世界のほうへオヴァートンの窓を少しずつ移動させている。

けれども解決するのは簡単だ。定期的な「確認」を行えばいい。横断禁止を無視する際に、**自分がそうしている**ことに気づくだけでいいのだ。「善行」銀行の口座から預金を引き出すことにはなるが、忘れないようにパーティションの壁に取引明細書を貼っておこう。

フリーライダー問題
——ささいなケースについて考える

比較的重要ではない場合に行う道徳計算の長期にわたる影響について考えると、もう1つの有名な哲学の思考実験を思い出す。その名も「フリーライダー問題」だ。

乗客で満員のトロッコ列車[*13]を思い浮かべてほしい。ベビーカーに赤ん坊を乗せた両親、自転車を持ちこんだサイクリング愛好家、たくさんの買い物袋を抱えた老夫婦……、まるでラッシュアワーのように人いきれで息苦しい。それぞれ正規の乗車賃を支払い、その日は奇跡的に料金を支払った乗客の数がちょうどトロッコ列車の定員と同じだった（思考実験だとしても、少し都合がよすぎる）。

列車が動き出したとき、デボラという名の女性が走ってきて飛び乗った。彼女は外側の手すりにしがみついて、ちゃっかり無賃乗車をした。たしかに料金は支払っていないが、かといって料金を支払った乗客のようにスペースを占有してもいない。彼女のしていることは悪いのか?

もちろん悪い、と私たちは本能的に思うだろう。厳格なカント哲学者は即座に指さし、飛び跳ねながらドイツ語で責め立てるだろう。[*14]

デボラは明らかに定言命法に背いているのだから、彼女の行為が普遍的法則になるよう決定することはできない。全員が同じことをすれば（トロッコ列車が満員になるのを待ってから、隙をうかがって無賃乗車をする）鉄道システムが破綻するだろう。誰もが料金を支払わず、無賃乗車をしようとするからだ。

カントの視点から考えれば、「間違ったこと」であるのは明らかだ。とはいうものの、カントの視点から考えれば、たいていのことは間違っている。人間は間違っているというのが、カントの思いこみだった。

けれども……、実際問題、トロッコの乗客は誰ひとり不便を感じていない。デボラがただ乗りを**していなくても**、全員が普段どおりの時間で目的地に着く。つまり功利主義の視点では、ある意味でよい結果が出たということになる。

デボラの不正行為によって、世界の幸福の総量が増え（より多くの人が目的地に着く）、苦痛が追加されることもない。もちろん、料金を払っている乗客からデボラに向けられる怒りの目を考えれば、再計算せざるをえないだろう。全員の怒りは、まんまとただ乗りに成功したデボラの喜びを上回るかもしれない。

そこで、今度はデボラが**彼らから見えない**場面を想像してほしい。彼女は電光石火の早業でトロッコをよじ登り、誰にも見られずに屋根にへばりついている（デボラは忍者だったということにしておこう）。

この場合、問題は次のようになる。

忍者デボラのささいなルール違反を誰も目撃していなければ、そして不便を感じる者もいなければ、忍者が無賃乗車できるのに、ほかは皆、料金を払わなければならない世界に暮らしていることに怒りを覚える者もいない。さて、この行為についてどう考えるか？

よい？　悪い？

オリジナル版をいろいろ変えて、その意味を永遠に考えつづけることもできる。トロッコ問題と同じく、フリーライダー問題にも無数のバージョンが存在し、より実生活に即した状況もある。[5]

周りを見わたせば、当てはまる場面も多いだろう。ワクチンを接種せずに、身の安全を**接種した**人にゆだねる、税金をごまかしながらも公共サービスを利用する、干ばつに悩まされる都市で芝に水をやりすぎる、投票に行かないにもかかわらず政府に文句を言う……。

どれもフリーライダー問題のバリエーションだ。けれどもここでは、オヴァートンの窓が、私たちの最も身勝手な本能であるアイン・ランドの悪夢のほうへ移動しないように、外側からではなく、内側からアプローチしてみよう。

デボラ本人に、自分のしたことをどう思うか尋ねるのだ。パルクール（訳注：道具を使わず、身体能力を駆使し、壁を上ったり飛び越えたり飛び降りたりしながら、すばやく移動する運動・スポーツ）の能力と忍びの術のおかげで、彼女の行為に誰ひとり気づきもしない。だから、デボラの無賃乗車についてじっくり考えられるのは、デボラ本人しかいない。**彼女**は何とも思わないのか？　デボラ自身の罪悪感、もしくは罪悪感の欠如について考えてみれば、道徳銀行の口座から預金を引き出すことについて、自分がどう感じるのかを突き止めることができるかもしれない。

デボラ自身の行為に対する感情は、おそらく彼女の固有の問題によるところが大きい。私たちにはわからない事情があるのかもしれない。

キセル忍者のデボラは、老人に襲いかかる強盗グループを撃退したばかりで、それから病気の父親にスープを届けるためにダウンタウンまで行かなければならなかったが、忍者の服装にはトロッコの乗車賃を入れるポケットがなく、「たったいま私は超いいことをしたばかりで、ここでは誰も傷つけていないから、ちょっとタダで乗せてもらおう」と考えた。

この場合、おそらく彼女はそれが**理想的**な行為ではないとわかっていながら目をつぶった。将来、同じような状況になったときには、ほかの乗客と同様に料金を支払うだろう。彼女自身の道徳の幅を表すオヴァートンの窓は、仮に動くとしても、ごくわずかにちがいない。

あるいは、デボラがよい忍者ではなく悪い忍者だった場合……。忍者の反射神経を利用して、子どもたちからロリポップを奪い取ったりしながらぶらぶらしている。と、そのとき、タダ乗りできるチャンスを見て、（文字どおり）飛びついた。その場合、デボラはさらに悪いほうへ向かうかもしれない。

彼女のオヴァートンの窓は移動した可能性がある。それまでは、最悪の行為はキャンディーを奪う程度のささいな罪だったが、いまや列車の乗車賃を支払わなくても良心の呵《か》責《しゃく》を感じない人間になった。その罪悪感の欠如のせいで、彼女は「身勝手町」まで行ってしまうかもしれない。

繰り返すが、本書の目的の1つは失敗を受け入れられる人間になることだ。なぜなら、繰り返すが、道徳について考え、善人になろうとするうえで、失敗は避けられないからだ。

完璧な生活や道徳的聖者、あるいはそれに近いものを目指せと言っているのではない。そんなことは（a）不可能で、（b）そもそもよい目標だとも思わない。

そうではなくて、失敗をしたときに、それが大きな失敗でも小さな失敗でも、いったん立ち止まって自分自身で失敗を認め、次に判断を迫られたら、そのときの感覚を思い出すことが大事なのだ。だからこそ、横断禁止の道路を渡る、トロッコに無賃乗車をするといったささいなケースについて考えることが役に立つ。

デボラの行為は、私たちが考える以上に正当化できるかもしれないし、逆にまったく認められないかもしれない。他の乗客に気づかれるかもしれないし、まったく見られないかもしれない。だが、いずれにしても、デボラの心の声がその行為を習慣としないよう呼びかけるか、少なくとも、最近はそうした行為が多いからやめるよう警告することを願うしかない。

小さな犠牲と、大きな報い

ルールを破っても害がない場合と、オヴァートンの窓が移動してしまう場合を区別することは、かならずしも簡単ではない。テレビドラマや映画では、ちょっとした判断ミスを犯し、最初のミスを取り返そうとして、さらにミスを重ね、しまいには救いようのない状態になる人物が描かれることも多い。

ドラマ『ブレイキング・バッド』の天才科学者ウォルター・ホワイトのように、覚醒剤の製造を始め、気づいたときにはニューメキシコの麻薬王になっていたなどというケースはまれだとしても。

だが、罪悪感が自分を取り締まる方法だとしたら、その罪悪感を認め、良心の呵責に耳をかたむける必要がある。けれども実際には、これが個々の誘導システムを利用する際に最も大きな障害の1つとなっている。ちょっとした悪い行いを思い出せるように、道徳預金の取引明細書を壁に貼っている人は、ほとんどいないのが現状だ。

新型コロナの「マスク問題」についても同じことが言える。世間と足並みをそろえるのを拒否した人（この新たなルールに従う必要はない、あるいは従いたくないと判断した人）は、店のオーナーや職場の同僚から、周りが皆マスクをつけているのだから、「無賃乗車」をしてマスクをしないのはよくないと指摘されると、**烈火のごとく怒って**言い返す。

「よくもそんなことを。ここは自由の国、アメリカだぞ！　何をしようと俺の勝手だ。憲法で顔の自由が保障されている。俺とジョージ・ワシントンとハクトウワシを踏みつけるな！」[*15]

こうした態度のせいもあって（だが、主犯格はそれを助長した臆病なメディアや政治家だ）、私たちはウイルスが全国で猛威を振るうのを為すすべもなく見守るしかなかった。

さらにひどいのは、**当局**がマスクの着用を義務づけないと判断した州だった。似たようなイデオロギー的理由か、もしくはそのイデオロギーを掲げる人々の怒りを恐れていたからなのか、その両方か、その両方プラス無知と愚かさかはわからない。

マスクに抵抗する人々のあいだに広まる罪悪感の欠如は、私には腹を殴られたような衝撃だった。というのも、マスクの着用は、個人の犠牲が「横断禁止の道路を渡るな」とほとんど同レベルの微々たる要請だからだ。

前述の「暑い日に横断禁止の道路を渡る」シナリオを思い出してほしい。気温は39℃で、横断歩道は1ブロック先。だからその場でぱっと渡ろうとする。すると、誰かに声をかけられる。

「ちょっと待って。面倒なのはわかるけど、みんながここで渡らずに、向こうまで歩いて横断歩道を渡れば、1万人が交通事故で亡くなるのを防ぐことができるんだ」

その判断を下すのがどんなに簡単か、考えてみよう。たしかに少々暑くて、おまけに不便だ……。でも1万人？　これほど単純な計算はない。

にもかかわらず、あまりにも多くの人が、アイン・ランド的な自由な身勝手さの権利が他の全員の幸福と安全の総量を上回ると考えているせいで、私はこの本を書きながら、全国の感染者数が爆発的に増える現実を目の当たりにしている。

私がスキャンロンの『What We Owe to Each Other（我々がお互いにすべきこと）』に大いに共感するのは、それが理由の1つだ。タイトルそのものが私たちを一定の方向に導いてくれる。

彼はあえて『我々はお互いに何かをすべきか？』とはしなかった。私たちには確実にお互いにすべきことがあり、それを見つけることが目標だという前提に立っているからだ。

ストレスと苦痛、不平等と不正、倫理的緊張と道徳的疲労で国に亀裂が入っているときには、よりよい人になることに失敗しても自分を責めるべきではない。

ただし、1つだけ忘れてはならないことがある。それは、**私たちにはお互いにすべきことがある**という真実だ。小さなことかもしれない。簡単なことかもしれない。けれども、**たしかに**ある。それはとても大切で、無視することはできないものだ。

最後にもう1つだけ付け加えておく。本書の草稿を書き終えて編集者に送ってから、気になりはじめたことがあった。自分のお金を安心して預けておける銀行を見つけるのは、実際問題、どれだけ大変なのか？

どの銀行のCEOも、とんでもない人物だと書いたものの、調べたのはせいぜい五大メガバンクで、しかも電話による調査だったことに気づいた。そこでいろいろと探りを入れ、それまで利用していたところよりも（私の考えでは）よい銀行をいくつか発見した。化石燃料には投資せず、慈善活動を積極的に支援し、従業員に対する倫理規定がある……。

「なんてことだ。すぐに口座を移そう」

そこで、さっそく実行した。どんなに大変か、どんなに面倒か、さんざん不平不満をこぼしたが、実際のところ……、**思ったとおり面倒だった**。いや、それ以上かもしれない。

書類の記入、わかりにくい電話、間違った支店コード、新たなキャッシュカード、その他もろもろ。すべての手続きを終えて利用しはじめるまでに、何カ月もかかった。無事に終わってほっとしているのは確かだが、その過程で何度も苛立ちを覚えたことを隠すつもりはない。

おかげで2つのことを学んだ。

その1　よりよい選択をする作業は往々にして面倒である

とにかく、そのことを認めなければならない。

その2　とはいっても、その作業はかならず終わる

本気で取り組み、そのための時間とエネルギーをかき集めることができれば。

道徳的な生活において、失敗を受け入れることの大切さについて触れたが、もう少し細かく、よい失敗と悪い失敗の違いを見てみよう。

よい失敗とは、よいことをしようとした結果であり、計算を間違えたか、単に判断を誤ったかのどちらかだ。百パーセント保証され、百パーセント許容できる失敗であるだけでなく、そこに至るまでに徳を求めることで、自分の行為から学びを得て、将来成功する

可能性が高くなる。

私が銀行を変えることをためらっていたのは、無気力、あるいは「道徳的怠惰」も原因だった。自分のしていることよりも少しばかりよいことをしなかったのは、それが大変で面倒だったからだ。この章では、完璧など不可能で、たまには道徳的な義務から自分を解放し、(文字どおり、あるいは比喩的に)横断禁止の道路を渡ってもかまわないということを説明した。1日を乗り越えるためにも、自分を許すことは必要だ。

だが、正直に打ち明けると、当座預金口座については少し前にあきらめた(そもそも当座預金口座、その口座のある銀行の長所と短所について考える時間とエネルギー、そして変更するための手腕を持っているだけで幸運だ。詳しくは後述するが、私のような立場の人間には、物ごとを正しく行うために、もう少し努力する義務がある)。

たとえ銀行を変えなかったとしても、自分が「悪い」人間だとは思わない。けれども変えたことによって、わずかに気分がよくなった。私を引き留めていたのは、何よりも怠惰だった。

これで私たちは道徳の旅の3分の2を終えた。それは耳寄りな話だ。

ただし、これからいよいよやっかいな問題に突入する。日ごろ私たちを悩ませ、不安や苦悩をもたらし、しばしば親友や家族と激しい口論を引き起こすような難問と格闘しながらも、どうにかして道徳哲学を日常生活に応用していこう。

とはいっても、あくまで**楽しく**！

*1 このばかげた例は、実際の企業の財務会計よりもほんのわずかイカレているにすぎない。何しろ企業財務というのは、我々の文化において最も倫理からかけ離れているからだ。たとえば、「時価会計」と呼ばれるシステムを取り入れている企業がある。そうすると、株価を吊り上げるために、将来所得や資産評価を暫定値ではなく確定値として算出することが可能になる。その仕組みを知りたければ、インターネットで〈エンロン〉を検索してみるといい。

*2 「いわゆる」というのは、この言葉の命名者になりたいと願っているからだ。偉大な哲学者は皆、カッコいい響きの言葉の生みの親だ。カントの「定言命法」、アリストテレスの「中庸」など……。私の考案した、カッコよくて簡潔な哲学のアイデアで世の中に出せるのはこれしかない。だから応援をよろしく頼む。

*3 ところが、トッドがすかさず「共感疲労」なる言葉がすでに存在すると指摘した。アメリカ心理学協会によると、「心理学者などが、極度のストレスや心的外傷を経験した患者の苦しみを受け止める際に起こり」「うつ状態や強い不安を引き起こす恐れがある」ものだそうだ。私は「トッド、詳しく説明してくれ」と言うしかなかった。

*4 最近、午前3時に煙探知機の「ローバッテリー」の警告ビープ音に起こされ、私は無言で探知機を壁から引き剥がして、ゴミ箱に放りこんだ。その判断のせいで、いつか自宅が全焼することになろうと、正しい行為だったと思うだろう。

*5 読者のなかには、「ああ、〝リード・アグレッション〟だな（リードに繋がれて行動が制限されたときに感じる恐怖によって現れる攻撃行動）。**これ**を試すべきだ」とか、「**あの**方法でヘンリーを躾けられる女性を知っている」などと思っている方もいるだろうが、遠慮しておく。私たちはあらゆることを試した。トレーナー、セラピー、ペット霊媒師（誤植ではない）……。だが、どれも効果はなかった。かわいそうだが、ヘンリーは見込みがない。また、娘のアイヴィが、私が本書でヘンリーのことだけにしか触れず、もう1匹のルイーザについては何も書いていないことに気づき、不公平だと言うので、ルイーザの存在を公表するために、この注釈欄を利用している。

*6 彼の口調がどんなふうだったかは知らないが、きっと淡々として無表情だったにちがいない。

*7 Google翻訳によれば「言い訳無用」を意味する。きっとカントの墓碑に刻まれているにちがいない。

*8 冗談だ。本当はジョセフ・オヴァートン。

*9 『ジ・オフィス』を書いていたときに、制作総指揮者（かつ私のメンター）のグレッグ・ダニエルズから、マイケル・ス

コットがあまりにも漫画っぽくバカに見えるジョークはやめたほうがいいと忠告を受けた。彼は自分が脚本を書いた『ザ・シンプソンズ』を引き合いに出して説明してくれた。番組の初期のころに、スタッフがホーマーを余計にバカに見せる「バカな男」のジョークを書き、悩んだ挙句に、あるエピソードに挿入することにした。その後、さらにおバカなジョークを考え、いわく、「先週、あんなバカなことを言ったんだから、これだって**そんなに**変わらないはずだ」。それから数シーズンのうちに、ホーマーはただのマヌケな父親から、2台の自動販売機に同時に両腕を突っこむほど頭の悪い男になった。いまでは、コミックにもなった本作は（おかげで漫画っぽいキャラクターが余計に受け入れられるようになった）ホーマーの「石頭」ぶりがコメディに大いに貢献しているが、グレッグが言いたかったのは、テレビ番組の登場人物の性格特徴に対するオヴァートンの窓といった取るに足りないものでも、注意して見ていないと、手に負えない状況に陥ってしまうということだ。

＊10　トッドの発言。

＊11　彼女の考えを理解すべく、最初の220ページほどを読んだが挫折した。カントの風に関する論文を読んだほうがいい。

＊12　自称「個人主義および自由な資本主義の女王」のランドだが、人生の最後に、メディケア（高齢者向け医療保険制度）と社会保障の給付金を申請して受け取っていたことを指摘しなければならない。[6]

＊13　表向きは、ブレーキが故障して作業員を轢き殺したトロッコとは別の列車。

＊14　トッドの意見では、叫ぶよりも「つぶやく」のほうがふさわしい。なぜなら「彼らは怒っているのではなく、失望した」から。ドイツの義務論者が「叫ぶ」のと「つぶやく」のと、どちらを想像するのが楽しいかは、読者への宿題とする（こうした「読者への宿題」は、ためておくことができる）。

＊15　ほとんどパロディだ。彼らの主張は、この星条旗を振りかざした無意味な言葉の羅列より理路整然としていることはめったになかった。

PART 3

解決すべき問題 上級

茨の道を突き進み、いよいよ旅を終えて、
文句なしに道徳的で開花した、
義務論的に純粋な幸福の達人になる。

罵詈《ばり》雑言も飛び出すが、
それにはもっともな理由がある!?

第9章

善意の行き着く先に、ゴールはあるのか？

新しいiPhoneを買ったの？
カッコいいね。
ところで南アジアで何百万もの人が
飢えているって知ってた？

2018年10月、私の大好きなボストン・レッドソックスがロサンゼルス・ドジャースを4勝1敗で下し、ワールドシリーズを制した。私は親友のネイトとデーヴ、それに息子のウィリアムと一緒に、ロサンゼルスで優勝決定戦を観戦した。それまでは、感情的な満足という点では、スポーツから得られるものはたかが知れていると思っていた。

ところが、彼らが優勝を決めたあの瞬間は、まるで宙に浮かんでいるがごとく、純粋ですばらしい魔法のようなひとときだった。デーヴは思わずウィリアムを高々と持ち上げた。

私たちは抱き合い、叫んだり笑ったりしながら浮かれ騒いだ。これはグラウンドに駆け寄った直後のウィリアムの写真だ。この顔を見てくれ。喜びいっぱいの表情だ。

12月になると、私はウィリアムにこの出来事を記念するクリスマスのプレゼントを買いたいと考え、レッドソックスで大活躍した選手4人のサイン入りバットを見つけた。

10歳の子どものクリスマスプレゼントにしては、かなり高価だった。何と800ドル。2005年型サーブの新しいバンパーとほぼ同額だ。[*1] けれども、携帯電話の写真をスクロールして、**あの喜びいっぱいの顔を見る**。そして、決めた。

そうだ、これは一生忘れられない思い出だった。だから買った。そして一瞬、**ひどく嫌な気分**になった。すべては哲学のせいだ。とりわけ、ある1人の哲学者の。

写真 © Michael Schur's personal collection

私たちが日々迫られる山ほどの判断は、道徳的疲労（世間で話題になっている最新の哲学用語）だけでなく、道徳的機会費用の強制的な計算を伴う。

「機会費用」というのは経済用語で、資源を利用することで失ったものを示す。調査や開発に多くの費用を投じる企業の機会費用は、従業員の数を増やせないこと。広告に多くの費用を投じた場合の機会費用は、必需品を購入する資金が限られること。となると、道徳的機会費用とは、ある行為を選択することで失う善を指す。

ここで登場するのが、因習を打破するオーストリアの功利主義者で、2018年に多くの批判を巻き起こしたピーター・シンガーだ。

2006年12月、シンガー（1946〜）はニューヨーク・タイムズ・マガジンで『億万長者が与えるべきもの――あなたは何を与えるべきか？』という題の論文を発表した。当時、ビル・ゲイツは自身の慈善団体に約300億ドルを寄付し、（自動的に）歴史上最も偉大な慈善家の1人となった。シンガーは、サハラ以南のアフリカの貧困地域を破壊するマラリアなどの病気の撲滅に貢献したとして、ゲイツを称賛したが、次のようにも書いている。

――――
ゲイツは300億ドル近くを提供したかもしれないが、資産総額530億ドルで、依然として『フォーブス』誌の長者番付リスト第1位のままだ。シアトルの
――――

湖畔にそびえる最新技術を駆使した6000平方メートルの豪邸は、1億ドル以上の資産価値があるという……。彼の財産目録には、1994年に3080万ドルで落札したレオナルド・ダ・ヴィンチ唯一の手書き文書「レスター手稿」が含まれている。はたしてビル・ゲイツの寄付は十分だったのか？　さらに言えば、疑問に思う人もいるかもしれない。本当にすべての命が平等だと信じているのであれば、それほどの高級住宅に暮らし、ダ・ヴィンチの手稿を所有しているのはどういうつもりなのか？　もっと質素な生活をして節約し、そのお金をすでに寄付した金額に加えることで救える命は、もうないのだろうか？[1]

シンガーはゲイツに対する考え方を変えるよう求めている。300億ドルを寄付した人物ではなく、**まだ530億ドルを所有**[*2]しながら、その財産は**まったく**寄付していない人物であると。530億ドルも持っているのに、そのうちの1ドルも手放さない人物をどう思うか？「ケチくさい男だ」というのが第一印象で、その後もほとんど変わることはないだろう。だが、それはゲイツにとってフェアなのか？

実際には300億ドルも**寄付した**というのに。[*3]

第5章で徳の上限について取り上げ、どんな道徳の考え方にも当てはまる許容限度のようなものが必要だという結論に達した。私たちは（当然ながら）「幸福ポンプ」になることには気が進まないが、シンガーは容赦しない。誰かの役に立つために（いまやっていることよりも）もっとできることがないかどうかを**つねに**考えるよう要求しているのだ。

そこで、新たな疑問が生じる。ごくありふれた日常の判断において、道徳的機会費用を無視できるとしたら、それはどんなときなのか？

ローファー1足と人間の命——ピーター・シンガーの物語

人間の食物連鎖の頂点は、基本的に宇宙人だ。彼らの生活は私たちには想像もつかない（きわめて報酬の高いテレビのコメディ脚本家としての発言）。

電気通信長者のジョン・マローンはアメリカに89万ヘクタール以上の土地を所有している。[2] これはデラウェア州とニューヨーク市全体とヒューストンを合わせた面積よりも広い。オラクル・コーポレーションを設立したラリー・エリソンは日常生活に飽き飽きして、数年前にハワイのラナイ島を丸ごと購入した。

「途方もない金持ち」の正規分布の最も端に位置する人々は、皆さんや私と同じ惑星の住人ではない。だから、ごくたまに、ジェームズ・ボンドの超悪玉が住む火山の基地のような場所から現れて、現実の世界の人々と交流すると、彼らの行動は注目の的となる。

2019年にオーストラリアで壊滅的な森林火災が発生した際には、世界一の富豪、アマゾンのCEOジェフ・ベゾスが、会社から100万オーストラリアドル（69万ドル）を支援金として寄付すると発表した。[3] これによってベゾスは集中砲火を浴びた。その前年の**1年間**に彼が5分間で稼いだ額より少ないと指摘されたのだ。[4] そして予想どおり、ベゾスが近年、どんなことにお金を使っているのかが暴かれはじめた。たとえば、テキサスの山をくり抜いて、1万年後まで時を刻みつづける巨大時計を建設するために、4200万ドルを出資している。[5] 風変りで斬新なスーパークロックに4200万ドルも出すのに……、1つの大陸を救うためには69万ドル？

そのわずか1カ月後、ベゾスは気候変動対策基金として今後10年間で**100億ドル**を寄付すると発表した。[6] 槍玉に挙げられたことと、とつぜん大規模な利他的行為に関心を示したことが無関係だと思うほうが難しい（やはり恥は役に立つ）。

最も活躍できる人に、実際に活躍してもらうよう求めるのは、人間として当然のことだ。だが、「活躍」とは具体的に何を指すのか？ 彼らは与えられた状況にどれだけ関わり、私たちはどのタイミングで彼らが義務を果たしたと思うのだろうか。

ビル・ゲイツの寄付に対するシンガーの非難にショックを受けて、私は彼がほかに書いたものを読んでみた。道徳的に不十分だと感じることに関心があれば、皆さんにもピーター・シンガーの著書をたくさん読んでほしい。彼の百パーセント純粋で混ぜ物のない功利主義は、ともすればきわめて奇妙な方向へ向かうが（300億ドルの寄付を一蹴するなど）、どの内容にも共通する1つのシンプルな考えがある。

ここの命と（「ここ」がどこであろうと）**向こう**の命とでは、本来備わっている価値に差はない。それを証明するために、シンガーは説得力のある思考実験を行っている[7]ので、簡単に紹介しよう。

浅い池のほとりを歩いていると、子どもが溺れかけていることに気づいた。ほとんどの人は、私たちには行動を起こす道徳的責任があると考えるだろう。つまり、急いで膝くらいの深さの水に入り、言うまでもなく、子どもが溺れないように手をつかむべきだ。

では、溺れかけている子どもを見て、こう思ったら？

「助ける**べき**なのはわかっているけど、このイタリア製のローファーは買ったばかりで、ぜったいにダメにしたくない。だから……、子どもよ、幸運を祈る！」

そして、そのまま歩き去る。もしかしたら、やわらかい革のローファーに満足して、浮かれた気分で口笛を吹きながら。

その場合、恐ろしくて、ひどい人間だと思われるのは間違いない。530億ドルも持っていながら、そのうちの1ドルも慈善団体に寄付しない男よりも。というのも、求められていたのはきわめて基本的なことで、それを実行しない理由が、きわめて冷淡だったからだ。

人間の代わりにローファーを助けることを選ぶのは、私たちがサディストか、反社会的人間か、アイン・ランド信者か、あるいは3つすべてに当てはまるかを意味する。世間の人はX（旧Twitter）でつぶやき、ひどい行為を責め立てる。そうするのが正しいと思っている。

とはいうものの、この世に本当の極悪人は多くない。ほとんどの人は、イタリア製のローファーより人間の命のほうが価値があるとすぐさま計算し、池に入って子どもを助けようとするだろう。だが、ここでシンガーは指摘する。

この瞬間にも、世界中に（文字どおり、あるいは比喩的に）溺れかけている子どもたちがいることを、私たちは事実として知っている。お腹をすかせたイエメンの子ども1人を救うために、1日30セントの寄付を求める広告を目にしたり、1週間に1ドルでシリアの人が1人助かると訴えるメールを受け取ったりするが、ほとんどの場合、私たちは無視する。それどころか、**イライラ**する。

それでも、1週間に1ドルは、イタリア製のローファーを買うよりもはるかに安い。私たちはなぜ、**ここ**の命よりも**向こう**の命を尊重するのか。私たちが行動を起こすために、なぜ池が文字どおり目の前になければならないのか？

シンガーがこの思考実験を授業で行うと、学生たちはもっともらしい懸念を口にする。[8]私たちは、その団体が命を救う活動をしていると**信じて**寄付をするが、そのお金の一部はおそらく政治家に流用され、実際の効果は曖昧であるというのだ。

それに対して、シンガーはこう指摘する。個人にかかるコストはほんのわずかだから、たとえ寄付金が、たとえば総額の25パーセントしか利用されていなくても、寄付をする価値はないだろうか？　言いたいことはわかる。難癖をつけるのは難しい。

そしてシンガーは、論理的思考に基づいて次のステップに進むよう促す。どうしても必要というわけではないイタリア製のローファーや、新しいジーンズ、新型のiPhoneを買うために使うはずだったお金を、世界のどこかの誰かに送って、その人がよりよい生活を送れるように（あるいは、そもそも生きられるように）支援する。申し分のない功利主義的な犠牲を払う。

つまり、新しいランプなどを買って得られる小さな喜びを手放し、私たちには想像もつかないような困難に直面した人々の苦痛を大いに減らすべきだ。

シンガーの指摘は核心をついている。私たちの多くは必要のないものを山ほど買い、そのお金でどれだけのことができたのかを理解するというシンプルな行為によって、自身の過剰な大量消費主義に目を向けるのだ。

実際、不要な装飾用クッション、一度も袖を通していないセーター、800ドルのサイン入りバットなど、家の中に山積みになったがらくたを見るたびに、私たちはシンガーが最高の取引を申し出ていることに気づく。

私たちはヒーローになれるのだ。誰でもオスカー・シンドラーになることができる。言うまでもなく、シンドラーはファシスト政権の厳しい監視下のもと、みずからの命をかけて大勢の命を救った人物だ。

それに対して私たちは、ソファに座ってハニーロースト・ピーナッツを食べながら、テレビで『ジュラシック・パーク』を見ているだけ……。

でも、**文字どおり人の命を助けることはできる。**シンドラーのように。ただランプを買うのをやめて、その30ドルをアフリカに蚊帳を贈る慈善団体に送り、スティーヴン・スピルバーグが私たちの勇気と犠牲を描いた映画を撮って、アカデミー賞を獲得するのを待つだけでいい。

ところが、幸福ポンプの警鐘を鳴らすエピソードを思い出して、そんなことをしたら自分がどうなってしまうのか不安になる。何もない家でひとり座り、ハニーロースト・ピーナッツの最後の1缶を食べるはめになるのか？

そして、ふいに善悪の判断が曖昧だった状態に逆戻りする。いったいいつになれば、くだらないものを自由に買っても、そのお金をもっと大事なことに使わなかったという功利主義的な罪悪感を覚えずにすむのか？　いくら考えてもわからない。

そんなことはない、とシンガーが霊媒者になってベンサムの声を伝える。それは計算することが可能だ。

シンガーによると、私たちが基本的な生活（食料、住居、多少の娯楽やレジャーなど）に必要なお金は、ある程度決まっている。[9] その金額は、子どもの数や住んでいる場所など、個々の状況によって異なるが、計算はできる。

最低限の生活に必要な資金に、貯蓄や緊急の医療費などを加えて計算し、**それ以外の収入はすべて**困っている人に寄付すべきだ。

「計算式は簡単だ」と、シンガーは１９９９年の『ニューヨーク・タイムズ・マガジン』の論文に書いている。[10]

「必需品以外の贅沢品に使うお金はすべて手放すべきだ」

シンガーはイマヌエル・カントに対する帰結主義の答えだ。まさに**筋金入り**の人物と言える。道徳的必要性に対するあまりにも強硬な姿勢は、『マッドマックス　怒りのデスロード』のトム・ハーディを思わせる。

白髪交じりのポストパンク・スタイルで、揺るぎない正義感に導かれて砂漠をさまよう一匹狼の功利主義者の戦士。実際には、次ページのような感じだ……。

じつは、それほど威嚇的ではない。

では、彼はゲイツに対してどのような不満を抱いているのか。

３００億ドルを寄付するのはすばらしいことだが、それでもまだ５３０億ドルもあるのだから、それもほぼすべて手放すべきだ。

ビル・ゲイツが持っていない必需品は何か？　何もない。飢餓に見舞われたアフリカの子どもたちが持っていない必需品は？　ベッド、家、食べ物、清潔な水、マラリアの薬、ビタミン、教育、石鹸、ワクチン。

ビル・ゲイツが**持っている不用品**は？　約529億9900万ドル。

シンガーにとっては、頭を悩ますまでもない問題なのだ。計算可能な「必需品」の総額を上回るのが1ドルであれ、530億ドルであれ、行動は変わらない。私たちには必要ない。だから必要とする人に送るべきだということになる。

その一方で、シンガーの要求に対する理にかなった反論にも注目する必要がある。

第一に、ほとんどの人にとって、生活必需品と多少の娯楽にお金を使い、いざというときのために少しばかり貯金するだけでは**安心できない**。誰でもいつかは**想定外**の出来事に

写真 © Keith Morris - Hay Ffotos - Alamy Stock Photo

遭遇する。交通事故、病気、商売の失敗、友人や親戚の困窮……。それ以外にも、（できることなら）来《きた》るべき退職に備えて貯蓄をしたり、これから生まれる子ども、そして孫の生活も援助したい。

財産を残らず寄付したあとで、とつぜん個人的な状況でお金が必要になったら、自分たちのお金が、マラウイの川から寄生虫を駆除し、何千という子どもたちの健康を改善するのに使われていると知っていても、おそらくなんの慰めにもならないだろう。

とはいうものの、なかにはそれで納得する人もいる。

シンガーの著書『あなたが救える命　世界の貧困を終わらせるために今すぐできること』（勁草書房）や『あなたが世界のためにできるたったひとつのこと〈効果的な利他主義〉のすすめ』（ＮＨＫ出版）では、「効果的利他主義」と呼ばれる運動の一環として、特定の人ではなく、「誰でも必要な人」に片方の腎臓を提供する人々のエピソードが紹介されている（シンガー信者は彼に劣らず筋金入りだ）。

こうした人が腎臓を提供する際には、片方の腎臓を摘出して死ぬ確率は約４０００分の１で、自転車で交通事故に遭って死亡する率と基本的に変わらないという計算を行う。つまり彼らにとっては、片方の腎臓を**提供しない**のは、自身の命が名前も知らない他人の命より４０００倍の価値があると認めていることになるのだ。

数学的な論理は別にして、私たちのほとんどは腎臓を摘出すると考えただけで抵抗を感じるにちがいない。だが、理論上、私たちは家族のドナーになる可能性がある。もし数年後に自分の子どもが腎臓移植をせざるをえない状況になったとして、会ったこともないオーストラリアの倫理学者の命令に従って、すでに片方の腎臓を摘出していたために我が子を助けられなかったら？　あるいは、残ったもう片方の腎臓が悪くなり、家族に腎臓移植を**頼む**立場になったら？

いずれにしても喜ばしいことではない。そうした可能性は低いという事実は関係ない。そう考えること自体が恐ろしいのだ。[*4]

シンガーの世界観に対するもう1つの不満は、「文化的」慈善事業と呼ばれるものの支援に**これっぽっちも**関心を持っていないことだ。[11]

いわく、子どもたちが文字どおり死にかけているときに、その苦痛を無視して、地元の美術館やオーケストラに毎年、慈善のための寄付を行うことを正当化するのは難しいうえ、そうした主張に反論するのは簡単ではない。

けれども、オーケストラはすばらしい。人によっては生きがいとも言うべきもので、人間としての経験に欠かせない。防ぐことのできる子どもの死をこん棒代わりにして、オーケストラに寄付をする人々をたたきのめすのはひどい気もする。

たしかにシンガーの指摘は意味があり、もっともだと思う。さまざまな慈善団体のなかには、誰もが認めるすばらしい活動を行っているところもあり、寄付に値する団体を調べてスポットライトを当てることは、効果的利他主義の運動のメリットである。[*5]だが、こうした攻撃は、私のサーブのバンパー事件での行動によく似ている。**これ**は気にかけるな。**あれ**のほうがはるかにひどいから。

美術館に100ドルを寄付するの？
へえ、すごいね。そのお金で20人の命を救えるけど、
まあ、いいや、好きにすれば。
ブランクーシの彫刻を鑑賞するのも大事だと思うよ。

シンガーの主張には柔軟性がないため、腹立たしく感じることもある。その一方で、基本的な論理は避けて通れず、それが正しくないと**感じ**ながらも、気がつくとその論理に賛同している。レッドソックスがワールドシリーズで優勝したあと、私がまったく「必要のない」高いサイン入りバットを買った際に、一瞬がっかりしたのは、それが理由だ。私はピーター・シンガーの亡霊ににらまれているのを感じたのだ。

たかがバットに800ドル？
もっとほかにいい使い道はないのか？

「ほっといてくれ、ピーター・シンガー！」

私は思わず言い返した。声に出していなければよいが、確信はない。

「私にとっては大事なことなんだ。買わせてくれ」

ピーター・シンガーの亡霊は動じなかった。

わかった。きみの金だ。

だが、すぐにオックスファムのウェブサイトで生活に困窮している人々の話を読んでみるといい。

バーナード・ウィリアムズの帰結主義に対する批判を覚えているだろうか。帰結主義は私たちのインテグリティ（完全で一貫性のある人間であること）を否定し、不特定多数の「幸福」の名のもとに個々の重要な計画を犠牲にする。場合によっては、私たちを「私たち」にしているものも否定する。

ウィリアムズなら、息子に私たちの大切な思い出を記念してプレゼントを買うこと、つまり絆を深めるうえで欠かせない行為が道徳的に間違っているという考えなどばかばかしいと思うだろう。

最終的に、私自身もその結論に達した。ウィリアムズや、道徳的聖者となることを警告するスーザン・ウルフと足並みをそろえて、自分の人生は自分自身のものであり、それを形づくる経験や物で満たすことに引け目を感じるべきではない。

シンガーの考えに従うのなら、そもそもあの試合を観にいくべきではなかった。ワールドシリーズのチケットは高価だからだ。おそらく息子にナチョスやホットドッグを買うべきでもなく、駐車場の料金も支払うべきではなかった……。レッドソックスの試合を観るために、ケーブルテレビのＭＬＢ特別契約を申しこむべきでもなかったのだ。そう考えると、すぐにばかばかしくなる。

だが、悔しいことにシンガーの意見にも一理ある。

私たちは、必要もないのにばかげたことをたくさんする。

おまけに、そのときに道徳的機会費用、すなわちほかにもっとましなことが**できた**という点についてはほとんど考えない。楽しいことを台無しにしてまで、道徳的機会費用を徹底的に追求する姿勢こそ、シンガーの魅力だ。

その妥協しない功利主義は重要な役割を果たす。２０１９年、彼は『あなたが救える命　世界の貧困を終わらせるために今すぐできること』という著書を出版し、私は前書きの執筆を頼まれた。[*6] シンガーの世界に飛びこんだ読者が閉口するかもしれないことを考慮したうえで、私は次のように書いた。[*7]

> 本書を読む際に、皆さんが感じることよりも大切なのは、皆さんが**感じない**こと、つまり無頓着だ。他人のことはどうでもいいとは感じないだろう。海外であろうと地元であろうと、災害の記事を無関心に読み飛ばすこともないだろう。たとえほんのひとときでも、被災者の生活に思いを馳せずに。皆さんの頭の中には、自分にできる簡単なこと、自分の生活を妨げたり、家族の幸せを犠牲にせずにすむようなことがあるかもしれないという考えが巡っているにちがいない。[12]

私に言わせれば、それはシンガーからの贈り物だ。そこそこ快適に暮らしている人にとって、無頓着になるのは**驚くほど**簡単だ。

地球上の大半の人々が、ある程度の貧困や苦しみの中で生活し、私たちをはるかに上回る日々の問題や危険を抱えているという現実を忘れて。エアコン、暖房、食料、清潔な水、洗濯機、冷蔵庫、あふれるほどの電化製品、薬、戦争や犯罪とは無縁の生活……。私たちの多くが当たり前に思っているものを、ほとんどの人が享受できない。

シンガーは、言ってみれば無頓着警戒システムだ。[*8] 彼は肩をポンポンとたたき、私たちがどれだけ恵まれているかを思い出させてくれ、もう少しだけ多くの人を助けるために、もう少しだけできることを考えるよう促す。

学問の世界でシンガーを悪く言う者は大勢いる。彼に肩をたたかれるのは、気分がいいものではない。できれば避けたいのが正直な気持ちだ。自分がつねに失敗していると感じたい人などいないだろう。

だから、別の選択をすれば、**たいがい**もっと役に立つと指摘されるのはうんざりだ（映画に行ったりジーンズを買ったりするたびに、いったい誰がその判断を疑問に思うというのか）。しかも、そのジーンズの費用は**10人分の命**に匹敵するなどと言われたら、もはや耐えられない。

その一方で、私たちは**配慮**のできる人間になりたいとも思っている。シンガーの肩たたきは、そのために役に立つのだ。ここで最も重要となるのは、繰り返しになるが、積極的な態度、つまり自分自身に尋ねるというシンプルな行為である。


私は何をしているのか？

もっとほかにいいことができないのか？


自身の行為に向き合うのは、辛くて困惑するかもしれない。だが、それは同時に向上を阻む無関心の治療法でもある。基準に達しない行為の結果に何も感じなければ、市民参加においてアリストテレスの中庸に達することも望めないだろう。

新型コロナ危機では、家主が賃貸料を免除したり、市民が協力して老人や身体の弱い人に食料を配達するなど、心温まるエピソードが生まれた半面、住人を容赦なく立ち退かせる家主や、感染対策が不十分な環境で従業員を働かせる企業[*9]など、ひどい話も耳にした。最前線で働く医療従事者のためのイベント、貧困層や社会的弱者に対する悲惨な影響を解説した映像……、そうしたものを通して、多くの人が同じことを考えたにちがいない。

私の責任は何か？　**私**はどれだけ支援すべき？

答えは（この状況だけでなく、似たようなケースでも）スキャンロンから始まり、シンガーに近づく。公衆衛生危機が同時期に地球上の全員に影響を与える場合、個人に最低限必要なもの（分別のある人なら拒まないルール、互いにすべき基本的なこと）は決定しやすく、交渉の余地はない。

できるかぎり移動を制限する、ソーシャルディスタンスを維持する、マスクを着用するなどだ。その後（ここで、いよいよシンガーが登場）、私たちの責任は社会経済的状況に応じて増す。

たとえば、犬の散歩代行やベビーシッターなど、なんらかのサービスで人を雇っている場合、ロックダウンの期間中にほとんど仕事がなくても、賃金を支払うことができれば（全額または一部）、そうすべきである。危機においては、幸運にも資金に余裕がある人は、困っている人々に与える義務がある。

食物連鎖の頂点には、ジェフ・ベゾスや億万長者の映画プロデューサーであるデヴィッド・ゲフィンが君臨するが、彼らの莫大な資産を考えれば、他者を支援する**最大の**責任を持つ（と私は考える）。

ところが、新型コロナのパンデミックでは、彼らがその責任を果たすことはめったになかった。ごく初期のころ、アマゾンは従業員のためにクラウドファンディングで資金を集めようとしたが、[13*10] ベゾスがオーストラリアの森林火災支援で69万ドルを寄付したときと同じ結果になった。単純計算では、ベゾスは最低賃金で働く従業員25万人の丸1年分の給与を支払っても、まだ1750億ドルが手元に残る。

もしあなたが世界一の富豪で、何十万もの従業員が危機にさらされているとしたら、あなたの責任は「犬の散歩代行者に賃金を支払う」よりもはるかに大きい。

ゲフィンは負けじとばかりに、ある時点でグレナディーン諸島を優雅に航行する5億9000万ドルのヨットの写真をInstagramに投稿し、ソーシャルディスタンスの重要性について、けっして皮肉ではないキャプションを添えた。[14] その結末がどうなったかというと、ゲフィンはすぐさまアカウントを非公開にして、それ以降、沈黙を貫いている。

ゲフィンに対しては、ピーター・シンガーほど厳しく批判するつもりはない。ヨットを売って、そのお金を寄付するのが道徳的に正しいとも思わない。

だが、何十億もの資産を保有する人物として、世界中の人々の生活を混乱に陥れたパンデミック下で負う責任は、一般人よりもはるかに大きいはずだ。さらに言えば、その財産の一部をソーシャルメディア・コンサルタントに対して使うことをおすすめする。

そうすれば、アメリカ人の失業率が最高を記録した週に、5億9000万ドルのヨットの写真を投稿しようとしたら、携帯電話を奪い取って海に投げ捨ててくれるだろう。

現代生活における最も腹立たしい過ち、それは善意による失敗

シンガーの道徳的肩たたきは、私たちが時間やお金を費やす際に、もっとよい使い道があるかもしれないということを思い出させてくれる。とはいうものの、別の障害に突き当たる場合もある。問題は、もっと世の中の役に立つ使い方があるかどうかを考えずにお金を使うこととは限らない。

実際、（シンガーの言いなりになって）よいことをしようとしたにもかかわらず、「はじめに」で紹介した悪気のない善を求める人のように、世間からバッシングを受けることもある。

2004年、ロサンゼルスに引っ越した私は、生まれてはじめて車が必要になった。レンタカーを検討し、迷った挙句に中型セダンに決めた。少し高かったが、とてもカッコよく、安全評価も高かった。

ところが3カ月もすると、すっかり嫌気がさした。運転が楽しくなかったからではない。むしろ楽しかった。どんな車でもロサンゼルスを走りまわるのは悲惨だからではない。悲惨なのは事実だが。

ただ、あまりにもガソリンを食うのが嫌になったのだ。内燃機関の環境への悪影響について大いに語ってきた身としては、燃費が7キロ／Lほどの車を運転するのは（嫌でも）偽善者になった気分だった。

そこで、契約期間が終了するなり、今度はトヨタ・プリウスに乗り換えた。その当時は平均で15〜20キロ／Lと、市場で最も高燃費の車だった。セダンよりもはるかによかった。おかげで偽善者の気分が薄れた。

プリウスのハイブリッド・バッテリーの製造工程が、全体として通常のガソリン車よりも環境を汚染すると友人から聞くまで。その理由は忘れてしまったが（バッテリーの中のなんとかという化学物質が地下水か何かに漏れ出すか何かして）。

それが事実かどうかを調べるうちに、完全な電気自動車が登場しつつあるという記事を見つけ、次はそうした車に乗ろうと心に誓った……。それが実際には、**さらに悪い**と非難する容赦ない記事が目に留まるまで。

というのも、カリフォルニアの電力のほとんどは、依然として石炭火力発電所から供給されていたため、[*11] 車を充電するためのソーラーパネルを持っていないかぎり、完全電気自動車を運転すれば、**余計に**環境を破壊することになる。なんとマヌケなのか。私はパニック発作を起こし、床に寝そべって額に湿布を貼った。

ここで、道徳的疲労がよみがえる。[*12] 今度はもっと悪性の道徳的疲労だ。[*13] 以前よりもよいことをしているにもかかわらず、なぜか罰せられる。しかもさらに悪いことに、しばしば失敗を非難する相手に直面するのだ。

なぜこの議員を支持するのか、彼がイラク戦争に賛成したのを知らないのか？どうしてこのペーパータオルを買うのか、親会社は川を汚染しているのに。なぜあの映画を観るのか、これを食べるのか、あの国へ旅行するのか、このメーカーのバグパイプを演奏するのか？[*14]

十分に調べ、最善の選択をしたつもりでも、そのたびに誰かが記事を書き、私たちが実際には問題の一端を担っている理由を説明する。おまけに憎たらしいことに、友人や家族や親切なオンライン上の知り合いのなかには、私たちがどこで間違ったのかを間違いなく**喜んで**指摘する者もいる。

へえ、ピーナッツバターとジャムのサンドイッチが好きなんだ。

いいね。だけどピーナッツ・アレルギーに苦しむ子どもが
1100万人もいて、きみの身勝手なランチのせいで
命を落とすかもしれないことは気にしてないみたいだね。
#よくもまあ#ピーナッツ・ジャスティス#こだわりママのこだわり生活

この倫理的ジレンマは、私たちの時代に特有のものだ。これだけ情報にあふれた社会で、自分が判断ミスを犯したことを知ったときに、どうやって罪悪感（もしくは恥）から逃れればよいのか？

紀元前340年には、個人の選択が自然の生態系に有害な影響を及ぼすなどということは、誰にも理解できなかっただろう。でも、いまは皆、**どんなことも**知っている。たとえ知らなくても、知っていて（あるいは知っているふりをして）、私たちがなぜへまをしているのか、喜んで説明してくれる人が山ほどいる。

これは二次的な倫理的ジレンマだ。ともすると倫理的ジレンマを解決しようとして生じる、予期しない倫理的ジレンマにはどう対処すればよいのか？

これほどこんがらがった状況になると、アリストテレスの「自分はどんな人間になるべきか」的アプローチが役に立ちそうな気がする。そういうわけで、アリストテレス、精いっぱいの徳をもって行動しても世間から非難される可能性について、私たちはどの程度

考えておくべきなのか？

徳倫理学者なら、こう答えるかもしれない……。

自分のしたことが引き起こす想定外の不運について心配**しすぎる**と、麻痺状態のようになり、自分の行為がもたらす影響を考えては、ふたたび考え直すことしかできなくなる。どんなに簡単な判断でも、起こるかもしれない悪い結果が不安になるあまり、どのメーカーの桃の缶詰を買おうか決めるときでさえ、ただおろおろするばかりとなる。

とはいうものの、意図しない結果に備えていないと、たちまち無関心に舞い戻るかもしれない。物ごとは思いがけず悪い方向に進む可能性があることを**少しも**考えなければ、自分がすることをなんとも思わないような人間になってしまう恐れがある。

何ごとにも中庸があり、それを見つける過程で、精いっぱい考えることは大切だが、たとえ善意に基づく行為が悪い結果に終わったとしても、自分を許すことも必要だ。

他人には化石燃料の使用を控えるよう要求するのに、自分は燃費の悪いガソリン車を運転するような偽善者にはなりたくなかった。言行不一致もいいところだ。

人間のさまざまな特質のなかで、偽善者は最も恥ずかしいものの1つであるのは間違いない（かのジュディス・シュクラーは偽善者について丸1章を割いており、ご想像のとおり、まったく好意を感じられない）。

けれども私の場合、最初の偽善者（環境に悪いと知っていた車を運転する）と、**予想外の**偽善者（燃費の悪い車よりは環境にやさしいが、別の角度で**予想外に**有害だった車を運転する）には違いもある。

はじめに訪れる混乱と罪悪感の波から救い出してくれたのがアリストテレスだとしたら、あとは私の善意を考慮に入れたカント的アプローチで乗り切ることができるかもしれない。前章で、無賃乗車のデボラが自身の欠点を認め、オヴァートンの窓をさらに悪い行為に移動させないように願ったが、それと同じように、今回も自己の判断が求められる。

ペリカンが生息する湿地帯の保護活動を行う〈アメリカペリカン保護基金〉に50ドルを寄付したとしよう。ところが、友人のナンシーがそのことを知って怒鳴りこんできた。

「何やってるの！ 〈アメリカペリカン保護基金〉はひどい団体よ。〈アメリカペリカン救済基金〉に寄付すべきだったのに。あそこが唯一まともなペリカンの慈善団体だって、みんな知ってるわ」

まずはナンシー、落ち着くんだ。唾を飛ばさないでくれ。次に、これはうっかりミスだった。**本気で**ペリカンを救うつもりで、誠意をもって行動したのだ。

もうお手上げだ、と思うかもしれない。これがそんなに大失敗だったなんて、最初からわかるはずがないだろう？ 1カ月もかけて、無数の似たようなペリカン保護団体を調べるほど暇ではないんだから、ナンシー！[*15]。

けれども、ミスを犯した（あるいは、そのせいで恥をかいた）苛立ちにとらわれれば、そもそも誰かを助けるのは意味のないことだと考えてしまうかもしれない。誰だって頭痛のタネは避けたいはずだ。それよりも、たとえ**結果**は理想的でなくても、**考え**そのもの（慈善団体に寄付する）はよかったという事実に注目したほうがいい。

そうなると、カントの世界観が本領を発揮する。プリウスを買えば、あるいは慈善団体に寄付すれば、進んでカントの法則に従い、法則に従う義務感から善行をしていることになる。

可能であれば他人を助け、世の中をよりよくして、全体の問題を解決するために自分の役割を果たす。そうすれば、たとえ思いどおりの結果が得られなくても、詮索好きで不愉快な道徳的俗物のカントも、私たちが「間違った」ことをしていないと認めてくれるだろう。

試してみて、失敗した。次回はうまくいくよう努力する。

そして、**でしゃばり**のナンシーとも距離を置くだろう。

もう一度やって、もう一度失敗すればいい。前よりうまく失敗すればいい。[*16]

それが私たちにできる最善のことだ。ただ、それを不本意ながら受け入れるにしても、すばらしい生き方だとは思えない。自身の決断について、慎重に検討すればするほど、避けることのできない道徳的ジレンマをすべて無視したくなる。

あまりにも面倒なので、いましていることを続けるほうが簡単だ（倫理的にも悪くない）という結論に達するかもしれない。

それも選択肢の1つだろうか……。

＊1　失礼、つい我慢できなくて。

＊2　シンガーが論文を書いた時点で、これらの数字は正確だった。現在、私が本書を執筆している時点のゲイツの資産額は、数年前に引退し、あれだけの寄付をしたにもかかわらず、信じられないことに1279億ドルにまで膨れ上がっていた（離婚後の個人的な金銭的影響については、まだ公表されていない）。[15]

＊3　それから4年後の2010年、ゲイツとウォーレン・バフェットは〈ギビング・プレッジ〉という慈善キャンペーンを発表し、少なくとも財産の半分を寄付すると約束し、他の資産家たちも参加するよう働きかけた。[16] 実際、バフェットは財産の99パーセントを寄付することを誓約した。

＊4　シンガーはそうした反論が正当だと認めている。「我々のほとんどは、まず第一に家族に対して、とりわけ子どもに対して義務を負う。家族を最優先することは当然で、多くの場合、正しいように感じる」[17]

＊5　詳細は〈ギブウェル〉のサイトで毎年更新されている最も効果的な慈善団体のリストを参照。

＊6　この本を『グッド・プレイス』に登場させた。理由もなく、また有名な哲学者の名を出して自慢しているわけではない。そんなことをしたら、親友のティム・スキャンロンが**カンカンに怒る**だろう。

＊7　何と、まったく新しいタイプの自慢、自分の名前自慢だ。名前自慢技術において、まさに画期的な発明だろう。

＊8　ちなみに、シンガーは障害者と、深刻な健康問題を抱える者に対する資本配分に関する一部の意見で批判されてきた[18]（それも厳格な功利主義に基づくもので、検索すれば情報を得られるはずだ）。だが、すでに学んだように、彼らの合理的な結末に至るまで功利主義の考えに従うのは、かならずしも賢明とは言えない。それが慈善事業の場合であれ、資源の個人的利用の場合であれ。

＊9　あるいは、この悲惨な状況で考えつく最悪の企業のエピソードとして、アイオワ州の〈タイソン・フーズ〉の工場で、管理者たちが何名の従業員がウイルスに感染するかを**賭けていた**例をあげておく。[19]

＊10　アマゾンが実際に一般から寄付を募ったのかどうかについては、ひと騒動あった。アマゾンは2500万ドルの資金を

集めたが、のちに広報担当者は一般市民に協力を求めるつもりはなかったと否定している。だが、誰もが疑問に思うだろう。だったら、そもそもなぜクラウドファンディングを始めたのか。

＊11 21世紀になったばかりのころの話。いまではカリフォルニアの電力は3分の1が再生可能エネルギーによるもので、2045年までに100パーセントのクリーンエネルギーを目指すと宣言した[20]。

＊12 この言葉はきっと流行する。そんな予感がする。

＊13 言っただろう。あちこちに登場している。

＊14 どういうわけか一部のバグパイプメーカーが社会悪を生み出している世界でしか通用しない質問だ。

＊15 よかれと思っているのはわかるが、正直なところ、ナンシーは**最悪**だ。彼女とは縁を切る。

＊16 このサミュエル・ベケットの言葉は、「はじめに」でも紹介したが、実際には、おそらくそれほど人を奮い立たせるものではなかった。引用元の『いざ最悪の方へ』は、暗くて物悲しく、絶望に満ち、読むのがつらい。何しろ著者がサミュエル・ベケットだから。だが、彼の滑稽なほど悲観的な文章には、どういうわけかいつも楽観的意識を感じる。だから、この言葉には希望のかけらを見いだすことにしている。

第10章

推しが最悪だった……、どうすればいい？

このサンドイッチは道徳的に問題がある。

だけどおいしい。

それでも食べてOK？


2012年の夏、ファストフード・チェーン〈チックフィレイ〉のCEOダン・T・キャシーが『ケン・コールマン・ショー』（ローカルラジオ番組）に出演し、同性婚への反対を表明した。

その議論には「チキンサンドイッチのフランチャイズ店のオーナー」としての視点が必要だったからという理由らしい。

彼は次のように発言した。

天に向かってこぶしを振りかざし、「結婚とは何かについては、我々のほうがよく知っている」と言うとき、私たちは国民に対する神の判断を求めているのではないか。厚かましくも結婚を定義できると考えている、傲慢《ごうまん》でうぬぼれた世代に神の慈悲を祈りたい。[1]

その後の顛末《てんまつ》を覚えていない人でも、だいたい想像はつくだろう。LGBTQ+の権利団体がボイコットを呼びかけ、同性婚に反対する政治家や市民グループは、〈チックフィレイ〉のサンドイッチを誇らしげに食べている写真をインターネットに投稿し、大騒動となった。

当時、私はドラマ『パークス・アンド・レクリエーション』を手がけており、脚本家の作業部屋は怒りに包まれていた。[*1] 私は〈チックフィレイ〉を利用したことはなく、よく考えずに、今後もチキンサンドイッチは食べないと決意した。人間の基本的な(そして憲法で保障されている)結婚の自由を信じていない組織を支持したくなかったからだ。

だから、何人かの脚本家が、これからも迷わず〈チックフィレイ〉に行くと言っているのを聞いて、私がどれだけショックを受けたかは想像がつくだろう。

なぜなのかと尋ねると、彼らはいくつか理由をあげた。

- 店に行かなくても何も変わらない。企業全体の利益を考えれば、1人のチキンの注文など大海の一滴にすぎない
- あそこのチキンサンドイッチは**とってもおいしい**
- 店を贔屓にしなければ、そこで働く従業員にしわ寄せがいくだけだ。売り上げが落ちれば解雇されるかもしれない。だから、結果的に**彼ら**を苦しめることになる
- 冗談抜きにして、あそこのチキンサンドイッチは絶品だ
- ほかのファストフード店のCEOだって、同じくらい政治や社会問題に対する態度が目に余る。どこで線引きすればいいのか？
- あのサンドイッチに入っているピクルス、最高！

私は呆然とした。LGBTQ＋の権利を基本的な価値だと考えているはずの親しい友人たちが、抵抗というちょっとした行動を断念する……。

チキンサンドイッチのために？

私たちは何時間も議論したが、結論には至らなかった。議論の相手が、私の指摘は正しいと認めつつも、肩をすくめ、ファストフードの習慣を変えるつもりはないと言うことにもどかしさを感じた。

また、彼らはむきになって「おまえこそどうなんだ」と反論してきた。私も完璧ではないと非難するために、私のお気に入りのアーティストや店を引き合いに出して。

そうなると私も認めざるをえず、「たぶん彼らの言うとおりなのだろう。〈チックフィレイ〉でサンドイッチを買うのは、いまでもたいしたことではないのかもしれない。私が過剰に反応しているだけなのかも」と考えずにいられなかった。

この議論は、現代のやっかいな道徳問題の典型的な例だ。自分の好きなものを、それをつくっている人と切り離して考えることができるか？　そうすべきなのか？

ちょっとした道徳的なサプライズ！　大好きなものは、どれも最悪‼

どんな人でも、問題のある個人的なお気に入りが少なくとも10はあるだろう。カンザスシティ・チーフス、アトランタ・ブレーブス、フロリダステート・セミノールズといった、チームのマスコットにネイティブ・アメリカンを侮辱するような衣装を着せているスポーツチームを応援する。

家庭内暴力を振るった、不快な政治的見解を持っている、禁止された能力向上薬を服用している、なんらかの不正を働いている選手に声援を送る。

ウディ・アレン、ロマン・ポランスキー、ブレット・ラトナーの監督作品、レス・ムーンベス、スコット・ルーディン、ハーヴェイ・ワインスタインのプロデュース作品、ショーン・ペン、ジェームズ・ウッズ、メル・ギブソン、チャーリー・シーンの出演作品を観て楽しむ。マイケル・ジャクソン、エリック・クラプトン、R・ケリー、プラシド・ドミンゴの音楽を聴く。

その活動に問題があり、ファンだと公言するのをためらうような人物を1人も知らないのは、20年間インターネットを見ていない世捨て人くらいだ。[*2]

ここで、ふたたび道徳的疲労[*3]が登場するが、今度は新たなひねりが加わっている。自分がいつも何を**すべき**かを理解するのは難しい。そのうえ自分の**好きな**ものに対して責任を持たなければならないのか？

ずいぶん前からこの問題を抱えてきたが、私たちが目を向けはじめたのは最近のことだ。文化にまつわる会話で社会的正義の話題が増え、ソーシャルメディアによる吊るしあげもたびたび起こり、女性に乱暴をしたり、他の文化をハロウィーンの衣装に使ったりすることはNGだという認識が広まったりした結果、悪い行いは以前よりもはるかに発覚しやすくなった。

そのため**私たち**は彼らの作品を観たり、音楽を聴いたり、応援したりすることの責任を問われやすくなったのだ。だが、問題がある。

私たちの大好きな人、すばらしい芸術作品を生み出し、すばらしい曲を歌い、ワールドシリーズで試合を決めるホームランを打った人たちが、単に道徳的に問題があるだけではない。彼らは**私たちの大好きな人**なのだ。

その芸術や偉業が、自身のアイデンティティの形成に影響を与え、両親や友人との絆を深め、子ども時代を彩るのに役立つ。私たちは彼らを**愛している**。

心の狭い**ジジイ**がラジオ番組で同性愛に対する嫌悪を吐き出しても、チキンサンドイッチを断つことのできない人はいるだろう。

では、ずっと大好きだった歌手や俳優やスポーツのスター選手が、とんでもないことをしていたと聞いたら？　私たちの心は、自身のアイデンティティを形づくった文化の一部となっているため、ちょっと距離を置くだけでも**痛みを伴う**。

突き刺さった破片を取り除くどころか、手足を切断されるかのようだ。あるいは、この比喩を言い換えれば、チキンサンドイッチが本当においしいというよりも、シェフが親友であるかのようだ。

このジレンマは2種類に分けられる。

まずは「変えることのできる大好きな悪いもの」。

例として、以前はワシントン・○○スキンズとして知られていたフットボールチームのきわめて不愉快なエピソードを紹介する（注：実際に伏せ字が使われている記事を引用し、明確にするためにそのまま載せるので、注意して読んでほしい）。

シナリオ1　豹は身体の斑点を変えられるが、変えようとしない

ダニエル・スナイダーは1999年にチームを買収し、この記事の執筆時点では、それ以降、149勝202敗1分けの成績を残している。チームはほとんど救いようがない。そのおもな原因は、スナイダーが（私はこの言葉を軽々しく使ったりしない）マヌケだからだ。オーナーに就任以来、彼は数えきれないほどマヌケなことをしているため、2010年にはデーヴ・マッケンナという名の記者が『ワシントン・シティ・ペーパー』紙に「ダン・スナイダーのマヌケなレッドスキン・ファンガイド」という題で記事を書き、スナイダーがこれまで取ってきた愚かな、不愉快な、あるいは軽率な行動をアルファベット順に26件あげた。[2]

そのリストは事細かく、彼の悪事を証明するものだったが、スナイダーは自身の行動を振り返って改めるようとするどころか、『シティ・ペーパー』を名誉棄損で訴え、慰謝料として200万ドルを要求した。[3] 典型的なマヌケの行動である。[*4]

こうして、明らかに人種差別的なチームの愛称[*5]（スナイダーが就任する以前から長らく論点と

なっていた）に関する議論は、とんでもない大マヌケによって、20年以上も放置されてきた。その結果がどうなったのかは想像に難くない。

２０１３年、ふたたびネイティブの団体から、愛称が侮蔑的だと認めるよう、きわめて妥当な要求を突きつけられると、スナイダーは次のようにコメントした。

> チームの名前を変えるつもりはない。生まれたときからのレッドスキンズファンとして、そして（原文ママ）私は、このすばらしい伝統およびそれが意味するものをレッドスキンズのファンは理解してくれると考える。したがって、来シーズンもこのままプレーができることをこのうえなく幸運に思う。チームの名前はぜったいに変えない。簡単だ。**ぜったい**に（太字で表記してもかまわない）。[*6]

この主張には、いくつかの点で不快感を覚える。まず、文法や構文がお粗末だ。それはさておき、もっと重要なのは、伝統を言い訳にしていることだ。昔からそうだったから、変えることはできない。

「昔からそうだった」というのは、真に無知な人間の最後の砦だ。何かが続いてきた時間というのは、それ自体は、そのことを続行する理由としては弱い。もっぱら前例に倣い、前例のせいで生じたかもしれない問題をじっくり検討しなければ、進歩、あるいはよりよい人になる方法を見つけることに対して中指を立てているようなものだ。[*7]

進んで善人になろうと**しない**、さらにひどいと、なろうとしないことを**徳**と見なしているのだ。それでは誰のためにもならない。

もちろん、スナイダーは考えを改めることも**できた**。

ただ、そうしたくなかっただけだ。

もし彼が権力も影響力もない人物だったら、それはたいした問題ではない。自宅のリビングでテレビに向かって吠える偏屈な男にすぎないからだ。だが、実際には権力も影響力もあるため、チーム名の名称に問題があると考える人々にとっては障害となった。

その態度はチーム名の変更に賛成するワシントンのファンを苦しめ、おかげで彼らは、大勢のファンとその信念のあいだの緊張について、**自分たち**が何をすべきかを考えるはめになった。

彼らは、ほかでもないこのチキンサンドイッチが**大好き**なのに、彼らにとっての公正で道徳的な世界とは矛盾する。そして、状況を改善することができるのはスナイダーただ1人なのだ。名前を変えるつもりはないと断言した瞬間（昔からそうだったから）、スナイダーの問題は**ファンたちの**問題となった。

人はなぜこうした態度を示すのか。『An African Explains Apartheid（アフリカ人がアパルトヘイトを説明する）』（1963年）を記した作家ジョルダン・クシュ・ングバネが、それについてわかりやすく説明している。

ングバネが南アフリカでこの本を書いたのは、政府がアパルトヘイト政策に対する批判に目を光らせていた時代だった。序文で、彼は執筆に協力した友人や仲間に感謝を述べているが、危害が及ぶのを恐れて名前はあげていない[5]（日付は1961年8月18日、それから1年もたたないうちにネルソン・マンデラが逮捕され、およそ30年間にわたって獄中生活を送った）。アフリカーナー（オランダ系白人）のナショナリストが、内在する道徳的退廃に直面しながらもアパルトヘイトを継続させる理由について、ングバネは次のように書いている。

> 彼はそれを生活様式と見なしている。みずからデザインした社会秩序を築くための世界的展望であると……。彼にとっての歴史は、たえず進展する経験であり、その真の妥当性は未来への指南役というよりも、むしろ正当化にある……。それを修正するよう迫られると、彼は当惑する。彼の視点では、それは自分のために築いた世界を否定すべきだと言うに等しい。[6]

「この世界には問題がある」という発言は、「この世界を築くのに協力した自分に問題がある」と言っているも同然だ。**現状**のために力を尽くしてきた人々にとっては、どのような変化も、やっかいな現実を生み出す、もしくは維持する自身の決断に向き合うことを意味する。それはアパルトヘイトほど大がかりな社会全体の制度である必要はない。最近では、ＬＧＢＴＱ＋コミュニティの多くの人が、彼らの呼称に用いる代名詞について要請を出している。理由としては、生まれたときの身体の性が心の性と一致しない人がいること、あるいは、単に性を区別する代名詞への嫌悪感が考えられる。

結果は予想どおりだった。このやや押しつけがましい要請を受け入れ、すぐに順応した者もいれば、そうでない者もいた。後者は自分の意見に固執して、考えを変えようとしなかった。彼らは長いあいだ決まったやり方を貫き、それに基づく自身の世界を「理解」し、その世界を少しでも変えようとすると、頑《かたく》なになるか、たちまちパニックに陥る。

けれども、そうした態度は周りにとって何を意味するのか？

倫理上の問題を提起しても、権力者が自分が絶対的に正しいという理由でただちに却下すれば、苦しんでいる人々にはほとんど選択肢がない。

ワシントンのフットボールチームのファンでなくても、この問題は理解できるだろう。というのも、私たちの大好きなものは、ほんの少しだけ変われば、さらに好きになれるからだ。時代に乗り遅れてはいけない。順応することだ。

インタビューで、女性の共演スターに対して不快で時代遅れの態度をとる年配の俳優。奴隷制度を認める南軍の将軍の像がいまだに中庭に建っている大学、あるいは、とてもやさしくて、毎年バースデーカードを送ってくれるけれど、感謝祭ではメキシコ人に対する差別を堂々と口にするコニーおばさん。

道徳的苦痛を引き起こす本人の性格が変わらないと気づいたら、私たちは決断をする必要がある。そのまま彼らを支持しつづけるのか、それとも感情的、金銭的なつながりを断つのか。

この疑問に答えるために、これまで見てきた**哲学**をスナイダーの行為に当てはめて、彼に正当な根拠があるかどうかを確かめてみよう。

それと同時に、私たち**自身**の行為にも当てはめて、スナイダーのチームを応援することを道徳的に正当化できるかどうかも確かめる（わかりやすくするために、ワシントンのフットボールチームには「問題があるけれど変わる能力もある、私たちの大好きなもの」の代表になってもらう）。

まずはクイックスタート・ガイドを使ってみよう。契約主義の主張だ。迫害を受けた人の人種差別的な特性をチームのマスコットとして使う法則を拒めるだろうか？

もちろん大丈夫、かなり簡単だ。実際、スナイダーが契約主義のルールづくりのセッションでそのルールを提案したら、完全に笑い者になるだろう。

彼の言い訳が「私は若いころからこのチームのファンで、いまは所有している。だから自分の思いどおりにできる」だとしたら、なおさらだ。

「我々はお互いに何ができるか？」という問いには、「何かに好意を抱いている期間」に対しても、「金持ちで有力であること」に対しても、免責条項は含まれない。

スナイダーのしていることは、第4章に登場した「ランボルギーニ・ドライバーのウェイン」に似ている。みずからの財産と地位のおかげで、**基本的に自分だけ**（＋同類の人）に当てはまるルールを提案しているのだ。

ちなみに、財産や権力が多くなるほど、**より多くのことを**他人のためにすべきだとも述べた。互いにすべきことを定義するルールを考える際に、権力のある者が犠牲の重みに耐えるのは簡単だからだ。契約主義者はスナイダーのルールを拒否し、おそらくチームを応援するのをやめるべきだと忠告するだろう。

義務論も彼に対して容赦しないはずだ。スナイダーは、十分なお金を手にするか、影響力を得れば、自分より幸運ではない人の気持ちや要求を考えなくてもよいと主張している。それは『動物農場』で豚が築く世界だ。だが、ジョージ・オーウェルが社会を管理するための「ハウツー本」として『動物農場』を書いたとは思えない。

しかも、ネイティブ・アメリカンの画像を選び、マスコットとして利用するのは、まさしく「目的を果たす手段として他人を利用する」ことにほかならない。

カントはスナイダーの行為を認めないだろう。そして、私たちは明らかにどちらの定言命法の定式化にも違反するチームを応援しているため、カントは別の日曜の過ごし方を探すよう勧めるにちがいない。[*8]

次は徳倫理学。この場合、人々に苦悩や苦痛を引き起こす問題において、どの程度、共感すべきかを尋ねていることになる。

過度に共感すれば、インテグリティや精神的支柱といったものの欠如につながる。文化は胡散臭さとは切っても切り離せず、私たちはそれまでの行動に見切りをつけて、道徳的にまったく問題のないことを探すだろう（2022年の世界では、かないそうもない夢だ）。

一方、共感が**不足**すると……、ダニエル・スナイダーのような人間になる。聞く耳を持たず、傲慢で、頑固で、新たな考えを拒み、融通がきかず、他者の気持ちにまったく関心を持たない。

この両者のあいだのどこかに、共感の中庸がある。スナイダーのチーム名が、これほど不必要な苦痛をもたらし、また簡単に変更できたことを考えると、スナイダーは他人に対する配慮に欠けているにちがいない。ここでは、彼のシーソーは正常に動かない。

そして、スナイダーが独断でチーム名を変更するのになんら支障がないことから、おそらくチームを応援するのは間違っているだろう。

功利主義は少しばかり注意が必要だ。

名前の変更を拒んだ際、スナイダーは帰結主義の立場に立っていた可能性がある。もし名前を変えていたら、変更を**望まない**ワシントンのファンが感じる苦痛の合計は、現状維持でネイティブの感じる苦痛を上回る**かもしれない**。

だが、そもそもこの2つの苦痛は比較できるものなのか？

思い出してほしい。2つの異なる結果において、大事なのは**苦痛を感じる人の数**ではなく、**苦痛の総量**、苦痛の**強さ**、**期間**、その他、あの粋な詩であげられていた4項目だ。

功利主義者にとっては、1人がバットを膝に当てるよりも、100人が紙で指を切るほうがましなのだ。そう考えると、たとえ苦痛を感じる人の**数**（この場合はネイティブ・アメリカンと、その支持者たち）が快楽を感じる人の**数**より少なくても、スナイダーが名前を変えなければ、苦痛の**総量**は大幅に上回る可能性がある。

ベンサムの古きよきヘドンとドロア方式の快楽計算によって、スナイダーが名前を変更した場合に、現状維持賛成派の〇〇〇スキンズ・ファンが感じる苦痛の深さ、期間、強さを求める際に、忘れてはならないことがある。

それは、彼らの経験はごくありふれたものだということだ。スポーツチームは頻繁に愛称、ユニフォーム、ロゴを変更し、ファンはすぐに慣れる。〇〇〇スキンズも、かつてはボストン・ブレーブスだった（やはり差別的だが、それほどでもない）。

セント・ジョーンズ大学の〇〇〇メン（ワシントンとほぼ同じ）は、1994年にレッドストームに名前を変えた。そのことで誰かが文句を言っているのを聞いたことがあるだろうか？

なかには、チームが愛称やロゴを**変更せずに**（「昔からずっと呼ばれている名前を変えるつもりはない」という理由で）、ばかげた結果を招く場合もある。

ミネアポリス・レイカーズは、湖(レイク)の多い場所から、まったくない場所に本拠地を移転したため、現在の「ロサンゼルス・レイカーズ」というチーム名は意味をなさない。ニューオーリンズ・ジャズはふさわしい呼び名だったが、ユタ・ジャズは明らかに違和感がある(ユタ州には誇れるものが多くあるが、ジャズはそこに含まれない)。[*9]

名前の変更がごく当たり前に行われていることを考えれば、スナイダーの決断に対する帰結主義の議論はたちまち成り立たなくなる。

では、**私たち**、それからファンであることに関する議論は?

チームを応援しつづけることで、どれくらいの「悪」が生じるのか?

それは、「チームを応援すること」の意味によって異なるかもしれない。

チケットやグッズにお金を費やしているか? 自分のアカウントでツイートしたり動画を投稿して、人種差別的なロゴを拡散しているか? 周りから見える場所で、チームの帽子やユニフォームを身に着けているか?

ファンとしての活動がどちらかというと個人的であれば、帰結主義で言うところの「害」はそれほど生み出していない。[*10] けれども、ここで功利主義の行為に関して、ふたたび「インテグリティ」問題が発生する。

自宅のテレビで好きなチームの試合を観戦するだけなら、「悪」は少量ですむだろう。とはいうものの、私たちは自身の選択で生きていかなければならない。バーナード・ウィリアムズが言うように、私たちは「他人の行為よりも、自分の行為にとりわけ責任がある」。ひそかにチームを応援することを正当化する功利主義の計算のみに頼っても、その選択が正当化されるとは限らない。また、この場合は念入りにチェックして、**自分は**それで大丈夫かどうか、胸に手を当てて考える必要がある。

たぶん、(私は) 大丈夫だ。

あらゆる選択肢を検討し(実践的命令、中庸、功利主義計算、個々の状況分析)、自分にとって大事なものをすべて考慮すれば、ワシントンのフットボールチームを応援しない人生は想像できないという結論に達するかもしれない。

言ってみれば、若いころに個人的なチャウダーに入れた材料の1つで、料理からその風味を取り去ることはできないのだ。

「インテグリティ」問題は諸刃《もろは》の剣だ。自分はどんな人間か、自分にとって何が大事か、自分はどんな積み木でできているのかという自身の感覚は、何かにその積み木の構造的完全性を脅かされたときに、あらゆる道徳的思考を用いても逃れられないことを意味する。

だとしたら、どうすればよいのか?

その問題はさておき、先ほど述べた2種類のジレンマのもう一方、すなわち「変えることのできない大好きなもの」を見てみよう。

シナリオ2　豹は身体の斑点を変えられない、あるいは変えることができず死んだ

私たちの大好きなもの、応援する対象が、いつでもマスコットを非人種差別的なものに変えられるワシントンのフットボールチームではなかったら? マイケル・ジャクソンの音楽、ロマン・ポランスキーの映画、トーマス・ジェファーソンの起草……、私たちに精神的苦痛を引き起こしているものが歴史上の不変の事実だったら? 自分の執筆している本が、最初から最後までアリストテレスの英知を論じたものだったら? 彼は真の天才だったが、徳を積むことができるのは「自由な男性」だけだと信じ、奴隷制の擁護に時間と労力を費やしたのだ。

私が10歳くらいのころ、病気で学校を休んだ日に、母親がウディ・アレンの『スリーパー』を借りてきてくれた。それを観ながら、とにかくずっと笑って咳きこんでいたのを覚えている。2回続けて観た。

すると父親が、アレンはコメディ小説や短編の本も出していると教えてくれ、それから4日間くらいで『ぼくの副作用』『これでおあいこ』『羽根むしられて』を全部読んだ。

これらの本が私のコメディ脚本家としてのキャリアの出発点となったと断言できる。ウ

ディ・アレンのユーモアのセンスは、ただおもしろいだけでなく、私のアイデンティティの中核をなすものだ。だから、アレンが（a）ものすごく年下の継娘も同然の女性と結婚し、その後（b）児童性的虐待で訴えられたときに、私の頭の中がどうなったのか想像がつくだろう。

正直なところ、（a）のような出来事が起こることは予想すべきだった。

アレンの映画や小説には、困惑するようなテーマが驚くほど頻繁に登場する。とても若い娘に惹かれる老人、より正確には、トッドが指摘するように「納得がいかないが」、どういうわけかはるかに年上の男性に惹かれる若い娘。『マンハッタン』（１９７９）では、アレンは42歳のアイザックに扮し、マリエル・ヘミングウェイ演じる17歳のトレーシーと付き合っている。

実際にはアレンは44歳、ヘミングウェイは16歳だった。映画ではトレーシーは高校生で……、実生活でもヘミングウェイは高校生だった。何しろ16歳だから。トレーシーとアイザックがセントラルパークでキスをする場面があるが、ヘミングウェイが誰かにキスをしたのは、それがはじめてだった。[8]

ヘミングウェイの記憶によると、撮影から2年後にアレンがアイダホまでやってきて、一緒にパリへ行こうと迫ったが、彼女にその気がなく、[9]同じ部屋に泊まるつもりもないことがわかると帰っていった。

こうした行動を表す言葉がある……、「ゾッとする」だ。

もちろんアレンは、最初からゾッとするような男性を意図していたわけではない。だが、映画と実生活を通して、その忌まわしい像を完成させたのだ。『アニー・ホール』では、トニー・ロバーツ演じるロブが保釈金を支払い、アレンの役のアルビー・シンガー(ロブには「マックス」と呼ばれている)を刑務所から釈放させる。

そのときのやりとりを紹介しよう。

ロブ　連絡をもらったときは心臓が止まるかと思ったぜ、マックス[10]

アルビー　タイミングが悪かったようだな。甲高い声が聞こえた

ロブ　双子だ、16歳の。めったにありつけないぞ

つまり……、法律では強姦だ。しかも16歳の少女2人は近親相姦の可能性もある。とんでもない。こうした映画を引き合いに出したのは、アレンの不快さをあらためて強調するよりも、私自身の問題のある行為を白日の下にさらしたかったからだ。アレンのこうした面については昔から知っていた。何十年も。ほぼ暗記している映画もある。

前述の『アニー・ホール』のやりとりは何も見ないで書き起こした。100回は観ているからだ。にもかかわらず、アレンが男女関係をこのように書いたことが……、**受け入れ**

られるかどうか、自分に尋ねたことはなかった。そして1997年、62歳のアレンは27歳のスン＝イー・プレヴィンと結婚した。

彼の元パートナー、ミア・ファローの養女だ。2人が付き合いはじめたのは、アレンが56歳、プレヴィンが20歳のときだった。交際するまでは、ほとんど接点はなかったものの（スン＝イーの幼いころ、ファローとアレンは通常の「カップル」とは違った）、2人の関係の転機となったのは、高校2年のときに、サッカーの練習でケガをしたスン＝イーにアレンが手を貸したことだったという[11]。

こうした行動を表す言葉がある。それは（腹を押さえながら、苦痛に満ちた、しわがれたうめき声）……。

けれども2人の関係を耳にしたときには、私は苦痛に満ちた、しわがれたうめき声はもらさなかった。アイデンティティの核心を揺るがす情報に直面しても、他の大勢の人と同じ行動をとった[*11]。言い逃れをしたのだ。

スン＝イーは**アレン**の養女ではなく、**ミア・ファロー**の養女だった。映画はあくまでフィクションだ。若い女性と老人の話はアレンが考えたわけではない……。アレンのつくる話は、私のアイデンティティのピザにのったとろけるチーズだ。削ぎ落としたら、私のコメディに対する見方は変わってしまう。そして、私という人間も。

ところがその後、あろうことかアレンは娘のディランから性的虐待で告発された。その告白の内容はおぞましく、真偽が不確かな点もあるが、少なくとも、事件について調べた裁判官が、ディランに対するアレンの行為は「きわめて不適切で、彼女を保護する措置を取らなければならない」[12]と判決文で述べた。

ワシントン・○○○スキンズやチックフィレイとは違って、この問題は解決することができない。スナイダーはチーム名を変更できるし、チックフィレイは反LGBTQ+の立場を改めることができる。都市は人種差別主義者の警察署長や南軍将軍の像を撤去することができる。

けれども私は、その行為が(a)よく言ってもあやふや、悪く言えば忌まわしい、その一方で(b)歴史的偉業である人物をクリエイターとして敬愛している。

心から好きな人や物に変えることのできない欠点があり、本人がそれを認めないか、すでに死んでいて認めることができない場合(トーマス・ジェファーソンの奴隷所有、ジョン・F・ケネディの派手な女性関係や性的暴行など)、変えることができるとすれば、私たちの側の態度だけだ。そして、変えることには痛みを伴う。

今回も、これまで見てきた哲学は、そうしたものはきっぱり断つべきだと告げるだろう。たとえば帰結主義は、「変えることができるもの」バージョンの場合と同じように返答に詰まる。最初は、すでに持っているDVDを再生することで、深く「傷つく」人はほとんどいないと考えるのであれば、ウディ・アレンの映画を観てもかまわないかもしれないと思った。映画を観たことは誰にもわからない、それに**自分**が幸せになれる。けれども、時に帰結主義者の主張が間違っていると**感じる**のは、まさにこうした考え方のせいだ。このとき、個人のインテグリティは否定されている。

私たちを「私たち」にしているものにリスクがあるにもかかわらず（この場合、そのものに対する愛情と、それを愛していることが引き起こす苦痛）、功利主義の計算は、そうした内部の葛藤を考慮に入れない。映画を観ることに不快感を覚えるかもしれないが、それは他人に対する「善もしくは悪」から完全に切り離されている（アレンの映画に出資しているなどの状況であれば、計算方法は明らかに変わる）。

カントの純粋性は心をそそられる。「毒樹の果実」（許しがたい罪を犯したアーティストによる作品）から目を背けさせる定言命法は、全体の状況を考慮しているように思える。だが、カントの純粋性がしばしばそうであるように、負の連鎖のきっかけにもなりかねない。

どこまでが「許しがたい」のか？　罪は犯しておらず、単に私たちの忌み嫌う大統領候補を支持している俳優は？　それだけでも定言命法に従うべきなのか？

さらに、きわめてややこしいケースもある。

たとえば、メル・ギブソン[13]が2006年にマリブの警察官に向かって反ユダヤ的で女性蔑視の発言をしたことは、性的暴行ほどひどくはないが、褒められたものでもない……。

でもその後、彼は禁酒して、自身の発言に対して謝罪した……。

ところがところが、2010年に女優のウィノナ・ライダーが目の玉が飛び出るようなエピソードを打ち明けた。[14] ギブソンは彼女の同性愛者の友人に向かって、話をしたら「AIDSがうつるか？」と尋ねたという。さらにライダーがユダヤ人であると知って、「Oven dodger（焼却炉を逃れた人）」と叫んだ。

この場合はどうすればいいのか？　筋金入りのカント哲学者だったら、アレンと同様にギブソンも拒絶すべきか？

この場合も、「自分は何をすべきか？」よりも「自分はどのような人間になるべきか？」という問題のような気がする。「悪い行為」は種類が多すぎて、考えうるシナリオを一括し、すべてに当てはまるルールを見つけることはできない。

そこで、徳倫理学を試してみよう。

大好きな映画、テレビ番組、音楽を生み出した人物の道徳的欠点について、深く考えなければ、私たちは無神経で思いやりのない人間になる。そして、彼らを思い上がらせてしまう。たとえ言いたい放題、やりたい放題でも、ファンはお金をつぎこんで応援してくれると思わせてしまうのだ。

一方で、深く**考えすぎ**て、脛に傷を持つ人物のつくったものには1セントも出さないと決意したら……。そうした人物に対する強い嫌悪感を考えれば、スポーツにも音楽にも映画にも、二度と手を出さなくなってしまうかもしれない。

ちょうどよい程度に、自分を思慮深くて理解のある人間だと考えることはできないのか？　娯楽を選ぶ際に、道徳的な面を考えると同時に、大好きなものをとことん楽しめるように、消費者として少しばかり目をつぶるわけにはいかないのか？

それができれば言うことはない。

「チキンナゲットの追加注文」をしない言い訳

答えを出すのに役に立ちそうなたとえ話を紹介しよう。

私は10年ほど前にベジタリアンになった。[*12] 肉が大好きな私にとって、野菜しか食べられないのは辛かった。メニューに躍る「バターミルクフライドチキン」や「ポークリブ」といった文字を目にしつつ、ゴートチーズのサラダを注文するのは、ものすごくがっかりだ。

ベジタリアンを選んだ理由は2つ、健康と（コレステロール値を下げる手っ取り早い方法、私は高止まりだった）道徳（概して家畜の扱い方には問題があり、かわいい動物を食べるのは間違っているように思え、また畜産業は許しがたいほど環境に悪影響を与えている）。

「道徳」に関しては賛否両論があるだろうが、ベジタリアンになることの大きなメリットは、店やレストランで消費される肉の量を減らせることだ。それが需要を減少させ、結果的に肉の減産につながる。

けれども、もし誰かほかの人（たとえば、チキンナゲットが大好物の10歳の娘アイヴィ）がすでにチキンナゲットを注文し、全部食べきれなかったら？　私が残ったナゲットを食べても、レストランが有益なフィードバックを受け取るわけではない（チキンナゲットの追加注文は入らなかったのだから、次回の仕入れ量は増えない）。

それに、ナゲットはとてもおいしそうだ（これはあくまでたとえ話だが）。食欲をそそられる。それが目の前の皿にのっていて、特製ソースまである。これを全部捨ててしまうつもりか？　どうかしている。**誰か**が味わうべきだ。何が悪いのか？*13

個人的には、アイヴィの残したチキンナゲットを食べることは、新たに自分の分を注文するよりも**悪い**ことではないと思う。ただし、**すばらしい**ことではない。肉を食べることに変わりはないからだ。けれども、新しく注文するよりは**まし**だ。

つまり、比較の問題である。

はたして、娯楽の消費に関してもレベルがあるのか？

前述の「昔の映画をＤＶＤで観る」状況を例にあげよう。

『アニー・ホール』を20年前に買ったＤＶＤで観れば、ウディ・アレンの収入にはならない。新作映画のチケットは買わないので、これ以上、彼のポケットにお金が入ることはない。非難に値すると判断した行為の主が生み出した作品を観てもいいのかどうかは、あいかわらず決めかねているものの、その映画が子どものころの自分にとって大きな意味を持ち、人生や脚本家としてのキャリアに直接影響を与えたのであれば、なんらかの形で許されることではないのか？

善人になるために最も大事なのは、もう一度言うが、自分の行為がよいか悪いかを**意識し**、正しいことをしようと**努力する**ことだ。きっぱりと関係を断つことができないくらい、問題のある人物や物を愛しているのであれば、つねに2つのことを心に留めておくべきだと思う。

1　私はこれが大好きだ
2　これをつくった人には問題がある

1を忘れるのは、自分の一部を失うことを意味する。

2を忘れるのは、その物が自分（そして他人）に苦痛を引き起こしていることを否定し、それゆえ、ひどい行為の被害者に配慮を示せないことを意味する。

この2つは同時に考えることが可能だ。そうすれば、つまり言い訳をしたり、現実から目を背けて生きるのではなく、そのアーティストの欠点に向き合いながら作品を楽しむのであれば、この先も彼らが生活の一部になっても、ある程度は自分を許すことができる。

なかには、もうこれ以上、大好きなものを楽しむことはできないと気づく場合もあるだろう。アーティストが何か耐え難いことをして、それがあまりにもひどく、犯罪同然の行為だとわかったせいで、たとえこっそりでも、もはや時間やお金をつぎこんで応援することはできないと思うかもしれない。

けれども、それが自身のアイデンティティに深く入りこんでいて、それのない人生は考えられないのであれば、この2つの考えをつねに意識することで、自分の成長に必要としながら、切り捨てなければならない苦痛を避けられるだろう。

そうはいっても、これは**実際に**私たちにとってどんな意味があるのか？

来る日も来る日も、たったひとりで、この問題にどう向き合えばいいのか？

2つの相反する考えを同時に受け入れるだけで、**つねに**十分なのか？

「問題がある」から「擁護できない」となったときに、どうすれば気づくのか？

個人的には、この疑問には答えはないと思う。

哲学では、「ヒューリスティック」という言葉が用いられることがある。ヒューリスティックとは、問題を入力すれば答えを得られるツールで、私たちの行動のガイドラインとなる経験則である（スキャンロンの「十中八九、誰も拒否しないルール」はヒューリスティックだが、やや抽象的だ。理屈のうえでは、どんな状況も受け入れ、全体を把握してから、前進するための適切な方法を決定できる）。

けれども、「作品をアーティストと切り離して考えることは可能か?」とか、「大好きな人の信念が苦痛を引き起こす場合、どう対処すればよいのか?」とか、「キリンの赤ちゃんを絞め殺すことで性的快感を得るオーナーのチームを応援してもかまわないか[*14]?」といった疑問に答えるためのヒューリスティックはない。

そうした状況には自身の道徳論を当てはめることができるし、そうすべきだ。

とはいうものの、いずれは行動を起こす必要がある。**選ぶ**必要がある。**この**物あるいは人物は自分の人生から追放する、だけど**あれ**は残しておく。その判断の基準となるのは、みずからの思考であり、感性にほかならない。

こうしたやっかいな問題を避けたい人は、「どこで線引きをするのか?」と尋ねるだろう。その曖昧さを指摘すれば、問題を明確にしなくてもすむと思っているのかもしれない。だが、コメディアンのジョン・オリバーがよく言うように、その疑問に対する答えは「どこか」だ。**どこか**で線を引く。あなたと私では引く場所が異なるかもしれない。それでも、線は引く必要がある。一人ひとりが。自分のために。

そして、その線を引いた瞬間、遅かれ早かれ矛盾に陥ることが**確定**する。2人の行動は似たり寄ったりなのに、1人には愛情を注いで応援し、もう1人には何もしない。

すると、友人が居ても立ってもいられない様子で、勝ち誇ったように指摘する。**この**映画は観るのに、**あの**映画を観ないのはなぜ? **この**野球選手は応援するのに、**あ**

の選手を非難するのはどうして？

だが、たとえこうした矛盾があっても、自身のインテグリティ、つまり「ひとりの完全な人間」としての意識をはっきりさせなくてもかまわないわけではない。むしろ腰を据えてじっくり考え、必要であれば一度引いた線を消して、別の場所に引き直すきっかけとなる。

インテグリティの矛盾は、ふたたび**挑戦する**機会だ。つまり、みずからの信念や倫理に対する理解と、自分がどんな人間かという意識に基づいて決断を下すチャンスなのだ。明快な答えもなければ、理論的に可能でも実際には不可能な「正しい」決断を吐き出すヒューリスティックもない状況に追いこまれたとき、私たちは失敗の真の価値に気づく。いまやろうとしていることは、いつか期待外れに終わるかもしれない。でも、じっくり考えて、真剣に向き合うほど、その失敗から多くの意味を引き出すことができるだろう。

言うまでもなく、結論はさらにやっかいな問題だ。いつ行動にブレーキをかけて、自身のインテグリティとは相容れないと判断した人物・物・行為にはっきり**異を唱える**のか？こうした問題は、私がはからずも不当なさらし刑を科してしまった軽い追突事故とは異なる。アリストテレスの言うとおり、正当な理由で正当な相手に向けられるべき怒り、あるいは人が自身の悪い行いに対して感じるべき恥があれば、これらは彼の指摘する状況に当てはまる。

親切で、誕生日を忘れないコニーおばさんを例にあげよう。普段はやさしいけれど、メキシコ人に対しては差別的考えを持っている女性。そんなコニーおばさんに、面と向かって意見するのは**難しい**。家族と対立することを考えただけで胃が痛くなって、声が震える。だから、私たちはたいてい楽な道を選ぶ……。何もしないのだ。

私自身、この種の罪悪感を覚えたことは数えきれない。これまでの人生で、大勢の人の言動を不快に感じてきたが、騒ぎを起こしたり、難しい話し合いを始めたり、思いきって議論をするのが嫌で黙っていた（私はあからさまに衝突を避けるタイプで、何度もそのことを恥じてきた）。

オヴァートンの窓が時代とともに伝統から革命へと移動するにつれ、私たちは、いまとなっては差別的、あるいは時代遅れの考えにとらわれた上の世代だけでなく、現状に対する批判が厳しすぎる若い世代とも、つねに対立状態にあることに気づく。どちらの姿勢とも向き合うことは難しく、人間が物ごとに対する考えをめったに変えないことを考えれば、まともに向き合っても虚しいようにも思える。

とはいえ、こうした問題に対して明らかな「答え」は提示できなくても、少なくとも、答え**ではない**ものを指摘することはできる……。それが「何もしないこと」だ。

自分の意見を押し通し、私たちを思いやりや気配りに欠けると非難する人からの訴えを無視しても、誰のためにもならない。また、友人や愛する人や顔見知りによる人種差別、性差別、侮蔑的な発言に対して、ただ黙っていても誰も喜ばない。

こうした場合、自分に対しても他人に対しても、偏見にとらわれずに人間として成長するための行動が求められる。

先ほどの例に話を戻すと、感謝祭のディナーの最中に、コニーおばさんがいつものようにメキシコ人に対する差別的な話題を持ち出したときに、「詳しく聞かせて。そのことについて、きちんと話し合おう」と言うのは、あまりにも楽観的だと思うかもしれない。

どんなふうに見られるのか？　そんなことをして何の役に立つ？　おばさんはどう反応する？　せっかくの感謝祭を台無しにしないか？　コニーおばさんが二度と口をきいてくれなくなったら？　人に恥をかかせれば、相手はかえって意地を張り、思いこみが強くなって逆効果だと学んだのに、なぜこの場合は違うのか？

しかしアリストテレスは、「恥に欠けたり、まったく恥を感じない者には不名誉の意識がない」とも述べている。コニーおばさんが大好きで、おばさんのことが心配なら、恥ずべきことを口にしたときに、少しばかり恥を感じてほしいと思わないだろうか。

おばさんに開花してほしくないか？　それに、温和の中庸を見つけて、**適切な状況で適量の怒り**を示すことができるようになりたくはないか？

徳倫理学者は中庸がなかなか見つからないことを知っているうえで、あえて中庸を探すという骨の折れる作業を私たちに求めている。もし簡単だったら、私たちは皆、とっくに開花しているだろう。それなら、感謝祭のディナーの最中に席を立ち、おばさんを救いようのない人種差別主義者だと責めることもない。

だが、とりあえずおばさんのことは置いておき、彼女の考え方がなぜ間違っているのか、あるいは、なぜ人を傷つけるのかを考えてみよう。

その考えの根底を探り、原因を突き止め、見方を変えるよう努力する。

おばさんは単なる意見や冗談を言っているつもりでも、その言葉でおばさんとの関係が損なわれる恐れがある、そして、おばさんの言葉を黙って聞いているうちに、自身のインテグリティが脅かされることを説明しよう。

ただし、どういう行動をとるにしても、2つの相反する考えを同時に心に留めておく必要がある。

私はこの人が大好きだ。

この人は私に苦痛を引き起こしている。

この2つの考えを同等に扱う。そして相手も同じようにしてくれれば文句なしだ。

当然ながら、ふたたび傲慢なスナイダーの敗北

この話には後日談がある。○○○スキンズはついに名前を変えた。

2020年夏、警察官による残虐行為が全米を揺るがし、ブラック・ライブズ・マター運動によって人種差別問題が関心を集めるなか、スナイダーはついに時代の流れを受け入れ、もはやチーム名が適切ではないことを認めた。[15]

善人になるための数ある方法のなかで、「無理やり引きずりこまれる」のは理想的ではないが、何もしないよりはましだ(チーム名を変更すると決定した直後、『ワシントン・ポスト』によってチームの経営陣[16]によるセクハラ問題がすっぱ抜かれ、広報面で完全な悪夢となった。単なる偶然にちがいないが)。

私としては、ここに至るまでの紆余曲折よりも、ネイティブ・アメリカンが心の安らぎを取り戻したこと、そしてこの苦しい戦いで勝利を収めた彼らの団結に注目したい。

私たちが訴えていた「努力すること」の意味が、あらためて強調された。

つい数年前まで、スナイダーはチーム名は**ぜったいに**変えないと断言していた。それでも、大勢の人が努力をあきらめなかった。議員に働きかけ、スナイダーの名誉をわずかに傷つけ、自分たちの主張の正しさを説明しつづけた。

その結果、少しずつオヴァートンの窓が移動した。他チームが名前を変更し、社会正義がゆっくりと前進する。そしてとうとう窓の枠に、以前なら考えられないものが収まった。

たしかに困難な問題だった。だが、簡単に解決するものなどない。考えるだけで、私たちは疲弊する。2400年もの歴史がある哲学で武装しているのに、決定的な解決法が見つからなければ、なおさらだ。

そうした隙をついて、誘惑の声が私たちにささやきかける。

やめてしまえ！　善人になるためにそんなに努力しなければ、人生はもっと楽になる。いくら努力したって不可能な場合もあるんだ。人間は宇宙空間の小さな岩の上を漂う塵にすぎない。そんな私たちのすることが、そもそも重要なのか？

実際のところは……、どうなのか。

＊1　ほとんどの（すべてではない）コメディ脚本家は進歩的思想の持ち主だ。

＊2　これだけの歴史に名を残す有名人や成功者が問題行動を起こしていることにショックを受けている。本書の編集が終わるころ、慈善事業に過去最大額の寄付を行ったビル・ゲイツはパワハラで訴えられ[17]、**さらに**これまでに報道されているよりも多くジェフリー・エプスタインに会っていたらしい。文字どおり今日、妻と私はポッドキャストでガートルード・スタインのことを聞いた[18]。ピカソやヘミングウェイの初期のパトロンで、20世紀初頭のパリの芸術界に君臨し、小説家で詩人でフェミニストでゲイ・アイコンで……、その彼女がナチス占領下のフランスでヴィシー政権にすり寄り、ペタン元帥の反ユダヤ主義のスピーチを英語に翻訳していたことを知った。よりによって、ガートルード・スタインが!?

＊3　またしても登場。大勢の人に使われているようだ。この表現がどれだけ文化に浸透しているか、おそらく誰かが記事を

＊4　いまもなお愚かな（そして、または）、不愉快な（そして、または）、軽率な行動を続けている。マッケンナがこの記事を現在書いていたら、アルファベットの各文字につき5件はあげていたにちがいない。書くべきだ。

＊5　しばしばスナイダーは、この愛称は人種差別的**ではなく**、ネイティブ文化に対する「称賛」のようなものだと主張した。これは、ジェレミ・ベンサムに言わせると大げさな戯言《たわごと》である。この言葉の歴史として、『ワシントン・ポスト』は以下の説明を引用している。「1863年、『ウィノーナ（ミネソタ）・デイリー・リパブリカン』はレッドスキン（赤い肌）という言葉を蔑称として用いる告知を掲載した。[19]〝政府は、死亡したインディアンに対する補償金を、煉獄に送られたレッドスキン1人につき200ドルに増額した。この額は、レッドリバー東岸のインディアンの全死体に値する額よりも多い〟」

＊6　スナイダーは2013年にファンに対して手紙を書き、チーム名に問題はないと証明する調査や事例報告を引用している。いわく、「81年が過ぎても、〝レッドスキンズ〟は数々の思い出を保持しつづけ、我々がどこから来たのか、我々は誰なのか、今後どんな存在になりたいのかを示しつづけるだろう[20]」。言い換えると、これから取り上げる「昔からそうだった」ということになる。

＊7　これは、ウィリアム・ジェームズがプラグマティズムを提唱した理由の一部でもある。すなわち過去の信念と、利益を得られるであろうことから生まれる、新たな、よりよい、より事実に基づいた信念のあいだに橋を架ける道具を提供するためだ。

＊8　本書の冒頭のQ&Aに登場した、不親切で博学な教授たちとの衝突を避けるために、じつは定言命法には**3つ**の定式化があることを白状しなければならない。第3の定式化については、カントの節では触れなかった。そして、さらにうんざりしたため息とともに付け加えておくと、カントは「目的の王国」と呼ばれるものについて書いており、これを第4の定式化とする学者もいるが、明確な概念ではないと考える者もいる。これは、カントの文章がいかに難解かを示すよい例だ。いったい定言命法の定式化がいくつあるのか、専門家のあいだでも意見が分かれるのだから。

＊9　実際、あまりふさわしくない愛称を考えるのは難しい。アリゾナ・ポーラーベアーズ?　カンザス・マウンテニアーズ?　ラスベガス・ディグニティ?

＊10　公平を期すために言うと、功利主義者は強者による弱者の抑圧に異を唱えてもいる。これについて、ミルは『功利主義論』で次のように書いた。「関連する利益は安全性であり、あらゆる人の感情にとって、最も不可欠なものである。この

世の他の利益はすべて……、必要であれば喜んであきらめたり、他のものと置き換えることもできるが、安全性はすべての人間になくてはならない。我々は悪に対する免疫を安全性に頼っている。その瞬間の満足ほど価値のあるものはなく、もし奪われるとすれば、次の瞬間、つかの間、自分より強い誰かによってである」[21]。彼は**何か**を考え出さなければならなかった。功利主義の基本的信条が多数決主義の独裁を擁護しているように見えるからだ。私たちの51パーセントが残りの49パーセントを抑圧しているとしたら、それは（理論上は）51パーセントの幸福および49パーセントの不幸である。功利主義者はこれを認める。したがってミルは、抑圧からの基本的安全は、他のあらゆる事柄に優先すると結論づけた。なぜなら、**すべての**人は、いつか**自分**が抑圧される状況になることを恐れ、基本的自由がなければ、他はすべて崩壊するからだ。議論にメリットがないわけではないが、次の2点を指摘することができる。まず、多くの抑圧者がいる場合は、この限りではない。彼らはいつか自分が抑圧されることを**まったく**恐れていない。次に、自身の道徳理論が見た目とは裏腹に、なぜ抑圧を**承認しない**のかを説明する必要があれば、その理論には大局的見地から見た誤りがあるかもしれない。

＊11　第7章のバックファイア効果についての注を思い出してほしい。アイデンティティの核心に挑む情報を前にした人が、自身の考えに固執し、余計に信念を強める。これに関して、ブレンダン・ナイハンとジェイソン・ライフラーによる共同研究が『You Are Not So Smart（あなたはそれほど賢くない）』というタイトルのポッドキャストで公開されている[22]。とはいうものの、やっかいで複雑な問題のご多分にもれず、この効果が研究で示されるほど強力ではないとする証拠もある[23]。

＊12　私の個人的な肉食歴を知りたければ、チックフィレイ事件の直後のことだった。だから、あの議論のときには、私にもチックフィレイを食べる選択肢はあった。

＊13　同じくベジタリアンのトッドによる衝撃的な補足、「いまだから打ち明けるが、私にも同じ経験がある。重量挙げをやっている長男がハンバーガーを食べるからだ。しかも息子が残したものをもらうだけでなく、彼がそれを包み直し、紙袋に入れて捨てに行くと、私はゴミ箱のいちばん上にある袋に手を突っこみ、食べ残しを取り出して食べたこともある。あまり大きな声では言えないが」。哲学者も人間だということだ。

＊14　私の知る限り、ダニエル・スナイダーは性的興奮を得るためにキリンの赤ちゃんの首を絞めたりはしない。しかし、もしダニエル・スナイダーが性的興奮を得るためにキリンの赤ちゃんの首を絞めていると知ったら、私は〝さもありなん〟とうなずくだろう。

第11章

選択の自由は、自分のためだけのものか？

倫理的な決断をするのは難しい。
決めないと……、どうしてもだめなのか？

「実存主義」という言葉を耳にしたことがあるだろう。だがほとんどの場合、間違った使い方をされている。陰鬱な物語、あるいは死がテーマだったり、漠然とヨーロッパ風の小説は、大胆にも「実存主義」文学と呼ばれることがあるが、実際には違うことが多い。「実存主義」は、本当の意味がもっと単純なときに人々が好んで使う魔法の言葉だ。

使い方を間違っている人を責めることはできない。

というのも、実存主義的文章（20世紀半ばのフランスにおける哲学および文学運動に最も深く結びついたもの）は理解が難しいことで有名だからだ。

だが、何層ものゴロワーズの煙とフランス風苦悩の下に埋もれているのは、これまで見てきた考え方とは異なり、劇的な（そして、ある意味で陰鬱な）方法で私たちを善人へと促す、新たな切り口の道徳上の意思決定だ。

有名な楽観主義者だった——ジャン＝ポール・サルトル

ごく簡単に言えば、実存主義とは次のような考え方である。

人間の存在は不条理だ。

カッコよく響かせたいときに使う言葉	実際の意味
カフカエスク（カフカ風）	不気味な
超現実主義	風変りな
風刺	不愉快な
実存主義	暗い・悲しい・陰鬱・絶望的
フロイト派	ペニス関連
ポストモダニズム	最近の
オーウェリアン（ジョージ・オーウェル風）	人種差別的発言で X（旧Twitter）から出禁をくらった

その存在を超えた「大いなる力」も、神も、見いだすべき意味もなく、そのせいで私たちの心を恐怖や不安で満たす。全体としての目的は（細部は作家ごとに異なるが）、その不条理、恐怖、不安に直面したときに私たちに何ができるのかを理解することだった。

しかし最も盛んだった時代においても、実存主義は大いに誤解され、批判された。

1945年10月29日、フランスの実存主義者ジャン＝ポール・サルトルは、事実をはっきりさせるべく、「実存主義とはヒューマニズムである」と題した演説をパリで行った。

このタイトルは世間の人を驚かせようとしてつけられた。

ヒューマニズム？　この男は自分の哲学が「楽観的」で人間に好意的だと主張するのか？　何しろ歴史上、最も近づきがたい人物の1人として有名な、あのジャン＝ポール・サルトルである。飼い猫を「ナッシング（無）」と名づけ、『嘔吐』や『存在と無』などという本を書いた。しかも、『存在と無』というタイトルの本を書きながら、「なぜ皆は私をうつ状態だと思うのか？」と尋ねるような男だ。

サルトルは実存主義にまつわる誤解を晴らそうとしていた。そもそも彼は誤用[*1]を食い止めたかった。驚いたことに、演説ではいっさいメモを見ずに話し、その姿はクライアントのために最終弁論を行う弁護士のようだったという。

彼は（文字どおり）自己弁護に終始しているが、それには理由がある。

実存主義の著書で世間からの不評を買ったのだ。アルレット・エルカイム（養女にして、時に翻訳家）が1996年の『実存主義とはヒューマニズムである』フランス語版の前書きで次のように書いている。

> キリスト教徒はサルトルの無神論だけでなく、唯物主義者であることを強く非難し、共産主義者は彼が共産主義者でないことを責めた……。多くの人の頭の中では、サルトルはずば抜けて優秀なアンチ・ヒューマニストとなりつつあった。フランスが廃墟と化し、最も希望を必要としているときに、フランス人の士気をくじいたのだ。[1]

1943〜1945年のごく短期間に、サルトルは共産主義者、無神論者、芸術家を怒らせた。その間、無神論者の作家として地下出版の共産党機関紙に執筆していたというのに。そう簡単にできることではない。この実存主義は説得力がある。

実存主義に対する宗教的反論については、詳しく説明するまでもない。

サルトルは、私たちを見守り、その行為を裁く、いかなる全能の神の存在も完全に否定した。サルトルにとって、私たちは無から生まれた存在で、どんな人間になるのか、何をするのかはすべて私たち次第であり、やがて死ぬ。以上。

私たちは何者にも「導かれる」ことはなく、宗教、霊的なもの、その他**どんなもの**のルールにも従わない。私たちに与えられているのは、そして最終的に私たちをつくり上げるのは、生きているあいだに自分で行う選択だけだ。

自身の命にいかなる意味も加わる以前から私たちは存在するという信念は、サルトルが「主観性」と呼ぶ状態で、「実存は本質に先立つ[2]」という言葉で説明される。

そして、彼にとって最も重要な結論は、私たちの存在の前後に、なんらかの意味を持つ巨大な構造が世界に満ちていなければ、「人間は自分自身に責任を負う[3]」ということだ。

> まず人間が存在する。世界に形を与え、自身に出会い、その後はじめて自分を定義する。実存主義者が思い描く人間が定義されないとすれば、そもそも人間が無であるからだ。最初は何者でもなく、やがて自身でつくり上げた存在となるだろう。[4]

アブラハムの伝統（ユダヤ教、キリスト教、イスラム教）で育った者にとって、神のいない人生は審判のいない野球の試合のようなものだ。スコアをつける人もいなければ、ルールを強制する人もいない。つまり何でもありだ。

ドストエフスキーの有名な言葉のとおり、「もし神が存在しないなら、すべては許され[5]る」*2。神を方程式から（そして、人間のためのあらゆる種類の全体構想から）消去したら、私たちは自分以外には責任のない、地上をうろつきまわるただの役立たずにすぎない。それがまさにサルトルの信念で、彼の哲学全体の根幹だった。

実存主義は、あなたが15歳のときにバカなことをして、両親から「もう大人なんだから、自分の行動に責任を持ちなさい」と叱られた状況と似ている。ただし、この場合はあなたを叱りつけるのはフランス人の哲学者で、彼の結論は神の存在を否定している。

サルトルにとって、人間のために整然とした秩序を築く神のいない人生は、混乱を招くかもしれないが、それと同時に**解放**でもある。

従うべき掟、宗教に見いだす「意味」、国民性、自分が歯科医で、子どものあなたにも歯科医になることを命じる両親……。そうしたものがいっさいなければ、私たちは大局的見地から、あらゆるものを鋭い目で観察することによって、自分をつくり上げるために何を選ぼうと完全に**自由**だ。

「兆し」も「予感」も、私たちが気づくことを選んだ結果としてのみ存在し、それらに基づいて決断を下すべきではない。あるいは、そうするのであれば、その兆しが決断を下しているわけではないことを認めるべきだ。

私たちは、その兆しが**自分の**決断を暗示しているという解釈を選んでいるだけだ。

宗教の教え、教育、家族の伝統、マジック8ボール（訳注：ビリヤードの球に似た形の占いの玩具）……、いずれも、選択を迫られたときに精神的な支えにはならない。

人は誰でも、ペルー人であれモンゴル人であれ、貧乏人であれデンマーク王位継承順位の第3位であれ、どのような選択を行おうと完全に本人の自由なのだ。

だが（これが要注意）、私たちが選択をする際には、実際はあらゆる人のために選択をしている。[6*3] 嘘ではない。少し考えてほしい。

サルトルによれば、私たちが何かをしようと決めるとき、人の**あるべき**姿を思い浮かべ、結果として周りはその人を見習って従う。この点で、サルトルはカントと奇妙にも一致する。

カントは「皆が自分のしていることをしたらどうなるか？[7]」と自問するよう求める。自分で自分の道徳観を決める必要があるが、その道徳観が全員に当てはまることが条件だ。見たところ、矛盾していると思うかもしれない。神はいない、宇宙の「意味」もない、従うべきガイドブックもない、誰もが好きなことを選べる……。でも、その選択は他人の手本でなければならない？

だとしたら、疑問に思わずにはいられない。自分を他人の手本として考えることは、誰もが他のガイドやルールブックに従わずに自分のために選択するという考えと対立するのではないか？

けれども、心配いらない。これが矛盾に見えるのには、きちんとした理由がある。

矛盾だからだ。正直なところ、サルトルがこれらの考えをどうやって両立させていたのか、そもそもなぜ両立させたかったのかは、はっきりしない。

彼は戦後のヨーロッパで共産主義者に共感していた。だから、人間が相互に関係し合う方法を見つけようとする際に、少しばかり政治的信念が漏れ出したのかもしれない。確かなのは、この矛盾については、さまざまな人が70年間も書いていることだ。

だから私がこの段落で謎を解く可能性は……、きわめて低い。

そういうわけで、「神もいない、私たちの存在の〝意味〟もない、私たちにあるのは選択の権利だけ、と言ったのに、今度は人類全体の手本となるような選択をしろというのか？ 胃が痛くなってきた」と考えているのであれば、私が言いたいのは、まさにその点だ。

実際、サルトルは、この特別な人間の条件が苦悩を生み出していると認めている。「生まれながらに責任を持つすべての人間によって経験された性質」[8]というわけだ。

彼は、自身の説明する状況で人間として生きることは非常に難しいとわかっており、私たちが困難を脱することに反対している。

人生は苦悩に満ちている。実存主義の世界へようこそ。

だが、そうした苦悩にもかかわらず、サルトルは実存主義について「これ以上、楽観的な原理はない」[9]と信じていた。

いかにもサルトルっぽい「私の言うことはつねに恐ろしい、相手を安心させようとしているときでさえ」的な言い方をすると、「人間は自由になるよう運命づけられている」[10]。

私たちには、自分で選択したこと以外、それを実行する精神的支えも「理由」もない（あなたが何を考えているかはわかる。私が何も選択しなかったら？　だめだ。「私が選択しないことにしても、それも選択の1つだ」[11]とサルトルは述べている）。[*4]

彼にとって、この条件の「楽観的」な面は、「人間の運命は、その人自身の中にある」[12]ということだ。自分は自分で選択したものからできているという考えを受け入れたら、好きなときに自由に選択するよう**強制**されていることになる。ほかに選択肢はない。

この苦悩に満ちた混乱から抜け出す方法は、ほかにないのだ。

だからこそ実存主義は**とびきり**楽しい。

じつを言うと、我らがトッド・メイは大学時代に実存主義にどっぷりはまっていた時期があり、誰かに何かを尋ねられるたびに、「……することを**選ぶ**」と答えていた。たとえば、「今夜、僕の寮でパーティがあるんだけど来ないか？」と誘われると、トッドは「パーティには行かないことを**選ぶ**よ」と答えていた。トッドは何十年も前に結婚して、子どもは3人とも成人しているが、その話を聞いたとき、私は狐につままれたような気分だった。

1945年の演説で、サルトルはかつての教え子の話を例に出した。[13]その青年は母親と一緒に暮らしていた。父親はナチスの協力者で、母親はそのことを恥じている。青年には兄がいたが、すでに戦死していた。

彼はイギリスに渡って自由の戦士に加わるかどうか、決断を迫られる。兄の仇討ちをすべきか、それともすでに多くを失っている母のもとに留まり、面倒を見るべきか。

ロンドンに着くまでに命を落とす危険があることはわかっていたが、故郷に留まれば、信念のために戦う、あるいは兄の仇を討つのをあきらめることになる。まさに第二次世界大戦による苦境だった。

サルトルが言いたかったのは、青年の選択を「手助け」できるものはないということだ。相談できる賢者もいなければ、この複雑な決断に対するカントのルールや道徳論などもいっさいいない。あるのは青年の決断だけで、彼の決断は、どんなものであれ、それ以上でも以下でもない。

したがって彼は、聖書に救いを求めたり、J・S・ミルを読んだり、カーニバルで霊媒師に占ってもらったりするのではなく、決断をすべきだ。

そうはいっても、これまで300ページ以上にわたって義務論、功利主義、契約主義、徳倫理学をはじめ、さんざんいろいろな考え方を学んできたというのに、いきなり不機嫌なフランス人が現れて、神はいない、人は行為によって定義される、「自身の存在に伴う苦悩」を唯一の助言として決断を下さなければならないなどとうそぶいている。

私たちの道徳的生活にとっては、カントもベンサムもスキャンロンもアリストテレスも、コイントス程度にしか役立たないと断言しているのだ。

はたして彼に耳をかたむけて、ほかの考えは全部捨ててしまうべきなのか？

非実存主義の実存主義者だった——アルベール・カミュ

その話を進める前に、もう1人の偉大なフランスの実存主義者、アルベール・カミュ（1913〜1960）を紹介する必要がある。サルトルとカミュは同時代のフランスの哲学者で、2人ともノーベル文学賞に選出されたが、大きな違いもある。

ひとつには、カミュはノーベル賞を受賞したが[14]、サルトルは辞退した。超パンクロックで、**いかにも**フランス人だ。[*5] カミュの実存主義的思索は、サルトルよりもさらに削ぎ落とされて厳格である。

前述のように、サルトルは自身の哲学が戦後フランスの共産主義運動と相容れるように、（やや矛盾する）考えを取り入れた。

一方のカミュは、まったく気にしなかった。サルトルは他人の手本となる行動をとるべきだと考えたが、カミュはそれについても無頓着だった。彼の実存主義は、いわばサルトルのバルサミコソースのようだ。より鋭く、濃厚で、説得力がある。実際、カミュは自分は実存主義者**ではない**と繰り返し主張していた。

でも、間違いなく実存主義者だ。その証拠に、この顔を見るといい。

これでも実存主義者でないというのか？[*6]

カミュは自身の実存主義（本人は否定しているが）を次のように分析している。

人間は宇宙からの意味を欲しているが、宇宙は冷たく無関心で、我々にその意味を与えない。実際、何かを「意味する」ものは何もない。あるいは、少なくとも他のものより「意味のある」ものは何もない。

したがって我々は、けっして見つからないものを必死に探している、宇宙に浮かぶ単なる巨石の上に存在する無のかけらにすぎず、それゆえ人間の条件は基本的に不条理である。

写真 © Hayk Shalunts - Alamy Stock Photo

この世界は不条理だと言った。だが……、不条理なのは、この非合理的なもの[*7]と明晰を求める激しい欲望の対立であり、その叫び声は人間の心の奥底で鳴り響

いている。不条理は、人間にも世界にも同じ程度に依存している。さしあたり、不条理は両者を結ぶ唯一の絆だ。憎しみだけが人間をしっかり結びつけることができるように、不条理は人間と世界を密着させる。私の冒険が行われる、この計り知れない宇宙空間で、私がはっきりと識別できるのは、このことだけである。[15]

すばらしい。では、私たちは何をすればよいのか？ この根本的な不条理に、どう対処すればよいのか？ カミュによれば、選択肢は3つある。

1 自殺する[16]

あまり……、理想的ではない。誤解のないように言うと、カミュは自殺**すべき**と主張しているわけではない。あくまで、意味のない宇宙で意味を求める不条理から抜け出すための1つの方法だと言っているにすぎない。なぜなら、そうすることで方程式の一方の辺が消去されるからだ[17]（意味を求める人）。

2　なんらかの仕組み（宗教、家族、仕事など）を受け入れて、そこに意味を見いだす

自殺よりはましだろう？　けれども、カミュにとっては違う。あるいは、ほとんど変わらない。彼はこの何かに意味を植えつける過程を「哲学的自殺」[18]と呼んでいる。

不条理の方程式の**もう一辺**（冷たくて無関心で意味のない宇宙）を消去して、私たちがしがみつくことのできる意味をつくり出す試みだ。だが、社会的な仕組みから「意味」をつくることは、私たちは、けっして意味を与えない冷たく無関心な宇宙で意味を求めながら、宇宙に漂う巨石の上に存在する無のかけらにすぎないという逃れられない事実を否定することになる。そしてカミュにとって、それはつまるところ害を及ぼす。

「すべてを説明する原理（理論上、意味を提供する仕組み）は、同時に私を衰弱させる」[19]

では、3つめの選択肢は何か？

3　人間の条件の根本的な不条理を認め、それとともにどうにか存在する！

どうしようもなく希望のない文章であることを隠すために感嘆符を付けてみた。

けれどもカミュにとっては、これが唯一の真の答えだ。

この世界がそれに勝る意味を持っているかどうかは定かではない。確かなのは、自分がその意味を知らず、いまは知ることも不可能だとわかっていることだ……。そして、この2つの確かな事実（絶対と統一に対する欲求と、この世界を合理的で妥当な法則とするのが不可能なこと）を調和させることはできない。[20]

空っぽで意味のない宇宙に内在する意味を求める欲望への唯一の対処法は、自分が空っぽで意味のない宇宙に存在しながら意味を求めるのが、いかに不条理かを**認める**ことだ。カミュが求めているのは、否定もせず、打ち負かされることもなく、不条理のハリケーンの中心に立つことだ。

『シーシュポスの神話』で、カミュは有名な寓話を取り上げている。シーシュポスは重い岩を山頂まで押して運ぶという罰を受けたが、運び終えると、岩は転がり落ちてしまい、彼は山を下りて、ふたたび運び上げなければならず、それが永遠に続く。このはてしない運命が当てがわれたのは、彼がさまざまな方法で神々を怒らせたからで、神々は終わることのない不条理な作業をシーシュポスに命じた。

だが、カミュの見方は異なる。つまりシーシュポスは、このばかばかしい作業を永遠に繰り返さなければならない……。だから、どうしたというのか。彼は「こんにちの労働者は、来る日も来る日も同じ作業をこなしている。この運命は不条理そのものだ」と指摘する。[21] そして、シーシュポスについては「彼の運命は彼に属する。彼の岩は彼のものだ」[22]。

カミュによれば、シーシュポスの存在は**故意に**、かつ**容赦なく**不条理にされた。

つまり、シーシュポスはそのことしか考えられず、それがいかに不条理かを**理解**する。それゆえ意味の錯覚に気を散らすことはない。目の前にあるのは、この唯一の作業、唯一の困難だけだ。そしてカミュは、70年間にわたって大学の新入生の世界を揺るがしつづけてきた言葉で締めくくる……。

「我々は幸せなシーシュポスを想像しなければならない」[23]

以上、倫理学に対する新たな理論的アプローチを2つ紹介した。

どちらも絶対的な、極端な自由という考えに基づいている。

では、これらは善人になるために役立つのだろうか？

「選択の余地がなかった！」のか？

サルトルの批評家は妥当な反論を提示した。そこで思い出すのが、私が本書の冒頭で、読者の皆さんが抱くかもしれないと考えた疑問だ。

「ただの一般男性のあなたが、いったいなんの権利があって私を評価するのですか？」

より強い力がなければ、個人が他人の行動に口をはさむ権限を持つことなど、どうしてあるだろうか。サルトルの答えは、私たちは「他人の前で」[24]個々に選択を行うということだった。したがって、相手が選択の「理由」として、宗教や他の仕組みに頼っていることが明らかになれば、その選択は失敗に終わる。

そのように外部の要因や仕組みに頼ることを、サルトルは「過ち」[25]と呼び、私たちにそれを公表するよう勧めている。厳密には完全な「道徳」ではないが、サルトルは私たちが何をするか、なぜそうするのかということに間違いなく関心を示している。

同様に、どう見ても趣味の悪いブラウスをどう思うか、友人に感想を尋ねられた場合に、カミュに助言を求めれば、おもしろくなさそうに笑って、「存在という矛盾した茶番で裸で立っていればいい」と答えるだろう。

あまり役に立ちそうにはないが、善人になるためのヒントがまったくないわけでもない。実存主義者が強引に押しつける完全な自由（外部の仕組みを用いて、自身の選択を守ることはできないという主張）は、私たちがそうした仕組みに頼ることをよしとしない。

では、簡単に答えが出ないような、きわめて複雑な状況を想定してみよう。

友人のスーが、もう1人の友人ジーナに腹を立てている。恋人を裏切って浮気をしたという噂を広められたそうだ。怒りを爆発させるスーに対して、私たちは彼女の味方につくと断言する。ジーナはいかにもそういうことをしそうだから（本当にひどい女なのだ）。

ところがその後、たまたまジーナから電話があり、週末に病気の母親の看病に行かなければならないので、代わりに湖畔の別荘を使わないかと誘われた。その誘いを受ければ、スーが機嫌を損ねるのはわかっている。

「私をあんな目にあわせた人の誘いを、よくも受けられるわね」と憤慨するだろう（スーには殉教者コンプレックスの傾向がある）。とはいうものの……、私たちには関係のない話だ。一日じゅう湖畔に座っていればリラックスできるにちがいない。それにジーナは、去年、私たちが空港まで迎えに行ったときのお礼に声をかけてくれたのだ。

誘いを断わるには、スーとの一件があるから行けないと正直に言うか、あるいは嘘をつくしかない。だが、何かの本でカントが嘘をつくべきではないと説いているのを読んだ。それに、ジーナは別荘の様子を見てきてくれると**助かる**と言っていた。彼女は病気の母親のことですでに疲れきっている……。

こうした込み入った事情は、珍しいことではない。考えるべきこと、倫理的ベクトル、忠誠心のテストは何通りもある。そして、功利主義者になったり、徳を探し求めたり、義務論の法則に従ったりしようとしても、すべてを理解するのは難しい。

しかもそうした状況では、私たちは確かなものにしがみつこうとする。

自分のやろうとしていることが、あたかも唯一の選択肢だと示す**理由**を探すのだ。理由があれば安心する。自分の選択が必然的となり、責任を免除してくれるからだ。

「ジーナの誘いを受け入れる**しかなかった**、そうしないと失礼だから」あるいは「断わら**ざるをえなかった**、スーとの友情を壊さないために」

そんなとき、実存主義者は**どんなときも**自分自身の選択だということを思い出させてくれる。フランス人[8]特有の難解な言い回しにもかかわらず、サルトルの実存主義は単純だ……。

私たちは行動することを選択し、その選択は、ほかならぬ私たち自身のものである。さらに、カミュの実存主義には励ましも感じられる……。人間であることは往々にしてばかばかしい。そのばかばかしさを避けられないものとして受け入れることで、真の幸福が生まれる。

2人とも、間違いを犯しても思い悩まないよう忠告している。今回は失敗した、次はがんばろう、と元気づけてくれる。

アリストテレスが徳を手に入れるためにさまざまなことに挑戦すべきだと主張するなら、実存主義者は選択をしつづけるよう勧めるだろう。選択の自由は、不条理で意味のない宇宙において私たちが唯一持っているものだから。

ただし、サルトルが自身の実存主義を「人間らしい」と考えていようが、カミュの実存主義がシーシュポスの神話を解放しようが、現実の人間にとってはきわめて厳しいこともある。

今度は、アラスカの田舎に暮らす低所得の女性が、膝を捻挫したとしよう。

医者は信じられないほど強力なオピオイドを処方した。製薬会社から賄賂を受け取り、オキシコドンの販売促進に協力していたのだ。女性はオピオイド中毒となり、薬をやめることができず、しまいにはガソリンスタンドからお金を盗んで代金の支払いに充てるようになる。はたして、この女性は泥棒なのか？

サルトルは「イエス」と答えるだろう。彼女がそうすることを選んだ。それは、ほかならぬ彼女の選択だ……。

だが、極悪非道の製薬会社が強力な薬を開発して中毒症状の危険性を隠し、賄賂を受け取った医者が患者を中毒にした場合、[*9]「私たちは自分の決断に責任がある」といった言葉は、ほとんど役に立たない。

人間は自身の選択の結果であると言うとき、選択が**自分のために行われる**ことがあるという事実は無視されている。自分の置かれた状況は、自分で選んだものではない。人は最初からそこにいる。そして、その状況のせいで、より寛大な（あるいは少なくとも中立的な）世界では考えられないような選択を強いられるのだ。

それについては次の章で詳しく述べるが、ここでも関連する。選択は自分自身によるものかもしれないが、与えられた人生や、その後に起こるさまざまな出来事は、自分でコントロールすることはほとんど、あるいはまったく不可能だ。[*10]

以上で、何千年もの期間にまたがる、さまざまな考え方をひととおり学んだ。いずれも自分の行動の善悪を判断する理由を示し、善人になるための策を授けてくれた。だが、さまざまな人間の条件の中で、まったく触れられていない重要な側面がある。それは環境だ。ほとんどの哲学では、個々の状況によって、他人よりも道徳的選択がはるかに難しい人がいるという明らかな事実が考慮されていない。

私、ウィリアム皇太子、主治医にオキシコドン中毒にされた貧しい女性、韓国の歯科衛生士、カーディ・B、ガイアナのサトウキビ農家、そしてあなたに同じルールが当てはまることなど、ありえるだろうか？

これまで「私たち」が与えられた状況ですべきことについて話してきたが、「私たち」の中に、一人ひとり異なる大勢の「私」がいて、それぞれの「私」が自分だけの挑戦や特権とともに自分だけの人生を送っていることは無視していた。

つまり善人になることは、**あの**「私」にとっては、隣に住む「私」よりも難しいかもしれないし、簡単かもしれない。

そこで、もう「私たち」でひとくくりにするのはやめて、**具体的に**見ていくとしよう。

＊1　「実際、この言葉はあまりにも多くのものに適当に使われているため、まったく意味をなしていない[26]」

*2　ドストエフスキーが書いた言葉は、このとおりではない。実際の引用はもっと長くて複雑なので、いつも目にするのは、この簡易バージョンだ。つまり、「もう一度あれを弾いてくれ、サム（Play it again, Sam）」と同じパターンである。1世紀以上もたってから、カート・ヴォネガットがこの決まり文句を改訂し、はるかにおもしろい表現に書き換えた。「言っておくが、我々は無駄に時間を過ごすためにこの地上にいる。ほかの奴らに違うことを言わせるな[27]」

*3　言うまでもなく、サルトルは「人」ではなく「男性」という言葉を用いている。

*4　カナダのスリーピース・ロックバンド〈ラッシュ〉の『フリーウィル』という曲に、「決断しないことを選んでも、選んだことに変わりはない」という歌詞がある。[28]哲学の本を買ったのに、実存主義の章で〈ラッシュ〉の歌詞を投げかけられるはめになるとは夢にも思わなかっただろう。気の毒だが、そういうこともある。

*5　サルトルが受賞を辞退したときには、カミュはすでにこの世を去っていたが、もし生きていたら、自分が先に辞退を考えなかったことに地団駄を踏んでいたにちがいない。

*6　関係ないが、なかなかのハンサムだろう？　哲学者をセクシーと形容するのは奇妙だが、この際だからはっきり言おう。カミュは間違いなく色っぽい。

*7　翻訳では、カミュは「不合理な」を名詞として使用し、宇宙の物体の不可知の意味を指している。

*8　実存主義者はフランス人ばかりではない。セーレン・キェルケゴールはデンマーク人で、ドストエフスキーなど、19世紀の偉大なロシアの作家もしばしば実存主義者と呼ばれる。とはいうものの、やはり**このうえなく**フランス風だ。

*9　サルトルは中毒も選択だと言うだろう（トッドの意見）。サルトルは少し頭を冷やしたほうがいい（マイクの意見）。

*10　サルトル一派からの抗議をかわすために。この点について、サルトルは絶望の概念で遠回しに認めていると思われる。いわく、「我々は、自身の意思、もしくは行為を実現する可能性によって決まるものだけを考慮するのは、ほどほどにすべきだ。何かを欲する際には、かならず可能性の要素がある[29]」。とはいっても、サルトル、ここで話題にしているのは貧困なんだ。ブラックジャックではなくて（トッドによる補足）。

第12章

善人になるためには、幸運は不可欠か？

バリスタに27セントのチップを払ったのに、
億万長者だからという理由でX（旧Twitter）で大炎上！
オランダ領アンティル行きの飛行船で
お抱え寿司職人のスパイダーロールも楽しめない！
そんなの不公平だ！

道徳的な人間になろうとする努力が大切なのは間違いない。とはいうものの、どの程度まで努力できるかということも大事だ。

日々の生活に関して、ソクラテス以前の偉大なギリシャ哲学者クセノパネスの言葉を引用すれば、「おいそれとはいかない」[*1]となり、条件も完全に平等ではない。

納得のいく決断をするために費やすことができる時間、エネルギー、お金は、誰もが同じだけ持っているわけではない。お馴染みのジュリア・アナスは次のように書いている。[1]

こんにちの世界には、きわめて多くの人が貧困や暴力に満ちた悲惨な環境（大都市のスラム街など）で暮らしているため、模範となる人物から得る教訓を熟考し、批判することを期待するのは理屈に合わない。人々はしばしば（そして当然のことながら）徳ではなく、自身のことに専念する大切さを強調し、他人にかまわず前に進み、暴力や残酷さに慣れるべきだと主張する……。そうした人の大半が道徳的な人間になれないのは、能力がないからではなく、困難な状況のせいである。

第1章で述べたように、私たちは皆、徳の入門セットを持って生まれる（道徳的な人間になる**潜在能力**がある）かもしれないが、環境のせいで、その潜在能力を実際の徳に変える機会を奪われた人々を非難すべきではないと、アナスは指摘している。

ギリシャ人がどれだけ教師を必要としていたか、覚えているだろうか。

私たちに十分なお金がなくて、アリストテレスのエリート学園に入ることができず、近所で「最も賢い人物」は、バンの荷台に偽物の「アフリクション」（訳注：アメリカの総合格闘技団体）のTシャツを積みこんで売りさばく汚らしい男だったとしたら？

この世界において、倫理や徳についてじっくり考えたいと思う人は多くても、もっと差し迫った問題、たとえば**飢え死にしない**とか、**病気で死なない**とか、**民兵団のギャングに**

殺されないといったことに集中せざるをえないのが現状だ。

それは彼らのせいではない。

この場合、カントのゼロ・トレランス方式は、ほとんど役に立たない。人生があらぬ方向に進んでいたり、日々のストレス要因が多すぎて、生き延びること以外は何も考えられないような状況では、普遍的法則を決めて従うことは手の届かない贅沢かもしれない。

そして功利主義だが、自分がトロッコの**運転士**ではなく、最低賃金の作業員で、ブレーキの故障のせいで、いまにもぺちゃんこになりそうなことにほとんど気づかず、炎天下の線路であくせく働いていたとしたら？

そんなときに、どうしたら乗客と同じ道徳基準を守れるというのか。死の恐怖に怯えることなく、正しい道徳的反応を検討できるような乗客と同じ道徳基準を。

自分が、10人の地元民に銃を突きつけているピートに出くわした観光客のジムではなく、その**地元民の1人**だとしたら？

いつなんどき後ろを向かされ、ピートの異常な法秩序を維持するために撃たれるかもしれない、スリル満点の要素が日常生活に潜んでいたら？

たまたまこうした悪夢に遭遇し、すべてが終われば、リゾートホテルに戻って、プールサイドでフローズンダイキリを飲むジムと、倫理について考える時間やエネルギーを同じだけ費やすことが本当に求められているのだろうか？

（一部の人にとっては、より）苦難に満ちた人生

気づかないうちにオピオイド中毒になってしまった女性と、ジェフ・ベゾスや私や、その他の一般市民に、同等の道徳的努力を求めるのは、不公平な気がする。

だが、人生の無数の落とし穴を避ける能力において、環境を要因として考える際には、**めったにない**、あるいは**並外れた**プレッシャーのもとで生活している人は除外してもかまわない。存在の最も基本的な事実によって、何もなければ似たように見えたかもしれない2人の人間に対して、まったく異なる人生経験が与えられることもある。

作家ジョン・スコルジーは、2012年に『異性愛者の白人男性　最も低い難度の設定』というタイトルでブログに記事を投稿し、環境や特権を無視する問題を具体化した。

ここアメリカ（あるいは、西洋のほぼすべての国）での生活が、巨大なロールプレイング・ゲームだとする。たとえば『ワールド・オブ・ウォークラフト』のような。ただし、驚くほど平凡で、クエストのほとんどはお金、スマートフォン、

ドーナツを手に入れることだ（かならずしも同時とは限らない）。このゲームを『リアル・ワールド』と名づけよう。自分のパソコンに『リアル・ワールド』をインストールし、さっそくゲームを始めようとするが、その前に設定画面でキーの割り当て、初期設定の変更、難易度の選択などを行う。

『リアル・ワールド』では、「異性愛者の白人男性」が最も難易度が低い。

つまり、ほぼすべてのノンプレイヤー・キャラクターのデフォルト動作が、あなたに対しては、他の場合よりも手加減される。クエストをクリアするための障壁は低く設定されている。レベルアップのスコアに早く到達する。他のプレイヤーが条件を達成しなければ入れない場所に、自動的に入ることが可能だ。その結果、ゲームは簡単になる。助けが必要な場合も、他人より容易に手に入る。[*2]

すべての人に同じ道徳論を当てはめることの根本的な問題は、すべての人が同じ生活を送っているわけではないということだ。何世紀もの歴史、社会経済の発展、人種差別、ジェンダー問題、権力と資本の集中は、ほぼ同じ時期、同じ場所で生まれた2人の人間が、その後の人生で**まったく**異なるハードルに直面する可能性を意味する。

繰り返しになるが、徳の**潜在能力**は皆、等しいかもしれないが、徳の**開発**のために、誰もが同量の貴重なリソースを割けるわけではない。そして、道徳的行動において、**意識す**

ることと努力することが最も重要であれば、全員に対して、同じだけ意識して努力するよう求めることはばかげている。

現代の西洋には、「能力主義」を大いに称賛する社会政治学者の一派がある。

彼らが主張するのは、あらゆる社会は能力主義であるべきで、いかなる理由があっても、特定のグループが他のグループより優遇される法律は通過させてはならないということだ。大学受験の差別撤廃法も、従業員のジェンダー・バランス構想も、認めるべきではない。優秀な人は黙っていても表舞台に出るものだ。

そうした人々は（通常は異性愛者、裕福、白人男性、本棚にはアイン・ランドの小説がぎっしり）、能力主義を浸透させ、懸命な努力や個人の成功を適切に評価して称賛する社会を実現するには、その社会の人々が**まったく同じ地点からスタートする必要がある**ことを都合よく忘れている。

そうしないと、優秀な人は自然には表舞台に出てこない。**すでに表舞台に最も近い人**が出てくるだけだ。そして能力主義の概念は打ち砕かれる。

彼らが実際に要求しているのは、偽能力主義だ。

これでは、父親から10億ドルを相続したメイフラワーという姓の男性の業績と、厳しい人種差別的な法を施行する州の低所得者居住地域で貧しい家に生まれた黒人女性の業績が同一に見られてしまう（古いことわざにあるように、運よく三塁ベース上で生まれただけなのに、自分が三塁打を打ったと思いこんでいる人もいる）。

ゴールの3メートル手前から走り出すランナーもいれば、レース委員会の組織的バイアスのせいで、レースのエントリーを断られたランナーもいる状態では、とても能力主義とは言えない。

私たちは自分の生まれる環境を選ぶことはできず、それによって一定の有利・不利が生じる。私は1975年、アメリカで、ともに大卒の両親の下に、健康な白人の男児として生まれた。とりわけ裕福な家庭ではなかったが、コネチカット州中部で、そこそこの中流階級の生活を送っていた。

それに関して、私に発言権はなく、いわばサイコロの目で決まったにすぎない。その幸運なサイコロの目には、どんな意味があったのか……。

それは、生まれながらにして、以下の社会悪とは無縁だったことだ。

- 人種差別
- 性差別
- 身障者差別
- 女性蔑視
- 飢餓

- 貧困
- 質の低い資金不足の学校
- 戦争（自分の母国では）
- 清潔な水の不足
- 医療資源・人材の不足[*3]

私はこうしたブービートラップをすべて免れた。これらは成功に向かって努力する人を押さえつける。私が逃れることができたのは、**自身の努力によるものではなく**、私の原型となった無作為の胎芽のおかげだ。私は社会的にきわめて優位な状況で人生をスタートした。道徳の健康診断を行う際には、そのことを考慮に入れなければ筋が通らない。

一般に、道徳的な人間であることに称賛を求めるのは、私のようにゴール直前からスタートし、実際のスタートラインから走りはじめた人に勝って[*4]、勝利を自慢するようなものだろう。私は人生のロールプレイング・ゲームを最も低い難易度で始めた。

だから、仮に選択を誤ることがあれば、それは**本当に**大きな過ちとなる。

もう一度、『レ・ミゼラブル』のジャン・バルジャンを思い出してほしい。

彼は姉の家族のためにパンを1本盗み、19年間も牢獄に入るはめになった。けれども彼は貧しく、家族は飢えに苦しみ、ほかにどうすることもできなかったのだ。

では、もし私（経済的に豊かで、立派な家があり、飢え死にしそうなフランス人の汚い子どもを抱えているわけでもないテレビ脚本家）が、とくに理由もなくパンを盗んだとしたら？

カントなら、2つの行為（ジャン・バルジャンがパンを盗む行為と、私がパンを盗む行為）は同じだと言うだろう。どちらも同じ普遍的法則に反しているからだ。サルトルも同意見かもしれない。私もジャン・バルジャンも、単に選択をしただけだ。

けれども私から見たら、ジャン・バルジャンがパンを盗んで、飢えに苦しむ家族に与えた姿は、勇敢で、献身的で、寛大だった。それに対して私は、なんの理由もなくパンを盗んだ金持ちのろくでなしにすぎない。私のほうが罪は**重い**。

引き分け……、となった幸運

生まれた環境によって、私たちは選ぶことのできない出発点に立たされるが、その後の人生は無限の可能性を秘めている。

アメリカに生まれた金持ちの白人男性が消耗性疾患にかかる。南アジア系でバイセクシャルの女性がポップスターとして成功する。人生は山あり谷あり。財産は築かれ、失われ、時に奪われる。私たちは正しい（誤った）時刻に、正しい（誤った）場所にいて、利益を得ることもあれば損害を被ることもある。[*5]

つまり、旅の出発点は一定の難易度に設定されていても、偶然に左右されることもあるのだ。人生の大半は、生まれる前も生まれた後も、単なる**運**（幸運もしくは不運）であり、その運が自分に、そして善人になる能力にどれだけ影響を与えるのか理解すべきだ。

数年前、社会科学者のロバート・フランクは、友人とテニスをしている最中に重度の心臓発作を起こした。[3] 友人はすぐさま救急車を呼んだ。

通常、救急車は何キロも離れた場所から出動し、テニスコートに到着するまでに30〜40分ほどかかるが、たまたまその日は、2件の交通事故現場に向かっており、どちらもフランクがぐったり横たわっている場所から1分の距離だった。そのうちの1台が不要となり、すぐさまフランクのもとに駆けつけて、彼は一命を取りとめた。

「心臓突然死」というきわめて危険な状態で、致死率は98パーセントに上り、万が一助かっても、長期にわたって深刻な後遺症が残る。だが、フランクは無事だった。

意識を取り戻して、自分の身に起こったことを知ると、フランクは前向きにとらえた。いまから人生に起こる出来事は**すべて**幸運の賜物だと考えたのだ。たまたま救急車が近くにいるという幸運に恵まれなければ、その後は**どんな**時を過ごすこともできなかった。つまり、**これから経験するすべてのこと**は幸運の木になる実である（この出来事が、状況を知的に分析して意味を見いだすことができる社会科学者の身に起こったのは「超幸運」でもある）。

この発見により、フランクは、多くの場合、人間は人生で運が果たす役割を過小評価しているという仮説を立てた。

「その重要性を示す有力な証拠を目の前にして、なぜ運を軽く見るのか？」と彼は問いかける。[4]「成功した人は、他の要因を除外して、才能と努力を強調することで、自分の稼いだお金の正当な所有権を主張するという事実も、この傾向が強まる一因となっている」

言い換えれば、大きな財産や成功を獲得する（あるいは相続する）人は、それを自分で**稼いだ**と考えている。[*6] それによって、私たちはこの大きな恐ろしい世界をコントロールできるという錯覚に陥る。頭を使って努力すれば、それに見合った報酬を与えられ、すべては万々歳だと思いこむのだ。

そのほとんどが単なる運（とりわけ、自分が意識を持つ以前の胎芽レベルの出来事）にすぎないと認めるのは、想像をはるかに超えて他の要因が影響していて、それゆえ人生のサイコロが示すほど自分はすばらしくはないと認めることになってしまう。

フランクが言いたいのは、成功への旅は、実際には予想以上に早く始まるということだ。

マイケル・ジョーダンを例にとってみよう。

一般に、彼は歴史上最も偉大なバスケットボール選手だと見なされている。[*7] ジョーダンがバスケで成し遂げた偉業は、他の誰も、どんな分野でも超えることはできない。類まれな決断力、並外れたテクニック、その激しさや競争心は、もはや伝説的だ。

彼が手にしたすべての優勝、MVP、称賛が**努力**の賜物ではないと考えるのはばかげているだろう。

とはいうものの、198センチの長身は、背を伸ばそうとして懸命に取り組んだ結果ではない。また、彼は息子の情熱を後押ししてくれるアメリカ人の両親のもとに生まれた。この2つの事実は**幸運**にほかならない。

仮にジョーダンの気質、数々の才能、労働観を取り出して、身長が160センチにも満たないバングラデシュ人のヤギ飼いの身体に移し替えたとしても、彼は六度もNBAの優勝に輝いた「エアー」・ジョーダンにはならない。

それどころか、他のヤギ飼いの仕事ぶりに満足せず、たえず怒鳴りつけている、歴史上、最も性格の激しいやっかいなバングラデシュ人のヤギ飼いとなるのが落ちだ。

実際、ジョーダンが身長や出生地はそのままで、**まったく同一人物**だったとしても、生まれたのが75年前であれば、おそらく彼の名を耳にすることはなかっただろう。

オスカー・チャールストン、クール・パパ・ベル、サチェル・ペイジ、ジョシュ・ギブソン、バック・オニールといった野球選手は、歴代の名選手にあげられることは少ないが、それは彼らが人種差別のひどい時代に生まれ、ジョー・ディマジオやテッド・ウィリアムズとともにプレーする機会を奪われたせいだ。

彼らはあまり才能がなかったのか？ 努力しなかったのか？

もちろん、そうではない。彼らは黒人がメジャーリーグから締め出されていた人種差別の世界に生まれた、いわば不運の犠牲者だった。

こう考えたらどうだろう。才能や努力の有無にかかわらず、**何か**を成し遂げた人は皆、なんらかの形でチャンスから利益を得ているのだ。ごく少数だが、そのことを理解している人がいる。前述のとおり、財産の99パーセントを慈善団体に寄付すると約束したウォーレン・バフェットは、それについて自身のサイト〈givingpledge.org〉に書いている。

私の財産は、アメリカでの生活、いくつかの幸運な遺伝子、さまざまな利益が組み合わさって生まれたものだ。子どもたちも私自身も、私が「卵巣のくじ」と呼ぶものに当たった（手始めに、私が1930年のアメリカで誕生する確率は最低でも30分の1だった。男性で白人であることも、アメリカ人の大半が直面した大きな障害を取り除いた）。[5]

ウォーレン・バフェットが天才であることは、誰も異論がないだろう。だが、自分の出世は数多くの幸運に助けられたと喜んで認めている点で、彼は類まれな天才である。

マイクロソフトの歴史を紹介しながら、フランクは次のように書いている。

思いもよらない数々の出来事のうち、1つでも欠けていたら、我々のほとんどはマイクロソフトの名を耳にすることはなかっただろう。もしビル・ゲイツが1955年ではなく、1945年に生まれていたら、すぐにフィードバックを返す初期の端末を備えたコンピューター・クラブが彼の高校になかったら、IBMがゲイリー・キルドールのデジタルリサーチ社との業務提携に合意していなかったら、ティム・パターソンがもっと交渉の場数を踏んでいたら、間違いなくゲイツはこれほどの大成功を収めてはいなかっただろう。[6]

ここであげられている人物や出来事は、ビル・ゲイツの人生におけるささいな事柄であり（満足できない取引、物別れ、起こりそうで起こらなかった出来事）、その当時は重要には思えなかったが、ゲイツの人生が現状からわずかに別の道へ進むきっかけとなる。

彼にとっては、まさしく**幸運**で、才能や努力などとはいっさい無関係である。彼が卓越したキャリアを歩みはじめたときに、宇宙をランダムに跳ね返るピンポン玉が、たまたま有利な場所に着地しただけだ。

ビル・ゲイツやマイケル・ジョーダンが、彼らの手にした地位に**ふさわしくない**とは誰も思わないだろう。彼らは紛れもなく天才だ。フランクが言いたいのは、彼らの所有するものの**一部**が運のおかげであると認めてもかまわないということだ。それで彼らの偉業が色褪せることはない。

全員が、自分が成功したのは多かれ少なかれ運がよかったからだと理解し、訪れたチャンスをフル活用するだけの知能と実力と才能に恵まれた人々を称えるだけだ。そして世界中で多くの人と出会い、大小さまざまな方法で交流することで、彼らの人生に対して明確な視点を得られるだろう。

幸運の神々は……、供物を求める⁉

私は年に一度、ラスベガスへ行く。たいていはブラックジャックで少額を賭けるが（1回につき10〜15ドル）、最終的に数百ドルの負けとなる。ごくたまに、勝ちで終わると（といっても、せいぜい100ドルほど）、なんとなく気分が落ちこむ。なぜか？

それは、私が自分を世界一運のよい人間だと思っているからだ。だから、賭け事で150ドル負けると辻褄が合う。言ってみれば、確率100万分の1のスロットマシンで大当たりが出た結果、いまの自分があることに感謝するために、幸運の神に供える供物のようなものだ（カジノで数百ドル負けても痛くもかゆくもないという事実は、おそらく私が幸運部門で全世界の上位0・1パーセントに入ることを意味する）。

私は真面目に働いている。いまの仕事も天職だと思っている。
それでも、これまでの人生における私の出来事を考えてみてもらいたい。

1　ある日、病気で学校を休んだ私に、母親が『スリーパー』のビデオを借りてきてくれて、それをきっかけにコメディが大好きになった

2　ハーバード大学に入学し（もちろん、たくさん勉強して）、大学には雑誌『ランプーン』が置いてあったが、それは何十年にもわたって大勢のプロのコメディ作家を輩出している雑誌だった。やがて私は編集部を訪ねてスタッフに加わり、卒業したときには……

3　テレビ番組『サタデー・ナイト・ライブ』で働く友人ができて、ネタを持ちこむことを許可してくれ、そのうちに番組に正式に採用されたが、いざ仕事を始めると……

4　丸1年間、寸劇を書くのに苦労した。謙遜ではなく、本当に**ひどかった**。毎回、読み合わせの席で私の寸劇は酷評され、普通に考えればクビになってもおかしくなかった。ところが……

5　私が採用される直前に大がかりなスタッフの入れ替えがあった。NBCのとある役員が、O・J・シンプソン（その役員の友人）のジョークを言いすぎたとして、ノーム・マクドナルドをクビにしたのだ。NBCの役員に人事に口出しさせるのは、『サタ

デー・ナイト・ライブ』（SNL）では非常に珍しいことだった。加えて、私が採用される3週間前に、クリス・ファーレイが不幸にも薬物の多量摂取で亡くなり、番組（それに国じゅう）が喪に服していた。この2つの出来事でSNLは大混乱に陥った。そのため、基本的に……

6　私の存在に気づく者はいなかった。誰も出来の悪い新人には目もくれず、おかげで私は仕事のやり方を覚える貴重な時間を得て、やっとのことで覚えた。数年後、番組内の『ウィークエンド・アップデート』コーナーを担当していた友人のロバートが転職でロサンゼルスへ行くことになり、後任に私が指名された。ほかに希望者も、私以上の適任者もほとんどいなかったからだ。そういうわけで……

7　私は『ウィークエンド・アップデート』のプロデュースを始めた。当時のホストはティナ・フェイとジミー・ファロンだったが、この2人がとにかくすばらしくて、コメディの才能にあふれていたおかげで、このコーナーは大人気となり、間違いなく開始以来のヒットを記録した。3年後、私はガールフレンドと一緒に暮らすことにして、彼女がロサンゼルスに住んでいたので、仕事はとても順調だったものの、彼女がニューヨークに引っ越してくるより、（執筆の仕事が多い）私が向こうへ移るほうが理にかなっていると考えた。そしてロスに着いたとき、ちょうど……

8　グレッグ・ダニエルズがイギリスのドラマ『ジ・オフィス』をアメリカのテレビ向

けにリメイクする仕事を引き受け、脚本家を探していた。グレッグは勤勉で完璧主義なので、数名の脚本家を雇うために500本もの脚本に目を通し、そのなかに**私の**サンプルも含まれていて、気に入ってもらえた。『ジ・オフィス』はかなり冒険的な企画で、NBCの選んだエピソードは6話分だけだった（まさか長期間続くとは思わずに、その程度の扱いにとどまった）。私は他の番組から13話分のオファーを打診されており、2倍の報酬が保証され、明らかにそちらのほうが安全パイだった。ところが、打ち合わせの前日に（私には珍しく）よく眠れず、プロデューサーに会ったときには疲れきって、気力もなく、ジョークの1つも言えなかった。当然、オファーが出されることはなく、グレッグの仕事を引き受けた。やがて……

9　グレッグはショービジネスの世界で最高の相談相手で指導者だとわかり、私や他の駆け出しの脚本家にドラマの執筆や制作のイロハを手取り足取り教えてくれた（彼のような大物は、普通はそんな忍耐を強いられることはしない）。おかげで私は、誰もが認める名人から30分のコメディの書き方を教わり（誰にも師は必要）、私たちは6話の『ジ・オフィス』を完成させ、2005年にNBCで放送された。ところが……

10　これがものすごく不評で、視聴率もさんざんだった。次のシーズンは絶望的だと思われたが……、当時のNBCの担当役員だったケヴィン・ライリーが、このドラマの成功を信じてキャリアを賭けることにした（普通の役員はそんなことはしない）。その間、スティーヴ・カレルが主演・製作を務めた映画『40歳の童貞男』が思いがけず大ヒットとなったため、NBC側は「せっかくこの映画スターと契約しているのだから、もう1シーズン続けたほうがよさそうだ」と判断した。そして、いざシーズン2が始まると……

11　視聴率はうなぎ上りだった。理由の1つは……

12　放送時間が『マイ・ネーム・イズ・アール』という新番組のちょうど後で、このドラマは放送開始直後から大好評だった。当時の家庭では、皆テレビをつけっぱなしにして、観ることを**選んだ**番組の後に放送されるものも惰性で観ることが多かった。そのため試しに『ジ・オフィス』を観る人が増え、おもにシーズン1終了後にグレッグが採用したすばらしいアイデアのおかげで、次第にドラマを楽しむようになった。こうして番組は軌道に乗り、大ヒットとなった。やがて……

13　グレッグから新たな番組の制作に声がかかる。NBCはこの成功に乗じて、グレッグ・ダニエルズによる別の番組をつくりたがっていた。内容に制限はなく、1シーズンの放送を保証するという条件だった（いまでこそ普通だが、当時はきわめてまれだった）。そこでグレッグと私は『パークス・アンド・レクリエーション』を企画したが、肝心の主演俳優が見つからなかった。そんなとき……

14　エイミー・ポーラーが、長年にわたって主要メンバーとして活躍して人気を博した

『サタデー・ナイト・ライブ』を降板することになった。そこで私たちは彼女に主役を依頼し、引き受けてもらった。つまり……

15 私がはじめて制作した番組は、グレッグ・ダニエルズに指導を仰ぎ、エイミー・ポーラーを主演兼制作パートナーに迎え、軌道に乗るまで1シーズン放送されることが保証されていた。それなのに**綱渡り状態**だった。最初の数話は脚本の出来が思わしくなく、エイミーの魅力を十分に生かすキャラクターがつくれなかったからだ。だが、シーズン1が終了するころにはコツをつかみ、内容も充実してきた。さらに……

16 クリス・プラットも出演者に加わった。きっかけは……

17 私の妻が『ジ・オーシー』で彼と一緒に仕事をし、私たちが配役を決めているときに、彼がこの世のものとは思えない才能の持ち主だと教えてくれた。たまたまクリスのスケジュールが空いていたことから、すかさずオファーを出した。結果的に、彼は途方もなくおもしろくてすばらしいことがわかったが、それは……

18 他の出演者も同じだった。ラシダ・ジョーンズ（大学に入学して2日めに出会って以来の友人）、ニック・オファーマン（『ジ・オフィス』の私が書いたエピソードでオーディションに参加して、そのときは不合格だったが、いつか何かの役を頼むつもりで付箋紙に名前をメモしておいた）、それからオーブリー・プラザは……

19 配役を決めているときに、ロサンゼルスに着いた**ばかり**で、偶然キャスティング・

ディレクターのアリソン・ジョーンズのオフィスに顔を出した。すると彼が電話で「たったいま、これまで見たこともないほど奇妙な22歳の女性に会ったんだ。本当に独特な存在感だ」とまくし立て、1時間後、オーブリーが私や他のプロデューサーの前に現れると、私たちは彼女が逸材だと見抜き、すぐに出演を決定して、その後も……
20 そんな感じでいろいろあって、現在に至っている

私がなぜ幸運の神に供物を供えたいか、わかるだろうか？

私自身の能力や労働観にもかかわらず、実際のハリウッドの旅は運のバランスゲームだ。ここにあげた幸運のリストに含まれていない出来事も数えきれないほどある。人生のさまざまなタイミングで訪れた、それらの出来事の一つひとつについて、私はいつも振り返っている。

それと同時に、どこか別の場所で、別の時代に、別の身体に生まれ、ほとんど機会にも恵まれていなかったら、いまごろどんな人生を送っていただろうかと考えずにはいられない。大事な局面に差しかかるたび、自分がどれだけ最も難易度が低いこのロールプレイング・ゲームに助けられてきたか。

それを自分なりに解釈すれば、ラスベガスで数百ドル負けるのは、幸運の神に借金を返すためだけではない。私の日々の道徳的要求が、平均をはるかに上回っているのだ。ほと

んどの人に対して、私は貸しよりも借りが多い。

だからといって、不幸な人が好き放題に振る舞い、通りで暴れまわってもいいわけではない。道徳には、誰もが守らなければならない基準値（徳倫理学、帰結主義、義務論などに基づいた計算を組み合わせたもの）があることを、つねに心に留めておくべきだ。

ただし、幸運、財産、地位、（その結果として）不安も痛みも感じることなく、世界中を回る自由とともに、はしごを上れば上るほど、私たちが守るべき道徳的規準も高くなる。

人間は皆、同じではない。けれども、すべての人は自分ではコントロールできない力に支配され、そうした力から利益を得る人もいれば、害を受ける人もいて、その程度もさまざまだ。人は自分が生まれる環境も、その後に吹きつける気まぐれな風も選べないという事実を説明できるのは、公正な社会だけだ。

これはジョン・ロールズの考え方に通じる。

無知のベール
――条件を少しだけ平らにしよう

政治哲学者で倫理学者のロールズ（1921〜2002）は、カントおよびミルの思想に基づいて研究を行い、T・M・スキャンロンの友人にして同僚でもあった。最も有名な作品は、600ページにも及ぶ『正義論』（1971）という名の化け物だ。60年代に、はるかに短い第1稿を書き上げて同僚や学生に見せてまわり、多くのコメントやフィードバック[7]を得ると、どうやらそれらを**すべて**取り入れたらしい。こんなに長いのが何よりの証拠だ。

ところが、『正義論』には私のお気に入りの考えが載っていない。それは、比較的理解しやすい「無知のベール」である。

子どもたちが何かを分けようとすると（1切れのケーキ、M&Mの山など）、親は1人の子どもに対して、分けてもかまわないが、最初に相手に選んでもらうように言い聞かせるだろう。

無知のベールは基本的にこの考えと同じだが、さらに徹底的に分析している。ロールズによると、私たちは彼の言う「原初状態」[8]から社会のルールを決めるべきである。つまり、私たちが社会で果たす役割を理解する**前に**、給料や資源といったものを分配する方法を決めることが理想的なのだ。

そうしたルールは、自分たちがどんな人間になるのかを考えながら、「無知のベール」に覆われた状態で決定する。言ってみれば、胎芽の時期に大人のためのルールを決めるようなものだ。そうすることで、十分に公正な世の中が保証され、さらに私たちがそれを公正だと**受け止める**ことも保証される。

「最初の平等な状態で合意されるため、特定の正義の原理が正当化される」とロールズは書いている。

たとえば、これから社会をつくるとしよう。

（すべての社会と同じく）資源や資本には限りがあり、今日は各職業（トラック運転手、機械工、野球選手、看護師、教師）の給与体系を決定する。ただし、おもしろいSF小説に登場するような社会だ。ひとたびルールが決められれば、私たちは魔法の扉を抜け、才能（そして適した職業）が無作為に割り当てられた状態で反対側に出てくる。

したがって、野球選手になるかもしれないが、看護師や教師になる可能性のほうが高い（単に野球選手より数が多いという理由で）。

その扉は、言い換えれば**運**だ。身長、民族、知能、動体視力、バグパイプの演奏能力、そのほか数えきれないほどの能力、資格、自分では選べない生活環境によって、私たちを分類する。

さまざまな職業の人に対する給与や待遇を定めた社会的ガイドラインを設けるには、次のように考えることができる。

（a）私たちは野球選手になれるかもしれない。だとしたら、すごいことだ。野球選手の才能は類まれで価値がある。だから給料は高くすべきだ。

その一方で、（b）そうはいっても機械工、看護師、教師になる可能性のほうが高い。だから、彼らが生活に困窮しないように、**最低**賃金は極端に低く設定すべきではない。それと同時に、（c）社会を管理する法律で、学校や病院などに豊富な資源を提供できるようにしたい。もし教師になって、学校に資金が不足していたら、落胆するからだ。社会に行き渡る金や資本には限りがあるため、特定の職業や社会の分野が資源を使いすぎないようにする必要がある。

こうして見ると、ロールズの主張がスキャンロンにきわめて近いことがわかるだろう。分別のある人間が拒めないルールを提案する代わりに、ロールズは**私たちが世の中に出る前に**ルールを提案するよう訴えている。自分が何になるのかがわかる前にルールを定めれば、かならず全員が合意するからだ。

無知のベールに覆われた状態なら、誰かが優位に立つことはないと、すぐに気づくだろう。扉を抜けたときに誰がどうなっているのかを知る者はいない。

スキャンロンは（パメラ・ヒエロニーミの指摘によると）その対称性の考えを採用し[10]、その後、わずかに修正している。彼の「分別のある人間」方式では、私たちは皆、比喩的に扉を抜け、自分の人生がどうなっているのかを理解した**あとで**、同様の対称性に身を置くよう求めている。スキャンロンのほうが楽観的だ。

というのも、私たちは自身の生活、要求、欲求を**すべて経験したのちに**、他人のものと同等に見なすことができると主張しているからだ。つまり、申し分のない幸運な生活を送ってきた人は、自分よりも運の悪い人に同情する必要がある。

その点、ロールズ版のほうが（SF小説のような宇宙で実行できるのであれば）効果的かもしれない。それは、この章で取り上げた現実が関わってくる。

成功した人は、しばしばその成功が自分だけの手柄だという考えを支持し、運が人生で果たした重要な役割には気づかないか、認めようとしない。

つまり、これは個人が一緒くたにされ、「幸福」と「苦しみ」の見分けがつかない状態となる功利主義ではない。ロールズの世界では、自分がどんな職業に就くか、自分にどんな能力が割り当てられるかを知る前に、才能や割り当てられる可能性のある職業には必然的に「社会的価値」の差があることを認め、受け入れる。

すなわち、扉をくぐり抜けても、私たちは個人としてのインテグリティを持ちつづけるのだ。一部の人が、社会でより高く評価されるスキルに優れている、それゆえ一部の仕事は給料が高いということを認め、それで満足する。ただし、**運**も考慮に入れる。

魔法の扉のくだりは、自分が何になるかは意のままにならないため、運の気まぐれだけで誰かが苦しむことがないように、**全員**にとって低すぎない下限を設定することを意味する。

「原理の選択において、誰ひとり、生まれながらの幸運や社会的環境によって有利もしくは不利になるべきではない。個々の環境に原理を合わせることは不可能という点でも、広く意見が一致しているようだ」とロールズは書いている。[11]

彼のシナリオでは、私たちはM&Mを分けることができるが、誰がどの分け前を取るかは宇宙が決定するため、(どうにかして)等分に分ける。

ロールズは、功利主義に対してバーナード・ウィリアムズと同じ不満を抱いていた。いわく、功利主義は「個人の差異を重視していない[12]」。現状で世界全体の幸福を最大化することに関心はなく、理論上、すべての構成員が比較的公正だと認め、安心して参加できる社会を築くことを目指していた。

そうした世界では、私たちの中のトム・ハンクスやセリーナ・ウィリアムズたちは相応の報酬を得て、称賛されるが、けっして教師や郵便局の職員、看護師、自動車整備工をはじめ、いかなる職業の人も犠牲になることはない。

また、ロールズ自身はあまり言及していないが、私がほかに想像したいメリットもある。ハンクスやウィリアムズたちは、どれだけ天性の才能に恵まれようと、それを伸ばすためにどれだけ努力しようと、いまの自分があるのは扉にもたらされたすばらしい幸運のおかげだと認めるだろう。

幸運の扉のことを覚えておいてほしい！

ロールズとフランクとともに、もう一度、第4章の質問を簡単に振り返ってみよう。

ショッピングカートは置き場に戻さなければならないのか？

こうしたありふれた疑問が浮かんだとき、契約主義者のルールを当てはめるか、中庸を探すか、カントの普遍的法則に従うか、あるいは適切だと思うものをすべて組み合わせてみたあとで、最後に思い出してほしいことがある。

自分がここで何をすべきかを考える余裕があれば、私たちはかなり幸運な人間にちがいない。食料品を積みこんだ車（つまり故障していない車）と、哲学的質問を提起する心のゆとりがある。自身の健康や安全、次の食事の心配をする必要もない。

他人と比較して、自分が幸運だと思ったら、つまりもう少し余分なことが**できる**と思ったら、その余分なことを**すべき**だ。何も「ウォーレン・バフェット」並みの幸運ではなく、自分がほとんど、もしくはまったく犠牲を払わずに、他人の生活を少し楽にすることができるくらいの幸運でかまわない。

それができない人も、世の中には数えきれないほどいる。

だから、そのぶん私たちが行動する義務がある。

道徳的に必要とされるよりも、少しだけ多くのことをする。幸運の神に借りを返す。もし幸運でなかったら、人生で深刻な打撃を受け、内臓バッテリーの残量が1パーセントで、ぎりぎりの生活をしているのであれば、その場合は契約主義のルールに頼ろう。互いのためにすべき最低限のことを守れば、なんでも好きなことをしてかまわない。

私たちの旅は、いよいよ終わりに近づいている。

ここまでで多くのことを学んだ。

自分が何をしているのか、なぜそうしているのか、もっといいことはできないか、なぜそれがいいのか……。私たちは道徳界のロックスターのごとく花を咲かせつつある。でも、失敗もした。たくさん。これからもするだろう。意識して試す人生の避けられない結果は、大小さまざまな途切れることのない失敗だ。

だから、最後にもう1つ、やらなければならないことがある。

しかも、まったく楽しくないことだ。

謝らなければならない。

＊1　クセノパネスがこう言ったという証拠はないが、ソクラテス以前のギリシャ哲学の著作は多くが失われたか破損してい

るため、彼が言った可能性は否めない。

＊2　スコルジーは人種とジェンダーに重点を置き、階級には目を向けていないが、彼の比喩は、どのような階級構造にも当てはまるだろう。つまり、異性愛者で**労働階級**の白人男性は、同性愛者で**労働階級**の東南アジア系女性に比べて「簡単バージョン」のゲームをする、といった具合に。

＊3　アメリカの医療制度には不備も多いが、私は年2回、歯医者に行ったり、予防接種を受けたりしている。

＊4　勝ったとしても、おそらく**かろうじて**。なぜなら私は走るのが大嫌いで、1キロだって走れる自信はない。

＊5　ただし、「ちょうどいいときに、ちょうどいい場所に」居合わせることで、利益を得る可能性が飛びぬけて高い人もいる。たとえば、「巨大企業が国際開発部門の新しい副社長を探しているときに」「高級ダイニングクラブ」にいる人。これは、ほとんどの人に手が届かない「時と場所」だ。

＊6　『タイタニック』でビリー・ゼインが演じたキャル・ホックリーの台詞を引用すれば、「自分で運をつくることも大事です」[13]ということになる。この手の格言は、金持ちで運がよく、自分が金持ちであることがどれだけ運がいいか、まったく気づいていない人間が信奉するものだ。

＊7　レブロンのほうがすばらしい。

第13章

失敗したら、誰であっても謝罪すべきか!?

私はしくじった。
すみません、と謝るべきなのか？
そのとおりだ！

子どものいる家庭なら、こんな場面に心当たりがあるはずだ。我が家では週に一度は繰り広げられる。

子ども1　パパ！　お兄ちゃんにリモコン取り上げられた。返してくれない！
子ども2　だって使ってなかったんだもん。
親　無理やり取り上げたらだめだ。そんなことをしちゃいけない。

子ども2　（リモコンを投げ返して）わかったよ。
親　　ごめんなさいは？
子ども2　……
親　　ほら、ごめんなさいして。謝るんだ。
子ども2　……
親　　気がすむまでここに立っててもいいんだぞ。でも、謝らないとだめだ。

（子ども2の気がすむまで突っ立っている2人。数分が過ぎる。そして数時間。だんだん暗くなる。誰も食事をしない。電話が鳴っても出ない。遠くのほうからオオカミの遠吠えが聞こえる。砂時計の砂がゆっくりと落ちる。文明が興っては滅び、森が広がっては灰と化す。宇宙で唯一不変を思い起こさせるもの……、それは変化そのもの。やがて……）

子ども2　（つぶやくように）ごめんなさい。

悪いことをすると傷つく。嫌な気分になる。恥ずかしい。
でも**謝る**のはもっと傷つき、もっと嫌な気分になり、もっと恥ずかしい。
ひとつには、自分の中で後ろめたさを感じるからだ。

謝罪は、その後ろめたさと、公に認める恥とで構成される。失敗したうえに、さらに恥をかくなど、できれば避けたいが、謝罪は善人になるために登らなければならない山の最後の行程だ。徳を求めることを説くアリストテレスの文章の最後に打たれるピリオド。簡単に考えつくカントの法則、功利主義の幸福増大器、契約主義の完済可能な借金、すべてが1つになったものだ。

謝らなければ、道徳的な過ちの傷は完全に癒えない。とはいうものの、いい気分じゃない。

でも謝らないと、だけど嫌だ!

謝罪のやっかいな点は、その行為の直後には、他人の前で過ちを認めることの気まずい、ぎこちない悔しさしか頭にないということだ。**よい**点は(回復、成長、解決)目に見えにくい。

謝罪そのものは「道徳的」行為ではないが、私には道徳と隣り合っているように見える。意識して試すことが倫理的向上のポイントで、失敗は避けがたい結果だとしたら、謝罪はその失敗の退職者面接だ。自分は何をしたのか? なぜそうしたのか? 他人に対する影響について何を学んだのか?

謝るときの不快感（誤解していた人に対して過ちを認めることの赤っ恥）は**メリット**だ。**私たち**が自分の引き起こした苦痛を感じ、引き起こしたのはほかならぬ自分自身だと意識するのだ（アリストテレスによれば、恥を感じられない人には不名誉の感覚がない）。

こうした感情は、みずからの身体が苦痛を癒やそうとするインフルエンザの症状にも似ている。

だが、謝罪はそうした不快感に満ちているので、たいていの人は謝るのが**下手**だ。どんなことでもそうだが、謝罪にもよいバージョンと悪いバージョンがある。深呼吸して、恥に対する恐れと向き合い、そのうえで実際に謝れば、正しくできるはずだ。

1985年、ロック・ミュージシャンのトム・ペティは、アルバム『サザン・アクセンツ』のコンサートツアーを行ったが、ステージには巨大な南部連合の戦旗が飾られていた。多くの人にその旗の意味を尋ねられ、彼は何年もたってから雑誌『ローリング・ストーン』で次のように述べた。

南部連合国旗は、フロリダ州ゲインズビルで過ごした子ども時代には、どこの家でも壁紙のデザインに使われていた。それが南北戦争と関係あることは昔から知っていたが、南部はそれをロゴに採用した。実際に何を意味するかは、まったく知らなかった。裁判所の前のポールに掲げられていたし、西部劇の映画でもよ

く目にした。正直、なんとも思っていなかった。よく考えるべきだったが……、そのことでずっと嫌気がさしていた。それしか言えない。自分がバカみたいだった。もう少し周りの出来事に気を配っていたら、あんなことにはならなかったんだ……。いまでも申し訳ないと思っている。ずっと後悔してきた……。（南部の人が）あの旗を振っているときは、黒人がどう思うかを考えてやめたりはしない。俺はちゃんと考えなかったことに責任を感じている……。本当にばかげていた。あんなことをするべきではなかった。[1]

とても好感の持てる発言だ。明快でわかりやすい。彼は自分の意見に固執せず、言い訳もしていない。ただ、ことのいきさつを説明し、自分が過ちを犯したことを認め、傷つけてしまった人々をあげ、後悔の念を表している。これが正しい謝り方だ。

仮にあなたが当事者で、人気ロックスターが憎しみのシンボルを正当化したせいで苦痛を感じた立場だったとしても、（たとえ数年後でも）この発言を読めば、苦痛は消えるかもしれない。

次に、別の種類の謝罪を取り上げてみよう。2020年7月、下院議員テッド・ヨーホーは議事堂の階段で同僚のアレクサンドリア・オカシオ＝コルテス議員を侮辱し、彼女を（その中でもとくに）「ファ〇〇ング・〇ッチ」と呼んだ。謝罪に追いこまれたヨーホーは、議場で起立して、次のように述べた。

先ほど、ニューヨーク州の同僚との会話で無愛想な態度をとってしまったことを謝罪する。アメリカの政策や展望について、我々が意見を異にするのは事実だが、だからといって礼を失するべきではない。[2]

ここまでは申し分ない。実際に口にした言葉ではなく、会話中の「無愛想な態度」に対して謝罪を求められているとは思わないが、とりあえず、そういうことにしておこう。

私は45年前に結婚し、2人の娘がいる。自分の発言については、十分に認識している。メディアが私によるものだとする不快な呼び方は、同僚議員に向けられたものではなく、そのように解釈されたのであれば、誤解を招いたことをお詫びしたい。[3]

これはまずい。何かに謝罪をしていると主張する人が、理由もなく妻や子どもを持ち出したら、警鐘を鳴らすべきだ。自分は悪い人間ではない。私を愛している人がいて、自分自身も親だから。[*1]

さらに、問題の出来事が起こったことを否定すれば、それはちっとも謝罪ではない。もし起こらなかったのなら……、なぜ謝るのか？　そして最後に、「そのように解釈されたのであれば」？　オカシオ＝コルテスは「ファ〇〇ング・〇ッチ」という表現をどう「解釈」**すべき**なのか？　滑稽な、悪気のない冷やかし？　だが、とりあえず議員には続けてもらって、この列車を線路に戻せるかどうかを見てみよう。

妻のキャロリンと私は、19歳のときに何もない家で結婚生活を始めた。[4]

だめだ。余計に脱線した。車輪がレールから外れかかり、計器盤で赤い警告ランプが点滅し、モーターから不吉な煙が出はじめる。

私たちは雑用をして稼いだ。食料配給券ももらった。私は貧困というものを知っている。一時期、私自身がそうだったから。[5]

テッド、どうしたんだ？　なぜきみの家計の歴史を物語っている？　謝罪をしているはずではなかったのか。

だから私は、この国の人々がどれほど欠点があっても立ち上がり、成功し、けっして法を犯そうとしないことを知っている。[6]

……もはや、ついていけない。きみはここで何をしているのか？　どの人々？　誰が法を犯そうとしたのか？　何の法だ？　**いったいきみは何の話をしているのか？**

あなたがた一人ひとりに私は誓う。私は情熱と、心の中の国および我々が仕える人々の向上とともに国家に向き合いつつ、我々が問題に取り組んでいることを前提に、政策や政治的不一致が活発に議論されていることの理解の場所から行動することを。[7]

まさに拷問のような文章だ。あたかも最初に「私は誓う」とタイプして、そのあとは「自動予測テキスト」ボタンをひたすら押しつづけたかのようだ。そしてついに、最後に、このちんぷんかんぷんのサンドイッチに無意味な爪楊枝を刺した。

私は自分の情熱に対しても、神を、家族を、そして我が国を愛していることに対しても謝ることはできない。[8]

つまり、要約するとこうなる……。

私は謝罪するためにここにいる。しかし謝るつもりはない。

私がしたと思われていることは、実際にはなかった。

皆さんは誤解している。ある時期、私は貧しかった。

神とアメリカを愛していることも謝らない。

ヨーホー退場。

さんざんな謝罪だ。自分が誰に謝っているのかもほとんど理解しておらず、起こった出来事を否定し、どういうわけか食料配給券の話を持ち出した挙句、自身のひどい資質を謝罪することを独善的に拒否した。誰にも頼まれていないにもかかわらず。

これは明らかに謝罪ではない。そうではなくて(断言するが、これは実際の哲学用語だ)**ウンコ**である。

悪態が……、ここでは頻繁に登場する（ただし、正当な理由があって）

ハリー・G・フランクファート（1929〜）はプリンストン大学名誉教授で、専門は道徳哲学だ。かつてはイェール大学でも教え、オックスフォード大学のオール・ソウルズ・カレッジの客員研究員を務め、グッゲンハイム財団およびメロン財団から助成金を受け、ウンコについて1冊の本を書いた。

具体的には、1986年に論文として発表し、2005年に（愛らしいほど小さな）本の形式で出版した『ウンコな議論』である。この本は一大現象を起こし、ニューヨーク・タイムズのベストセラー・リストに27週間にわたって掲載された。

おそらくその理由は、彼が冒頭に記しているように「我々の文化の最も顕著な特徴の1つは、いたるところにウンコがあること」[9]だからだろう。

フランクファートは**ウンコ**と**嘘をつくこと**を区別している。

「嘘をつくのは、明確な焦点を伴う行為である。一連の信念もしくは信念体系の決まった箇所に特定の虚偽を挿入することが意図され、その目的は、その箇所が真実で占められる状態を避けることだ」[10]

言い換えると、嘘つきは真実を知っていて、故意に正反対のことを言う。それに対して、ウンコな論者は「真実に対する関心に拘束されない」[11]。何が真実かということには関心がなく、自分のイメージをつくり上げ、聞き手を感化したいだけだ。

フランクファートが例にあげているのは、独立記念日の演説を行い、建国者、星条旗、ママ、アップルパイを大げさに称賛する、傲慢で熱狂的なアメリカ人だ。この男がアメリカについて**実際にどう考えているか**は重要ではない、とフランクファートは言う。心から愛しているかもしれないし、憎んでいるかもしれないし、無関心かもしれない。それはどうでもいい。肝心なのは……。

演説者はこれらの発言によって、自身に対する特定の印象を伝えることを意図している。アメリカの歴史に関して、誰かを欺こうとしているのではない。彼の関心は、人々が**自分**をどう思っているかということだけだ。[12]

ウンコな論者の目的は、ただ1つ……、聞き手に自分をある種の人物だと思わせることだ。愛国者、道徳の化身、思いやりのある親切な人など、個人的利益を生み出すものならなんでもかまわない。[*2]

フランクファートによれば、「ウンコの本質は、それが**誤り**ではなく、**でっち上げ**だということだ」[13]。

ヨーホーは悪い行為を目撃された。同じ仕事をしている女性に近づいて、悪態をついたのだ。自分と政治的姿勢を異にするという許しがたい罪を犯したとして。目撃された際に、**正しい**のは謝罪することだった。ところが彼は罵り言葉を口にして、他人（悪態をついた女性ではなく政治家仲間）に対して自分のイメージづくりを試みたのだ（これはゲリラ的現象ではない。現代の共和党員によって芸術形式にまで高められたかもしれないが、政治家の雄弁な演説の歴史によって、両陣営からの山のような罵詈雑言が明らかになっている）。

もう1つ、誠実さに欠ける典型的な謝罪がある（ヨーホーもそのバリエーションを採用した）。「気分を害したら申し訳ない」という決まり文句だ。

もちろん、これは謝罪よりも非難に近い。裏を返せば、「私は何も悪いことをしていない」と「あなたは頭が悪いから、私が悪いことをしたと**思って**動揺している。あなたがそれほど頭が悪くて残念だ」を同時に言っているも同然である。

謝罪は悪い行為を帳消しにするわけではないが、心の底から誠実に気持ちを伝えれば、傷を癒やすのに役立つ。逆に、自己保身に走ったり、言葉をにごしたり、誠実さに欠ければ、なんの意味もない。心から許しを請う言葉でなければ。

一対一の謝罪に対する抵抗感は、組織や政府の謝罪という大きな領域にも持ち越される。第二次世界大戦中の日系アメリカ人の抑留、奴隷制、ネイティブ・アメリカンの虐殺など、国家規模の過去の惨劇に対する国の謝罪を求める者は、昔から一定の周期で現れる。それに対する反論は、「大昔の話だ。すんでしまったことはしかたがない。忘れるんだ」というものだ。

この主張は……、何かが足りないような気がする。

国家の罪には、たとえ大昔の出来事であっても国家の謝罪が必要だ。そうした謝罪は、シンプルな宣言の形をとることもあれば、もっとよいのは、宣言に加えて、被害者の子孫に対する具体的な補償が盛りこまれているものだ。

何はともあれ、はじめの一歩は悪い行為を認めることである。

1992年、教皇ヨハネ・パウロ2世が先任者を代表して、カトリック教会の犯した過ちを謝罪した。[14]注目すべきは、謝った相手がガリレオ・ガリレイで、その過ちが犯されたのは1633年のことだった。

ガリレオは、地球が太陽の周りを回ると考えるコペルニクスの地動説を支持し、そのせいで異端者と呼ばれ、教会は投獄や死刑など、ありとあらゆる手段で彼を脅した。最終的に、彼の名声のおかげで、数々の発見を撤回することを条件に軟禁に減刑された。[*3]

それから約360年後、ヨハネ・パウロ2世は「我々の過ち」という表現を用いた。カトリック教会は当時の情報に基づいて判断しただけだと述べたが、とにかく謝罪した。

それが肝心だ。教皇は過去の過ちを公表することに決めた。公共機関がそうするときには、自分たちも誤りを犯し、不当に扱った相手に対して負い目があることをきっぱりと宣言する。教皇が謝らずに、「我々は何もしていない、歴史家が間違っている。教会は多くの慈善事業も行ってきた。我々は神への信仰を謝罪しない」と断言したら、それは謝罪ではなく……、言わなくてもわかるだろう。

人間は、失敗をしたら謝るべきだ。それは政治家でも、宗教団体でも、国家でも変わらない。謝罪は**大事**だ。

これまでの人生で、数えきれないほどの過ちに対して謝ることができなかった人間として、声を大にして言いたい。齢40にして始めた道徳哲学への旅では、幾度も眠れぬ夜を過ごした。ほとんどは、自分が多くの人を傷つけたにもかかわらず、一度も謝ったことがないと気づいたからだ。

この地球に数年以上暮らしていれば、愛する人、まったく知らない人、そのあいだにいるすべての人を傷つける運命にある。ようやく最近になって、それが避けられないことだと理解した。あるいは、私たちがやむをえず誰かを傷つけてしまったときに、もう1つ、やるべきことがあるのに気づいた。文句を言わずに謝る。

できるだけ早いほうがよい。359年も待ってから謝ると、効果が薄れる。

本書では、たくさんの質問を投げかけてきたが、最後にもう1つだけ尋ねたいことがある。すぐに答えられる質問だ。

謝ったら、相手にどう反応してほしいか? 恥をかくことを恐れつつ、勇気を出して恥ずかしさ、赤面、震える声を乗り越え、自分が悪いことをしたのを認めたら。傷つけた相手が誰であれ、私たちが心から後悔し、昨日の自分より少しでもよくなりたいと思っていることに気づいてほしい。思いやり、共感、寛大さ、理解……、そうした感情を抱き、たとえまだ腹を立てていても、「わかった」と言ってほしい。

嘘をつくべきでないとわかっていながら、ついてしまったときにも。会社の休日パーティにゼブラ柄の中折れハットをかぶって来いと言って、さんざんな目にあわせてしまったときにも。私たちは許してほしいと願っている。

旅も終わりに近づき、複雑で雑然とした日常生活というでこぼこ道を、いよいよ道徳のタイヤで走り出すときが来た。

何度も言ったが、自分のしていることを意識するには、ひっきりなしに続く失敗を受け入れて耐えることが必要だ。

誤解する。人を傷つける。ほんのささいなことかもしれない。ほとんど気づかれず、ほとんど意味もなく、宇宙の塵となって消えてしまいそうなほど。

あるいは逆に、はるかにひどいことかもしれない。**自分のしたこと**のせいで生活が著しく脅かされた人々が、**現実に、紛れもない**苦痛を感じているかもしれないのだ。

徳に欠けた人が痛みや苦しみを引き起こしたら、(適切な方法、適切なタイミングで、適度に)

声を上げるのは正当な行為だ。

けれども相手の行為が許容範囲だったら、**自分が**失敗して、同じように寛大さや理解を求めようとすることを思い出してほしい（「許容」とはどういう意味か、疑問に思うかもしれない。それはきわめて複雑な哲学の質問で、答えるためには、もう1冊本を書く必要があるが、トッドがあと2年間、我慢して私に付き合ってくれるかどうかは定かではない）。

よく覚えておいてほしい。

完璧を求めたり、他人に不可能な基準を押しつければ、誰も完璧ではないという単純で美しい現実を否定することになる。

＊1　「私には家族がいる！」弁解の有名な最新バージョンに、男性が他の男性の性的暴行や女性に対する差別発言を取り上げ、自分には娘や妻や母親がいるから、そうした行為は不快に感じると言うパターンがある。これは、もし彼らが独身で娘がいなかったら、その行為を不快に**感じない**と言っているも同然だ。誰かが「娘の父親として……」と言うのを聞いたら、すぐにその場を立ち去るといい。続きは道徳的戯言にすぎない。

＊2　すばらしいオンラインメディア〈ゴーカー〉に、トム・スコッカが（フランクファートの文章に基づいて）『お世辞について』というエッセーを書いているが、ウンコとともに、お世辞を次のように位置づけている。「お世辞は一種のパフォーマンスで、真面目さ、徳、積極性の形を引き継いでいるものの、中身はない。お世辞は妥当性や口調を気にする。お世辞は賛成しない。お世辞はお世辞以外のことは何でも話したがる。なぜみんな、もっと親切になれないのか、と尋ねる」[15]。お世辞の達人もウンコな論者も、その目的は目の前にある現実の問題を無視している。お世辞の達人は、自分を責める相手の**口調**や**無礼**に対して腹を立てるふりをするが、ウンコな論者はただ手を振って、自分の求める結果を達成するために、見境なく言葉を吐き出すだけだ。

＊3　ガリレオは実際に撤回した。死にたくなかったからだ。そして、伝えられているところによれば、そのときに小声で「Eppur, si muove」とつぶやいたという。これは「それでも、それは動く」(〝それ〟は地球)を意味する。超カッコいい。殺人犯になるかもしれない教皇の前で、こんなことをつぶやくとは。やはりガリレオはクールだ。

おわりに——汝自身を知れ、中庸を知れ

子どもたち、私たちは……、

何を学んだのか？

愛するアイヴィとウィリアムへ

両親も道徳哲学者も、まったく同じように鬱陶しいことがわかった。どちらも、どうすれば人間を向上させられるかを考え、どうにか他人に自分の意見を押しつけようとすることに人生を費やす。哲学者にとっての「他人」は世界中の人、両親にとっては多くの場合、子どもだ。

おまえたちは不運にも、道徳哲学に傾倒する親のもとに生まれた。紛れもない二重苦だ。2倍の意見、2倍の説教。だが、私がなぜこの問題に関心があるのか、なぜおまえたちも

関心を持つべきなのかを簡単に説明するから、あと数ページ我慢してほしい。

アイヴィが生まれてからすぐ、おまえたちのおばあちゃんと散歩に出かけたときに、どれだけ新たな心配事が増えるかに気づいてがく然とした。

「赤ん坊のときにあれこれ心配して、歩きはじめたら、別のことが心配になって、そんな調子で幼稚園、小学校と、ひっきりなしに心配する自分の姿が目に浮かぶ」

私がまくし立てても、おばあちゃんは何も言わなかった。私は自分に言い聞かせるように続けた。「心配して、心配して、心配して、子どもたちが成長して一人前の社会人になるまで、そんな生活がずっと続くんだ」

すると、おばあちゃんが口を開いた。

「あら、大人になっても何も変わらないわ。私はいまでもあなたのことが心配だもの」

これまでのところ、そのとおりだ。

私が本書を書いている現在、ウィリアムは12歳（!）、アイヴィは10歳（?!?）だが、母さんも私も、おまえたちのことを心配しなかった日は1日もない。あるときは、おまえたちがしたこと、あるいはしなかったことについて。

たとえば、ウィリアムが（母親に似て）卓球で負けるとひどい癇癪《かんしゃく》を起こすこと、アイヴィは（父親に似て）黙りこむことが言い争いの最善の解決法だと思いこんでいること。

またあるときは、おまえたちが受け継ぐ世界は、きわめて幸運な人々でも（おまえたち2

人が属するグループ）うまく渡っていけないような気がして心配になる。2人に無理だとしたら、行く先々で待ち構える問題や脅威や道徳的混乱が、世界中の親が我が子を進ませるのをためらうほど危険だとしたら、親に残されるのは**心配**しかない。

だが、モンテスキューの言うとおり、知識が人間をやさしくするのであれば、おそらく安全にもしてくれるだろう。

その可能性に私は賭けている。道徳を理解し、大小さまざまな決断を下す際に、そのコンパスに従うようにすれば、おまえたちは**よりよく**なり、それゆえ**安全**になるという考えに、少なからず賭けている。

安全といっても、案じているのはかならずしも危害ではなく（それも心配だが）、現代の生活によって、とりわけ特権を持って生まれる幸運な人たちに対して仕掛けられる罠の数々だ。すなわち身勝手、無神経、残酷、偽善、驕り……、こうした資質が現れるのは、自分が世界中の人々とともに生きているのではなく、ひとりで、個々に、80億の孤立した自我状態で、（皆忘れているようだが）激しい接戦を免れない競争を繰り広げながら生きていると思いこんでいる場合だ。

いまのところ、2人とも善人だ。善悪の判断もつくし、ほとんどの場合は正しいことをしようとする。友だちには親切で、そうでなければ後悔して（ときどき）謝る。徳の入門セットは不良品ではなかった。自分がどれだけ恵まれているかも理解して、母さんや私に口うるさく言われているせいで、おそらく忘れることはないだろう。だが、幸運とは何かを理解するだけではだめだ。世の中はどんどん変わっていく。おまえたちの人生で運の果たした役割を忘れるのに時間はかからないだろう。そうなれば、自分の環境を**当たり前**だと感じ、日々の疑問に対して融通の利かない答えを示す道徳のコンパスを投げ出しかねない。その結果、簡単なことも自分自身に問いかけずに、気の向くことしかやらなくなるかもしれない。

自分は何をしているのか？

なぜそうしているのか？

もっといいことができないか？

なぜそれがいいのか？


母さんと私が何を心配しているのか、知りたいかい？

まさに、そのことだ（それから気候変動。気候変動も心配だ）。

だが、いい知らせもある。

この問題については（善人になる方法、私たちはどう行動すべきか、お互いに何をすべきか）、長いあいだ大勢の賢人たちが考えてきた。自分の小さな世界に閉じこもらずにすむ方法も知っている。

考え方は人によって大きく違うが、どれも私たちがどんな人間で、何をするかが**重要**であるというシンプルな概念に基づいている。それは、自分がよいことをしているかどうかを**意識**して、最善を尽くすよう努力すべきだということに尽きる。

それを考えた人物が、読んだらたちまち頭が痛くなる超難解な本を書いたという事実を克服できれば、いつかその考えで武装し、決断を下す際に利用して、母さんや私がつねに心配せずにすむような人間になれるだろう。少なくとも、あまり心配せずにすむような。

この本では、そうした考えの一部を説明している。2人が人生の奇妙で不安定な時期を経て成長する過程で、何かの参考になればいいと思う。

どの考えも、予想をはるかに超えて、おまえたちを混乱の世界に陥れるだろう。年をとることの大きな皮肉は、だいたい10年ごとに10年前の自分を振り返って、当時の過ちや未熟さ、鈍感さに身震いし、いまの自分がはるかに賢く成長したことに安堵のため息をつくことだ。そして、さらに10年後……、同じことを繰り返す。

私は46歳だが、現在のどの行為が10年後の自分を赤面させるのかはわかるはずもない（「本書の執筆」がそのうちの1つでないことを祈るばかりだ）。

そういうわけで、この本がいつか、おまえたちの役に立つことを願ってやまない。

だが、いまはまだ10歳（！）と12歳（?!?）で、定言命法について気軽に話しても押し売りのようになってしまうかもしれない（母さんも私も、J・S・ミルの父親と同じ教育方針は採用しなかった。だから、おまえたちは幼稚園でギリシャ語もラテン語も学ばなかったが、その代わり2人とも私たちを憎んでいないし、ひどいうつ状態にもなっていない。悪くない交換条件だと思う）。

だから、この場を借りて、私が大事だと思っているシンプルな事柄を伝えるつもりだ。この本に付属する2ページのクイックスタート・ガイドだと思ってほしい。全部を説明するのは無理でも、出発点としてはまずまずのはずだ。

おまえたちは地球上の人間だ。ひとりで生きているわけではなく、他の人々に対して一定の義務を負っている。その義務というのは、簡単に言うと、周囲の人間が不公平だと思って拒むことのないルールに従って生きることだ（彼らが分別のある、まともな人間だと仮定して）。

アイヴィ、もしおまえが何かをしようとして、それが問題ないかどうか不安になったら、ウィリアムがいい考えだと言ってくれるかどうか考えてみよう。

ウィリアム、おまえもアイヴィが同じように言うかどうか、自分の心に尋ねてみるといい。そして、さらに考える。友だちの誰かが、悪い考えだと言って拒むかどうか。あるいは先生や、あまり好きではなくても、とても賢いと認めざるをえない同級生が。

そうした人たちが、もっともな理由でおまえたちのやろうとしていることを拒むと思ったら、やめておくのが賢明だ。ほかのことをしたほうがいい。

あるいは、こういう方法もある……。何かをする前に心の中で考えてみる。「**みんな**が同じことをしたら大丈夫だろうか？　自分がしようとしていることが世界中の人に許可されたら、世の中はどうなるのか？」。その世の中が偏っている、不公平だ、あるいは無意味だと感じるのであれば、おそらくほかのことをすべきだ。

あるいは、自分のしようとしていることの結果を想像してみる。

どれだけの人が幸せになるか、どれだけの人が不幸になるか。そして、どれだけ幸せ・不幸なのか。どれくらい**早く**幸せ／不幸になるのか。**いつまで**幸せ／不幸なのか。それらをすべて足し合わせ、自分の行為が生み出す不幸の合計と幸せの合計のどちらが多いかを考える。これは少し難しいが、場合によっては答えを出す最も効果的な方法だ。

それから、この世界で生きると同時に、自分の愛する人の優れた点について考えてみよう。彼らのやさしさ、寛大さ、誠実さ、勇気、決断力、穏やかさ。自分がそうした資質の適量を持てるように精いっぱい努力しよう。多すぎても少なすぎてもいけない。

そして、自分がしばしば間違った思いこみをすることを理解する。

たとえば、穏やかになろうと努力しても、まだ足りないと感じれば、過剰に反応して**必要以上に**穏やかになってしまう。そうしたことがたびたび起これば、周囲は困惑し、いたたまれなくなる。だが、何度も挑戦するうちに、うまくいけば適量に近づくだろう。

努力は大事だ。あきらめてはいけない。

人生の経験を積むうちに、正しいことと間違っていること、善悪を判断するテクニックに関心が向くかもしれない。それで結構。気に入ったテクニックを使おう。自分にとって納得のいくものを。だが、万一に備えて、ほかのテクニックも用意しておくこと。

いつか混乱するときが来る。自分の信じていた方法がうまく機能しないとき、自分があるものを擁護して別のものを非難していることに気づき、その相違が矛盾していると理解したとき。そんなときは狼狽するだろう。

「善」と「悪」の境界線を何度となく引き直さなければならないかもしれない。だが、それでいい。大事なのは、その線を引きつづけることだ。

もうじき終わりにする。かならず。そろそろうんざりしてきただろうから。

だが、他人について、もう少しだけ言っておく必要がある。

人間には、ある意味で、自分の脳に囚われているという問題がある。

私たちの初期設定は、自分について考えることだ。どうしたら、**自分**を幸せで安全で守られた状態に保つことができるか。それが必要なときもある。

私たちには**インテグリティ**がある（この場合は「完全性」の意味）。自分という人間、あるいは自分が思っている自分とは相容れないことをするよう頼まれると、頭の中の声が騒ぎ出し、「何かがおかしい」と警告する。その声を無視してはいけない。かならず助けになるから。でも、自分の脳に囚われていれば、**他人**のことをあまり考えなくなる恐れもある。

おまえたちが南アフリカやジンバブエで育ったとしたら、他人**によって生きる**ように教わっていたかもしれない。他人の幸せを自分の幸せと考え、他人の痛みを自分の痛みと考えるように。けれども、おまえたちはアメリカで暮らしている。

アメリカでは、他の多くの場所と同じく、まずは自分のことを考えるよう教えられる。身勝手さは**善**だと主張した、とても有名な作家もいるくらいだ。皆が自分勝手になるほど世の中はよくなると（とんでもない。彼女はとても愚かな人間で、驚くほどひどい作家だ）。だから、アメリカで生まれ育ったおまえたちは、もう少し他人のことを考える必要がある。

時にはそれが**とてつもなく難しい**。労力、集中力、エネルギー、犠牲が求められる。複雑で一筋縄ではいかず、混乱する。そして失敗するだろう。過ちを犯し、意に反して周囲に害を及ぼす。そんなときには深呼吸して、謝る。

忘れないでほしい。私たちはいつでも間違える。間違えて、もう一度挑戦する。そして、もう一度間違える。もう一度、さらにもう一度。**それでも挑戦しつづける**。挑戦**しない**と決めるのも選択には変わりない。だが、それではおまえたちは（あるいは、ほかの誰かは）よりよい人間になれない。

何千年もの昔、デルフォイというギリシャの都市に人々が神殿を建てた。

彼らも自分の子どもたちのことを心配していたので（いつの時代にも両親は子どもが心配なの

だ。母さんと私だけではなく)、神殿の柱に格言を彫った。それは子ども、孫、曽孫に向けて、できるだけ短い言葉で、この地球でよい人生を送るという、ほとんど不可能な難題を乗り越える方法を伝えるものだった。

柱には次の言葉が刻まれている。

汝自身を知れ

そして

中庸を知れ[1]

実際、「生き方指南」に関しては、それから2400年のあいだに、これらに勝るものが登場したとは思えない。

「汝自身を知れ」……、自分がどんな人間であるかを考え、何かをする際には、正しい決断をしたかどうかを自分の心に尋ね、自分にとって価値のあるもの、大事なものを忘れず、自身のインテグリティを理解し、そのインテグリティと矛盾しない人生を送る。

「中庸を知れ」……、というのも、何かが多すぎても少なすぎても、うまくいかないからだ。親切、寛大さ、勇気といった徳を積んでも、**過剰**になるな。

大人になったらウイスキーを飲むだろうが、くれぐれも**飲みすぎ**ないこと(ちなみに、おすすめはシングルモルト。ブレンドしたものなど論外だ）。テレビを見るのはいいが、**見すぎ**はだめだ。タコスの**食べすぎ**、運動の**しすぎ**、悪態の**つきすぎ**（私は苦労している）……、すべてよくない。

おまえたちのあらゆる徳、あらゆる行為のどこかに、完璧な量がある。おまえたちの仕事は、それを見つけることだ。

よい人生を送るための本物のクイックスタート・ガイドが欲しいかい？　腕のほんの隅っこにタトゥーとして入れられるくらい簡単なガイドが。

汝自身を知れ
中庸を知れ

もちろん、これだけではない。これをすべてに応用することはできない。

でも、スタート地点としては申し分ないはずだ。

善人になることは、いわば仕事のようなものだ。しかも難しい。それでもきちんと取り組めば、仕事というよりもパズルのように思えてくる。そして決断を迫られたときに、パズルのピースを正しい場所にはめれば、自分のすべきことのイメージがはっきりと見えてくる。満たされ、高揚した気分になり、生きている実感が得られる。自分が**開花している**

ように感じるだろう。それが母さんと私が心から望んでいることだ。

2人に安全でいてほしい。危害が及ばず、それぞれの人生の落とし穴にはまることもなく。幸せになってほしい。単に友だちとピザを食べるだけではなく、その幸せがより深く、長く続くように。

善人になってほしい……。善意を持って行動し、できるだけ周囲に害を与えず、全員に守ってほしいルール、他人が不公平だと言って拒まないようなルールを守って。失敗したときには謝ってほしい。次回はもっとうまくいくよう努力してほしい。そうしたことをすべてやれば、開花への道が開ける……、最高のおまえたちになれるだろう。

とはいうものの、開花から遠のくこともたびたびある。大きな失敗をすることも。そして、もう一度挑戦し、もう一度失敗し、何度もその繰り返しで、やがて不満を抱き、すっかり嫌になるだろう。1000回挑戦して、1000回失敗して、周囲の目が怖くなり、万策尽きて、自分が信じられなくなる。

そんなとき、おまえたちにどうしてほしいかわかるかい?

何度でも挑戦する。あきらめないで、がんばるんだ。

父より、愛をこめて。

謝辞

正直に言おう。自分が感謝されているかもしれないと思わないかぎり、誰もこのページは読まないはずだ。

だから、あなたが読んでいるのは、自分の名前を探すためか、あるいは自分の名前がないのを見て、私が感謝を忘れたことに腹を立てる権利を主張するためだろう。

もし後者なら、当然謝る。もし謝意を述べていたら、当選おめでとう。自分の名前が本に載るなんて、カッコいい。あなたが、私が感謝した人でもなく、感謝すべきなのに忘れてしまった人でもないのに、何らかの理由でこのページを読んでいるのであれば、ちょっとした事実やエピソードをちょくちょく混ぜて、謝辞をもっとおもしろくしてみよう。たとえば、地球には蟻が1000兆匹以上いる。10億×100万匹の蟻? 何て多いんだ。

トッド・メイの知恵、知識、エネルギッシュな快活さがなければ、本書は完成しなかった。彼は私を励まし、本の構想を無条件に支持し、実存主義のさまざまなバージョンの微妙なニュアンスの違いについて、私がその章を書ける自信がつくまで、辛抱強く700回も説明してくれた。ありがとう、トッド、何もかも。読点が多くて申し訳ない。

パメラ・ヒエロニーミは、私の道徳哲学の理解を促しただけでなく、本書の前半部分を快く読んでチェックしてくれた。おかげで、大学教授の哲学者は人の背中を押して６階まで階段を上らせるくらい重労働だということがわかった。

彼女の指摘は計り知れないほど貴重だった。ありがとう、パメラ。もし背中を押してほしかったら、いつでも言ってほしい。それから、ときどき忘れて、つい「パム」と呼んでしまい申し訳ない。

アルベルト・アインシュタインはかつて１５００ドルの小切手（現在の価値で約3万ドル）を栞《しおり》に使い、その本をどこに置いたのか忘れてしまった。ディナーパーティでは、彼の妻が蘭の花束をサラダと間違えて食べてしまったこともある。

〈サイモン＆シュスター〉のイーモン・ドランは、編集者としての鋭い洞察力、相性のよさ、不屈の愛情、それに「ある種の」という表現に対する軽蔑を提供してくれた。そして、ともすれば自信を失いがちな駆け出しの著者を落ち着いて、にこやかに導いてくれたことに心から感謝している。ありがとう、イーモン。「みたいな」や「しなきゃ」といった表現を直さなくて悪かった。

〈サイモン＆シュスター〉の大勢のスタッフが、本書を１００万回も読んで、支離滅裂でないかどうか確かめたり、１００万通のメールを書いて、私がほかに何か支離滅裂なことをしていないかどうかをチェックするはめになった。

とりわけローラ・チャーカス、ツィポラ・ベイチ、ケイリー・ホフマン。ありがとう、そして本書を100万回も読まざるをえなかったことを申し訳なく思う。ケイト・キナストはプロとして、すべての事実を確認してくれた。ミスが残っていたとしたら、間違いなく彼女ではなくて私の責任だ。

1997年12月、私は〈3アーツ〉とマネージメント契約を結んだ。これまで会ったエージェントやマネージャーのなかで、デヴィッド・マイナーがいちばん感じがよく、ユーモアがあるように思えたからだ。

25年後、私のキャリアにおける転機はすべて彼への電話、あるいは彼からの電話で始まっている。その25年間、一度も彼に足を向けて寝たことはない。その**つて**でリチャード・アベイトとつながったが、彼はあらゆる点で本書の目指すものを理解し、あらゆる点で出版社に対するプレゼン方法を知っていた。

ケン・リッチマン、マット・ライス、ジュリアン・トゥアンにも感謝しないといけない。彼らの指導や助言は、幸運のバランスゲーム、つまり私の執筆のキャリアの大部分を占めている。

では、子どもたちのためにおもしろいなぞなぞを。

金持ちの男が死んで、象のコレクションを3人の息子に遺した。長男には全体の象の半数、次男には3分の1、三男には9分の1。問題は、象は全部で17頭だったことだ。息子たちが占い師に助言を求めると、占い師はたちまち解決法を思いつく。それは何か？（答えは405ページの章末の注に）。*1

本書の執筆で最も楽しかった副次的効果の1つは、全国の哲学者から話を聞けたことだ。テンプル大学のモレフィ・ケテ・アサンテ博士は、ウブントゥについて専門知識を授けてくれた。T・M・スキャンロンと知り合えたことにも感謝する。まさに想像していたとおり、魅力的で思慮深い話し相手だった。北米サルトル学会のクレイグ・ヴァシーは、光栄にもトッドと私を年次集会の演壇に招いてくれ、私はそのときにもらったカッコいい学会のピンバッジをつけて鼻高々としている。倫理について学生に講演する機会を与えてくれたプリンストン大学のピーター・シンガーとアイザック・マルティネス、ノートルダム大学のメーガン・サリヴァンにも感謝したい。

言うまでもなく、『グッド・プレイス』の存在なしには本書は完成しなかった。あの番組の制作は最初から最後まで楽しかった。哲学、コメディ、倫理について脚本家の作業部屋で交わした会話、それに哲学、コメディ、倫理に比べると些末な無駄話のおかげで、執筆陣に対して一生返すことのできない借りができた。

デミ・アデジュイグベ、メーガン・アムラム、クリス・エンセル、ケイト・ガーステン、コード・ジェファーソン、デイヴ・キング、アンドリュー・ロー、カシア・ミラー、ディラン・モーガン、アイーシャ・ムハラー、マット・マリー、リジー・ペイス、ラファット・サンニ、ダン・スコフィールド、ジョシュ・シーガル、ジェニファー・スタッキー、タイラー・ストレースル、アラン・ヤン。彼ら一人ひとりのユーモアのセンスがドラマにちりばめられている。つまり、全員がこの本に参加していることになる。

一癖も二癖もあるみんなが大好きだ。きみたちと知り合えたことで、私自身も成長した。それから、アシスタントのブリジット・スティンソンをはじめ、長年にわたって我々のために根気強く尽力してくれたすべての脚本家アシスタントおよび個人アシスタントにも感謝する。そしてドラマを観て、そこから何かを学んだすべての人にも。それでこそつくり甲斐があったというものだ。

ある美しい春の日に、サミュエル・ベケットが友人とロンドンを散歩していた。友人はとても気持ちのよい天気だ、昔からの友人と一緒に散歩するのはいい気分だと言い、ベケットもうなずいた。友人は、生きていてよかったと思えるのはこんな日だと付け加えた。するとベケットは答えた。「私はそこまで思わない」

番組ではさまざまな「ゲスト講師」を招き、倫理や社会正義について意見を交わした。トッドとパメラだけでなく、ジョシュア・グリーンとディレイ・マッケソンも気前よく時間と労力を割いてくれた。デイモン・リンデロフは厳密には「ゲスト講師」ではなかったが（どちらかというと精神的アドバイザー）、最初に彼に助言をもらっていなければ、そもそも番組は成立しなかったかもしれない。

モーガン・サケットとデヴィッド・ハイマン率いる『グッド・プレイス』制作チームのおかげで、脚本家の作業部屋から出たアイデアが本物のエンターテインメントとなった。私のテレビでのキャリアは、実際にはほとんど彼らによって築かれたと言っても過言ではない。ドラマをつくり上げた才能豊かなアーティストや技術者は、あまりにも多すぎて名前があげられないため（1人の名をあげれば全員をあげなければならなくなる）、それぞれの多大なる努力は一生恩に着ることだけは知っておいてほしい。

加えて、これらのやっかいなアイデアを受け入れ、視聴者に向けて説明してくれた俳優、制作責任者たちの存在も大きい。とりわけテッド・ダンソン、クリステン・ベル、マニー・ハシント、ジャミーラ・ジャミル、ダーシー・カーデン、ウィリアム・ジャクソン・ハーパー、マーク・エヴァン・ジャクソン、ドリュー・ゴダード。みんな愛している。会いたくてたまらない。

「buffalo」という単語を続けて8回書くと、文法的にもまったく正しい文章になる。

ここでもう一度、J・J・フィルビンにも感謝する。私が最初に草稿を仕上げたときに読んでくれたのが彼女だ。相手の書いたものを読んでほしいと頼まれるのがどんなに迷惑か、お互いによくわかっている。しかもこの場合、日ごろ私たちが読まなければならないものより格段に長かった。

最初に原稿全体に目を通したのは（身近な家族以外で）ダン・ル・バタードだ。彼の思慮に富んだ指摘と手放しの称賛が私を後押ししてくれた。

私は1997年以来、報酬を受け取って脚本を書いてきた。それもこれも、私にチャンスを与えてくれ、私にそれだけの実力がなくてもチャンスを与えつづけてくれ、よりよい撮影方法を教えてくれたり、私の撮影を気に入って契約を延長してくれたりした数えきれない人たちの寛大さと指導のおかげだ。ジョン・スチュワート、スティーヴ・ヒギンズ、ローン・マイケルズ、マイク・シューメイカー、ティナ・フェイ、アダム・マッケイ、ベラ・バジャリア、トレイシー・パコスタ、ピアレーナ・イグボクウェ、スティーヴ・バーク、ジェフ・シェル。なかでもグレッグ・ダニエルズは無類の脚本家であり、いままで出会ったなかで最高の師だ。ありがとう、皆さん、この恩は忘れない。

カナダのユーコン準州西部で、ヘラジカが仲間のために「誕生パーティ」を開き、「プレゼント」（たいていは自然の中で見つけたつるつるの石や金属）や、雑草や泥でつくられた「バースデーケーキ」まで用意していたことが観察された。おまけに、声をそろえてうなり、互いに歌を「歌う」らしい。*2

最後に、世の中には私の脳に大いに刺激を与えた作品が山ほどあり、面識のある著者も、あったことのない著者もいるが、いずれも偉大な作品であることに変わりはない。コメディ、フィクション、ノンフィクション、演劇、音楽、テレビ、映画、ジャーナリズム……、皆、書くことに時間を費やしてくれて感謝する。書くことは奇妙な仕事だ。それをライフワークにしている人に、ひとり残らず敬意を表する。

というわけで、好きな著者をあげはじめる前に、この謝辞を終えるとしよう。

本書を読んでくれてありがとう。あるいは書店で手に取って、私がきちんと感謝しているかどうか確かめるために、このページをぱらぱらめくっているだけだとしても。

＊1　占い師は自分の象を1頭足して、全部で18頭にする。そうすれば半数（9頭）が長男に、3分の1（6頭）が次男に、9分の1（2頭）が三男に渡る。合計17頭、そして占い師の象も戻ってきて、全員が満足するというわけだ（出典は、私が子どものころに大好きだったウィラード・R・エスピィ『Children's Almanac of Words at Play（子ども向けことばあそびの図鑑）』）。

＊2　これは私の創作だ。ヘラジカは誕生パーティなど開かない。ばかばかしい。

原注

はじめに

1 Samuel Beckett, *Worstward Ho*, in *Nohow On: Three Novels*(New York: Grove Press, 1998), 7.　サミュエル・ベケット『いざ最悪の方へ』（長島確訳、書肆山田、1999年）

本題に入る前に、読者が疑問に思うかもしれないこと

1 "Samuel Johnson's *A Dictionary of the English Language*," British Library, accessed April 23, 2021, https://www.bl.uk/collection-items/samuel -johnsons-a-dictionary-of-the-english-language-1755.

2 Adam Kirsch, "Samuel Johnson's Peculiar Dictionary," *Slate*, September 17, 2003, https://slate.com/culture/2003/09/samuel-johnson-s-dictionary-revised.html.

第1章

1 Philip Pullman, *The Amber Spyglass* (New York: Alfred A. Knopf, 2000), 447.

2 Christopher Shields, "Aristotle," *Stanford Encyclopedia of Philosophy*, revised August 25, 2020, https://plato.stanford.edu /entries/aristotle /#AriCorChaPriDiv.

3 Aristotle, *Nicomachean Ethics*, 2nd ed., trans. Terence Irwin (Indianapolis: Hackett, 1983), 14.　アリストテレス『ニコマコス倫理学』（渡辺邦夫、立花幸司訳、光文社古典新訳文庫、2015年）他

4 Aristotle, 13–14, 15.

5 Aristotle, 23.

6 Aristotle, 42.

7 Aristotle, 170.

8 Aristotle, 170.

9 Aristotle, 32.

10 Aristotle, 170

11 Aristotle, 292.

12 Aristotle, *Nicomachean Ethics*, 105.

13 Aristotle, 107.

14 Aristotle, 107.

15 Jacobellis v. Ohio, 378 U.S. 184 (1964), 197.

16 Julia Annas, *Intelligent Virtue* (Oxford, UK: Oxford University Press, 2013), 28–29.　ジュリア・アナス『徳は知なり　幸福に生きるための倫理学』（相澤康隆訳、春秋社、2019年）

17 "Judith Shklar, Professor and Noted Theorist, Dies," *Harvard Crimson*, September 18, 1992.

18 Judith Shklar, *Ordinary Vices* (Cambridge, MA: Belknap, 1984), 8.

19 Shklar, 29.

20 Shklar, 13.

21 Shklar, 27.

22 William Shakespeare, *All's Well That Ends Well*, *The Yale Shakespeare*, ed. Wilbur L. Cross and Tucker Brooke (New Haven: Yale University Press, 1993), 1.1.57–58.　シェイクスピア『終わりよければすべ

てよし』（松岡和子訳、ちくま文庫、2021年）他

23 *The Fate of the Furious*, directed by F. Gary Gray, (2017; Universal City, CA: Universal Pictures). ゲイリー・グレイ監督『ワイルド・スピード　ICE BREAK』（2017年日本公開）

24 *Fate of the Furious*.

25 A. C. Grayling, *The History of Philosophy* (New York: Penguin, 2019), 83–84.

26 Woody Allen, *Side Effects* (New York: Ballantine,1980), 49.　ウディ・アレン『ぼくの副作用　ウディ・アレン短篇集』（堤雅久、芹沢のえ訳、CBSソニー文庫、1981年）

27 Eliza Relman, "Jared Kushner Says He's Read 25 Books About the Israel-Palestine Conflict," *Business Insider*, January 29, 2020, https://www.businessinsider.com/jared-kushner-says-hes-read-25-books-about -israel-palestine-2020-1.

28 Will Durant, *The Story of Philosophy* (New York: Pocket Books, 2006), 98.

第2章

1 Philippa Foot, "The Problem of Abortion and the Doctrine of Double Effect," *Oxford Review*, no. 5 (1967): 5–15, https://philpapers.org/archive /footpo-2.pdf.

2 Thomson.

3 Thomson.

4 Foot, "The Problem of Abortion."

5 James E. Crimmins, "Jeremy Bentham," *Stanford Encyclopedia of Philosophy*, revised January 28, 2019, https://plato.stanford.edu/entries /bentham/#LifWri.

6 "Fake News: Demystifying Jeremy Bentham," UCL Culture Blog, accessed June 28, 2021, https://www.ucl.ac.uk/culture/projects/fake-news.

7 Ibid.

8 Ibid.

9 "Auto-Icon," UCL Blog, accessed June 28, 2021, https://www.ucl.ac.uk/bentham-project/who-was-jeremy-bentham/auto-icon.

10 "Fake News: Demystifying Jeremy Bentham," UCL CultureBlog, accessed June 28, 2021, https://www.ucl.ac.uk/culture/projects/fake-news.

11 Ibid.

12 "Auto-Icon," UCL Blog, accessed June 28, 2021, https://www.ucl.ac.uk/bentham-project/who-was-jeremy-bentham/auto-icon.

13 Christopher Macleod, "John Stuart Mill," *Stanford Encyclopedia of Philosophy*, published August 25, 2016, https://plato.stanford.edu/entries/mill/#Life.

14 "Erysipelas," National Organization for Rare Disorders, https://rarediseases.org/rare-diseases/erysipelas/.

15 Jeremy Bentham, *An Introduction to the Principles of Morals and Legislation* (Whithorn, SCT: Anodos, 2019), 9–10.　ジェレミ・ベンサム『道徳および立法の諸原理序説』（中山元訳、ちくま学芸文庫、2022年）他

16 Bentham, *An Introduction to the Principles of Morals and Legislation: A New Edition, Corrected by the Author*, 1823, sec.20, https://www.econlib.org/library/Bentham/bnthPML.html?chapter_num=5# book-reader.

17 Bertrand Russell, *The History of Western Philosophy* (New York: Simon & Schuster, 1972), 777.

18 Russell, 778.

19 Russell, 778.

20 Russell, *History of Western Philosophy*, 778.

21 Russell, 779.

22 J. J. C. Smart and Bernard Williams, *Utilitarianism: For & Against* (Cambridge, UK: Cambridge University Press, 1973), 98.

23 Smart and Williams, *Utilitarianism*, 99.

24 Judith Jarvis Thomson, "The Trolley Problem," *Yale Law Journal* 94, no. 6 (1985): 1395–1415.

25 John Stuart Mill, *The Subjection of Women* (Buffalo: Prometheus Books, 1986). ジョン・スチュアート・ミル『女性の解放』(大内兵衛、大内節子訳、岩波文庫、1957年)

26 John Stuart Mill, *Utilitarianism*, ed. George Sher, 2nd ed. (Indianapolis: Hackett, 2001), 9–10. ジョン・スチュアート・ミル『功利主義』(関口正司訳、岩波文庫、2021年)他

27 T. M. Scanlon, *What We Owe to Each Other* (Cambridge, MA: Belknap, 1998), 235.

28 Andrew David Irvine, "Bertrand Russell," *Stanford Encyclopedia of Philosophy*, revised May 27, 2020, https://plato.stanford.edu/entries/russell/.

29 Brian Duigman, "Bernard Williams," Encyclopedia Britannica, accessed April 23, 2021, https://www.britannica.com/biography/Bernard-Williams.

第3章

1 Bertrand Russell, *The History of Western Philosophy* (New York: Simon & Schuster, 1972), 704.

2 Russell, 705.

3 Immanuel Kant, *Foundations of the Metaphysics of Morals* (New York: Macmillan, 1990), 26–27. イマヌエル・カント『道徳形而上学の基礎付け』(中山元訳、光文社古典新訳文庫、2012年)他

4 Kant, *Foundations*, 38.

5 Insane Clown Posse, "Miracles," written by Joseph Bruce, Joseph Utsler, and Mike E. Clark (Farmington Hills, MI: Psychopathic Records, 2010).

6 Kant, *Foundations*, 35.

7 Friedrich Nietzsche, *Beyond Good and Evil*, trans. Walter Kaufman (New York: Vintage Books, 1989), 99–100. フリードリヒ・ニーチェ『善悪の彼岸』(中山元訳、光文社古典新訳文庫、2009年)他

8 Kant, *Foundations*, 46.

9 Seth Lazar, "War," *Stanford Encyclopedia of Philosophy*, published May 3, 2016, https://plato.stanford.edu/entries/war/.

10 John M. Taurek, "Should the Numbers Count?" *Philosophy and Public Affairs* 6, no. 4 (Summer 1977): 293–316, http://www.pitt.edu/~mthompso/readings/taurek.pdf.

11 Immanuel Kant, *Critique of Practical Reason and Other Works on the Theory of Ethics*, 5th rev. ed., trans. Thomas Kingsmill Abbott (London: Kongmans, Green and Co., 1889), 361–362, reproduced at https://oll-resources.s3.us-east-2.amazonaws.com/oll3/store/titles /360/0212_Bk.pdf. イマヌエル・カント『実践理性批判』(中山元訳、光文社古典新訳文庫、2013年)他

第4章

1 T. M. Scanlon, *What We Owe to Each Other* (Cambridge, MA: Belknap, 1998), 4.

2 Pamela Hieronymi, email message to author, October 8, 2020.

3 Scanlon, *What We Owe*, 5.

4 Johann Broodryk, *Africa Is Best* (Waterkloof, SA: Ubuntu School of Philosophy, 2010), 47.

5 Broodryk, 47.

6 Broodryk, 48.

7 Broodryk, *Africa Is Best*, 46.

8 Maggie Ryan, "Why Doc Rivers Says Ubuntu Led Him and the 2008 Celtics to an NBA Title," Yahoo Sports, September 22, 2020, https://sports.yahoo.com/playbook-why-doc-rivers-says-072245595.html.

9 Eze, *Intellectual History*, 94.

10 Broodryk, 54.

11 Eze, 185.

12 Nelson Mandela, interviewed in "Nelson Mandela über Ubuntu," YouTube video, June 1, 2006, https://www.youtube.com/watch?v=Dx0qGJCm-qU.

13 Quoted in Eze, *Intellectual History*, 94–95.

14 Pamela Hieronymi, email conversation with author, October 8, 2020.

15 T. M. Scanlon, conversation with author, September 19, 2019.

16 Hieronymi, email message to author, August 26, 2020.

17 John Rawls, *A Theory of Justice* (Cambridge, MA: Belknap, 1971), 4. ジョン・ロールズ『正義論』(川本隆史、福間聡、神島裕子訳、紀伊國屋書店、2010年)他

第5章

1 Tyler Bamford, "The Incredible Story of Jack Lucas: The Youngest Medal of Honor Recipient in World War II," National WWII Museum, February 17, 2020, https://www.nationalww2museum.org/war /articles /incredible-story -jack -lucas-youngest-medal-honor-recipient-world-war-ii.

2 Susan Wolf, "Moral Saints," *Journal of Philosophy* 79, no. 8. (August 1982): 420.

3 Wolf, 421.

4 Wolf, 422.

5 Wolf, 423.

6 Edith Hall, *Aristotle's Way* (New York: Penguin, 2018), 10–11.

7 Judith Jarvis Thomson, "A Defense of Abortion," *Philosophy and Public Affairs* 1, no. 1 (Autumn 1971): 47–66.

8 John Hacker-Wright, "Philippa Foot," *Stanford Encyclopedia of Philosophy*, published August 17, 2018, https://plato .stanford .edu/entries/philippa-foot/#ApplEthi.

9 Bamford.

10 Wolf, 420.

第6章

1 "The Life Story of Thich Nhat Hanh," Plum Village, accessed April 23, 2021, https://plumvillage.org/about/thich-nhat-hanh/biography/.

2 Thich Nhat Hanh, *The Heart of the Buddha's Teaching* (New York: Harmony Books, 1998), 61.

3 Hanh, 64.

4 *Mishneh Torah*, Laws of Charity, 10:7–14.

5 William James, *Pragmatism and Other Writings* (New York: Penguin, 2000), 24. ウィリアム・ジェーム

ズ『プラグマティズム』（桝田啓三郎訳、岩波文庫、1957年）
6 James, 24–25.
7 James, 25.
8 James, 29.
9 James, 28.
10 James, 39.
11 Hanh, *Heart of the Buddha's Teaching*, 34–35.
12 Hanh, 124.
13 Bertrand Russell, *The History of Western Philosophy* (New York: Simon & Schuster, 1972), 256.
14 "Albert Einstein's Year of Miracles: Light Theory," *Morning Edition*, NPR, March 17, 2005, https://www.npr.org /2005/03/17/4538324/albert-einsteins-year-of-miracles-light-theory.
15 James, *Pragmatism*, 31.

第7章

1 David W. Brown, "Gingrich Denounces Ground Zero Mosque," *Atlantic*, July 22, 2010, https://www.theatlantic.com/politics/archive/2010/07/gingrich-denounces-ground-zero-mosque/60244/.
2 Aristotle, *Nicomachean Ethics* (Indianapolis: Hackett, 1983), 48–49 (1108a 34–37). アリストテレス『ニコマコス倫理学』（渡辺邦夫、立花幸司訳、光文社古典新訳文庫、2015年）他
3 Julia Annas, *Intelligent Virtue* (Oxford, UK: Oxford University Press, 2013), 28–29. ジュリア・アナス『徳は知なり　幸福に生きるための倫理学』（相澤康隆訳、春秋社、2019年）
4 Pamela Hieronymi, email message to author, August 26, 2020.

第8章

1 James C. Scott, *Two Cheers for Anarchism: Six Easy Pieces on Autonomy, Dignity, and Meaningful Work and Play* (Princeton, NJ: Princeton University Press, 2012), 4–5. ジェームズ・スコット『実践　日々のアナキズム——世界に抗う土着の秩序の作り方』（清水展、日下渉、中溝和弥訳、岩波書店、2017年）
2 Ayn Rand, *Atlas Shrugged* (New York: Signet, 1985), 1074. アイン・ランド『肩をすくめるアトラス』第一部〜第三部（脇坂あゆみ訳、アトランティス、2014-15年）
3 Ayn Rand, "Faith and Force: Destroyers of the Modern World," in *Philosophy: Who Needs It* (New York: New American Library, 1982), 74.
4 Richard Gunderman, "What Should We Make of Paul Ryan's Fondness for Ayn Rand?" *The Conversation*, October 29, 2015, https:// theconversation .com/what-should-we-make-of-paul-ryans-fondness-for-ayn -rand-49933.
5 Russell Hardin and Garrett Cullity, "The Free Rider Problem," *Stanford Encyclopedia of Philosophy*, revised October 13, 2020, https://plato.stanford.edu/entries/free-rider/.
6 David Emery, "Did Ayn Rand Receive Social Security Benefits?" Snopes, June 23, 2017, https://www.snopes.com/fact-check/ayn-rand-social-security/.

第9章

1 Peter Singer, "What Should a Billionaire Give—and What Should You?" *New York Times Magazine*, December 17, 2006, https://www.nytimes.com/2006/12/17/magazine/17charity.t.html.
2 Samuel Stebbins, "Who Owns the Most Land in America? Jeff Bezos and John Malone Are Among

Them," *USA Today*, November 25, 2019, https://www.usatoday.com/story/money/2019/11/25 /these-people -own-the-most-land-in-america/40649951/.

3 Chloe Taylor, "Jeff Bezos Says Amazon Is Donating $690,000 to Australian Bush Fire Efforts," CNBC, January 13, 2020, https://www.cnbc.com/2020/01/13/jeff-bezos-criticized-for -amazons -690000-australian-fires-donation.html.

4 Uke Darby, "Billionaire Jeff Bezos Donates Five Minutes of His Income to Bushfire Relief Efforts," *GQ*, January 13, 2020, https://www.gq.com .au/entertainment/celebrity/billionaire-jeff-bezos-donates-five-minutes -of-his -income -to-bushfires-recovery/news-story /02b5dd5281b273dd8a25e20fbb6a8156.

5 Chaim Gartenberg, "Construction Begins on Jeff Bezos' $42 million 10,000-Year Clock," *Verge*, February 20, 2018, https://www.theverge.com/tldr/2018/2/20/17031836/jeff-bezos-clock-10000-year-cost.

6 Amy Held, "Jeff Bezos Pledges $10 Billion to Fight Climate Change, Planet's 'Biggest Threat,' " NPR, February 17, 2020, https://www.npr.org/2020/02/17/806720144/jeff-bezos-pledges-10 -billion -to-fight-climate-change-planets-biggest-threat.

7 Peter Singer, "The Drowning Child and the Expanding Circle," *New Internationalist*, April 5, 1997, https://newint.org /features/1997/04/05/peter-singer-drowning-child-new-internationalist.

8 Singer, "Drowning Child."

9 Peter Singer, "The Singer Solution to World Poverty," *New York Times Magazine*, September 5, 1999.

10 Singer, "Singer Solution."

11 Peter Singer, *The Most Good You Can Do* (New Haven, CT: Yale University Press, 2015), 118–127. ピーター・シンガー『あなたが世界のためにできるたったひとつのこと 〈効果的な利他主義〉のすすめ』(関美和訳、NHK出版、2015年)

12 Michael Schur, foreword to *The Life You Can Save*, 10th anniversary ed. (Bainbridge: The Life You Can Save, 2019), xvi.

13 Danielle Zollner, "Jeff Bezos, World's Richest Man, Asks Public to Donate to Amazon Relief Fund," *Independent* (UK), March 24, 2020, https://www.independent.co.uk/news/world/americas /coronavirus -amazon-jeff-bezos-relief-fund-covid-19-billionaire-net-worth-a9422236.html.

14 Benjamin Stupples and Kevin Varley, "Geffen's Superyacht Isolation Draws Outrage While Industry Sinks," *Bloomberg*, March 30, 2020,https://www.bloomberg.com/news/articles/2020-03-30 /geffen-s -superyacht-isolation-draws-outrage-while-industry-sinks.

15 "#4 Bill Gates," *Forbes*, accessed May 17, 2021, https://www.forbes.com/profile/bill-gates/?sh=1a365127689f.

16 "Warren Buffett," Giving Pledge, accessed April 23, 2021, https://givingpledge.org/Pledger.aspx?id=177.

17 Peter Singer, *The Life You Can Save* (New York: Random House, 2009), 131. ピーター・シンガー『あなたが救える命 世界の貧困を終わらせるために今すぐできること』(児玉聡、石川涼子訳、勁草書房、2014年)

18 Harriet McBride Johnson, "Unspeakable Conversations," *New York Times Magazine*, February 16, 2003, https://www.nytimes.com/2003/02/16/magazine/unspeakable-conversations.html.

19 Katie Shepherd, "Tyson Foods Managers Had a 'Winner-Take-All' Bet on How Many Workers Would Get Covid-19, Lawsuit Alleges," *Washington Post*, November 19, 2020, https://www . washingtonpost .com/nation/2020/11/19/tyson-foods-waterloo-bets-covid/.

20 "New Data Shows Nearly Two-Thirds of California's Electricity Came from Carbon-Free Sources in

2019," press release, California Energy Commission, July 16, 2020, https://www.energy .ca.gov/news/2020-07/new-data-shows-nearly-two-thirds-californias -electricity -came -carbon-free.

第10章

1 Garth Johnston, "Christian Chick-fil-A President Prays for 'Arrogant' Marriage Redefiners," *Gothamist*, July 18, 2012, https://gothamist.com/food/christian-chick-fil-a-president-prays-for-arrogant-marriage-redefiners.

2 Dave McKenna, "The Cranky Redskins Fan's Guide to Daniel Snyder," *Washington City Paper*, November 19, 2010, https:// washingtoncitypaper .com /article/221900/the-cranky-redskins-fans-guide-to-dan-snyder/.

3 Paul Farhi, "Redskins Owner Dan Snyder Drops Lawsuit Against Washington City Paper," *Washington Post*, September 10, 2011, https://www.washingtonpost.com/sports/redskins-owner-dan-snyder-drops-lawsuit -against-washington-city-paper/2011/09/09/gIQA3hf1IK_story.html.

4 Erik Brady, "Daniel Snyder Says Redskins Will Never Change Name," *USA Today*, May 9, 2013, https://www.usatoday.com/story /sports/nfl/redskins/2013/05/09/washington-redskins-daniel-snyder/2148127/.

5 Jordan K. Ngubane, *An African Explains Apartheid* (Westport, CT: Greenwood Press, 1976), ix–x.

6 Ngubane, 3–4.

7 Jeff Kerr, "Washington Redskins Change Name: Here's a Timeline Detailing the Origins, Controversies and More," CBS Sports, July 13, 2020, https://www.cbssports.com/nfl/news/washington-redskins-name-change-heres-a-timeline-detailing-the-origins-controversies-and-more/.

8 Julie Miller, "Mariel Hemingway Says Woody Allen Tried to Seduce Her when She Was a Teenager," *Vanity Fair*, March 25, 2015, https://www.vanityfair.com/hollywood/2015/03/woody-allen-mariel -hemingway-manhattan.

9 Miller.

10 *Annie Hall*, directed by Woody Allen (1977; New York: United Artists). ウディ・アレン監督『アニー・ホール』(1978年日本公開)

11 Daphne Merkin, "Introducing Soon-Yi Previn," *Vulture*, September 16, 2018, https://www.vulture.com/2018/09/soon-yi -previn-speaks .html.

12 Maureen Orth, "10 Undeniable Facts About the Woody Allen Sexual-Abuse Allegation," *Vanity Fair*, February 7, 2014, https://www. vanityfair .com /news/2014/02/woody-allen-sex-abuse-10-facts.

13 Maureen O'Connor, "All the Terrible Things Mel Gibson Has Said on the Record," *Gawker*, July 8, 2010, https://gawker.com/5582644/all-the-terrible-things-mel-gibson-has-said-on-the -record.

14 Mel Gibson Called Me an 'Oven Dodger,' " *Guardian* (US edition), December 17, 2010, https://www.theguardian.com/film/2010/dec/17/winona-ryder-mel-gibson. (See also "Mel Gibson and Winona Ryder at Odds over Anti-Semitism Claims," BBC, June 24, 2020, https://www.bbc.com/news/entertainment-arts-53162246.)

15 Rosa Sanchez, "NFL's Washington Redskins to Change Name Following Years of Backlash," ABC News, July 13, 2020, https://abcnews.go.com/US/washington-redskins-change-years-backlash/story?id=71744369.

16 Will Hobson and Liz Clarke, "From Dream Job to Nightmare: More Than a Dozen Women Allege Sexual Harassment and Verbal Abuse by Former Team Employees at Redskins Park," *Washington Post*,

July 16, 2020, https://www.washingtonpost.com/sports/2020/07 /16 /redskins-sexual-harassment-larry-michael-alex-santos/.

17 Emily Flitter and Matthew Goldstein, "Long Before Divorce, Bill Gates Had Reputation for Questionable Behavior," *New York Times*, May 16, 2021, https://www.nytimes.com/2021/05/16/business/bill -melinda-gates-divorce-epstein.html.

18 Holly Fray and Tracy V. Wilson, "Gertrude Stein and Alice B. Toklas," *Stuff You Missed in History Class*, February 14, 2018.

19 Ian Shapira, "A Brief History of the Word 'Redskin' and How It Became a Source of Controversy," *Washington Post*, July 3, 2020, https://www.washingtonpost.com/history /2020 /07 /03 /redskins -name -change/.

20 Annys Shin and Dan Steinberg, "Daniel Snyder Defends Redskins Name in Emotional Letter to Fans," *Washington Post*, October 9, 2013, https:// www. washingtonpost .com /local /snyder -defends -redskins -name -in-emotional -letter-to-fans/2013/10/09/9a161b06-30fa-11e3-8627-c5d7de0a046b_story .html.

21 John Stuart Mill, *Utilitarianism* (Indianapolis: Hackett, 2001), 54.　ジョン・スチュアート・ミル『功利主義』（関口正司訳、岩波文庫、2021年）他

22 David McRaney, "The Backfire Effect," *You Are Not So Smart* (podcast), June 10, 2011, https://youarenotsosmart.com/2011/06/10/the-backfire-effect/.

23 Brooke Gladstone, "Walking Back the Backfire Effect," *On the Media* (podcast), WNYC, July 20, 2017, https://www .wnycstudios.org/podcasts/otm/segments/walking-back-backfire-effect.

第11章

1 Jean-Paul Sartre, *Existentialism Is a Humanism*, ed. John Kulka, trans. Carol Macomber (New Haven: Yale University Press, 2007), Sartre, ix.　ジャン・ポール・サルトル『実存主義とは何か　実存主義はヒューマニズムである』サルトル全集第13巻（伊吹武彦訳、人文書院、1987年）

2 Sartre, 22.

3 Sartre, 23.

4 Sartre, 22.

5 Sartre, 23.

6 Sartre, *Existentialism Is a Humanism*, 24.

7 Sartre, 25.

8 Sartre, 27.

9 Sartre, 40.

10 Sartre, 29.

11 Sartre, 44.

12 Sartre, 40.

13 Sartre, *Existentialism Is a Humanism*, 30.

14 Josh Jones, "Jean-Paul Sartre Rejects the Nobel Prize in Literature in 1964," Open Culture, June 17, 2014, https://www. openculture.com/2014/06/jean-paul-sartre-rejects-the-nobel-prize.html.

15 Albert Camus, *The Myth of Sisyphus* (New York: Vintage Books, 2018), 21.　アルベール・カミュ『シーシュポスの神話』（清水徹訳、新潮文庫、2006年）他

16 Camus, 27.

17 Camus, 54.

18 Camus, 28.

19 Camus, 55.

20 Camus, *Myth of Sisyphus*, 51.

21 Camus, 121.

22 Camus, 123.

23 Camus, 123.

24 Sartre, *Existentialism Is a Humanism*, 47.

25 Sartre, 47.

26 Sartre, 20–21.

27 Kurt Vonnegut, speech at Case Western University, 2004, as posted at “We Are Here On Earth to Fart Around, Kurt Vonnegut (2004),” YouTube, September 12, 2019, https://www.youtube.com/watch?v=nxpITF8fswE.

28 Rush, “Freewill,” comp. Geddy Lee/Alex Lifeson, lyrics by Neil Peart, track 2 on *Permanent Waves* (Chicago: Mercury Records, 1980).

29 Sartre, 34.

第12章

1 Julia Annas, *Intelligent Virtue* (Oxford, UK: Oxford University Press, 2011), 31.　ジュリア・アナス『徳は知なり　幸福に生きるための倫理学』（相澤康隆訳、春秋社、2019年）

2 John Scalzi, “Straight White Male: The Lowest Difficulty Setting There Is,” *Whatever*, May 15, 2012, https://whatever.scalzi.com/2012/05/15/straight-white-male-the-lowest-difficulty-setting-there-is/.

3 Robert H. Frank, *Success and Luck: Good Fortune and the Myth of Meritocracy* (Princeton, NJ: Princeton University Press, 2016), 1–2.　ロバート・フランク『成功する人は偶然を味方にする　運と成功の経済学』（月沢李歌子訳、日本経済新聞出版、2017年）

4 Frank, 11.

5 “Warren Buffett,” Giving Pledge, accessed April 23, 2021, https://givingpledge.org/Pledger.aspx?id=177.

6 Frank, *Success and Luck*, 35.

7 Frank Lovett, *Rawls's A Theory of Justice: A Reader's Guide* (New York: Continuum, 2011), 20–21.

8 John Rawls, *A Theory of Justice* (Cambridge, MA: Belknap, 1971), 17.　ジョン・ロールズ『正義論』（川本隆史、福間聡、神島裕子訳、紀伊國屋書店、2010年）他

9 Rawls, 21.

10 Pamela Hieronymi, email conversation with author, October 11, 2020.

11 Rawls, *Theory of Justice*, 18.

12 Rawls, 27.

13 *Titanic*, directed by James Cameron (1997; Los Angeles: Paramount).　ジェームズ・キャメロン監督『タイタニック』（1997年日本公開）

第13章

1 Andy Greene, “Tom Petty on Past Confederate Flag Use: ‘It Was Downright Stupid,’ ” *Rolling Stone*, July 14, 2015, https://www.rollingstone .com/ feature /tom-petty-on-past-confederate-flag-use-it-was-

downright-stupid -177619/.

2 “Representative Yoho Apologizes for ‘Abrupt’ Conversation with Representative Ocasio-Cortez, Denies Name-Calling,” video, CSPAN, July 22, 2020, https://www.c-span.org/video/?c4894103/representative-yoho-apolo gizes -abrupt-conversation-representative-ocasio-cortez-denies-calling.

3 “Representative Yoho Apologizes.”

4 “Representative Yoho Apologizes.”

5 “Representative Yoho Apologizes.”

6 “Representative Yoho Apologizes.”

7 “Representative Yoho Apologizes.”

8 “Representative Yoho Apologizes.”

9 Harry G. Frankfurt, *On Bullshit* (Princeton, NJ: Princeton University Press, 2005), 1.　ハリー・G・フランクファート『ウンコな議論』(山形浩生訳、筑摩書房。2006年)

10 Frankfurt, 51.

11 Frankfurt, 38.

12 Frankfurt, 18.

13 Frankfurt, 47.

14 Alan Cowell, “After 350 Years, Vatican Says Galileo Was Right: It Moves,” *New York Times*, October 31, 1992, https://www.nytimes.com/1992/10/31/world/after-350-years-vatican-says-galileo-was-right-it-moves.html.

15 Tom Scocca, “On Smarm,” *Gawker*, December 5, 2013, https://gawker.com/on-smarm-1476594977.

おわりに

1 Sebastian Bertolini, “Know Thyself,” Ancient Greek Courses, September 19, 2018, https://ancientgreekcourses.com /anthropology/know -thyself/.

【著者紹介】

マイケル・シュア（Michael Schur）

◉――1975年、ミシガン州アナーバー生まれ。テレビプロデューサー・脚本家。『ジ・オフィス』『マスター・オブ・ゼロ』『ザ・カムバック』『ハックス』などの番組の脚本家やプロデューサーを経て、『パークス・アンド・レクリエーション』『ブルックリン・ナイン‐ナイン』『グッド・プレイス』『ラザフォード・フォールズ』の制作、および共同制作を務める。本書は、自身が原作と制作を手がけたNetflix配信の米人気コメディドラマ『グッド・プレイス』の元ネタになっている。また、『ジ・オフィス』では役者として出演もしている（支店長補佐役ドワイトの従兄弟モーズ）。妻のジェニファー、ウィリアムとアイヴィの２人の子どもとともにロサンゼルス在住。

【訳者紹介】

清水　由貴子（しみず・ゆきこ）

◉――英語・イタリア語翻訳者。上智大学外国語学部卒。訳書に『初めて書籍を作った男 アルド・マヌーツィオの生涯』『そのとき、本が生まれた』（以上、柏書房）、『トリュフの真相 世界で最も高価なキノコ物語』『小児期トラウマがもたらす病 ACEの実態と対策』（以上、パンローリング）、『ニール・ヤング回想』（河出書房新社）、『食べる世界地図』（エクスナレッジ）などがある。

How to Be Perfect 完璧《かんぺき》な人間《にんげん》になる方法《ほうほう》？

2024年２月５日　　第１刷発行

著　者――マイケル・シュア
訳　者――清水　由貴子
発行者――齊藤　龍男
発行所――株式会社かんき出版
東京都千代田区麴町4-1-4 西脇ビル　〒102-0083
電話　営業部：03(3262)8011㈹　編集部：03(3262)8012㈹
FAX　03(3234)4421　　振替　00100-2-62304
https://kanki-pub.co.jp/

印刷所――シナノ書籍印刷株式会社

　ISBN978-4-7612-7717-8 C0030